도덕의 본성

길버트 하만 지음

김 성 한 옮김

도덕의 본성

길버트 하만 지음
김 성 한 옮김

철학과현실사

The Nature of Morality: An Introduction to Ethics
by Gilbert Harman

옮긴이의 글

이 책은 길버트 하만(Gilbert Harman)의 *The Nature of Morality* (New York: Oxford Univ. Press, 1977)를 완역한 것이다. 이 책에서 하만은 은연중에 윤리적 상대주의를 옹호하고 있다. 그의 이와 같은 옹호 노력은 각 장을 개별적으로 살펴보았을 때는 선명하게 드러나지 않는다. 하지만 윤리적 상대주의가 하만이 궁극적으로 도달하고자 하는 귀착점이라는 것을 염두에 두고 책의 전체적인 그림을 한 걸음 뒤에서 살펴보면, 그가 윤리적 상대주의를 옹호하기 위해 각 장을 유기적으로 연결시키고 있다는 점을 알게 된다. 환언하자면 그는 기존의 메타 윤리적 입장의 장단점을 검토하면서, 이를 바탕으로 자신의 윤리적 상대주의를 구성해 나가는 치밀한 전략을 전개하고 있는 것이다. 먼저 그는 도덕 실재론을 비판하면서 그 대안으로 이모티비즘과 이상적 관찰자 이론을 검토한다. 그러면서 그는 비록 이들 이론이 문제점을 가지고 있지만, 그럼에도 도덕이 갖는 동기 부여적 특성과 공평무사성이라는 특성을 적절하게 설명할 수 있는 장점을 갖는다고 주장하고 있다. 다음으로 그는 양자의 특성을 종합할 수 있는 적절한 이론이 무엇인가에 대한 의문을 제기하며, 자신의 관습적 규약주의 이론이 양자를 종합한 적절한 이론이라는 결론에 도달한다. 일단 이러한 결론에 도달한 후, 하만은 자신의 관습적 규약주의 이론을 좀더 상세히 서술하면서 이를 받아들였을 때의 장점, 그리고 이러한 이론이 받을 수 있는 비판에 대한 대응 방안을 마련하고자 한다. 바로 이와 같은 탐색의 여정이 이 책을 구성하고 있는 내용이다. 이 책에서의 여러 주장들, 특히 1장의 내용은 상당한 논쟁의 대상이 되었으며, 하만의 주장에 대한 비판과 반비판의 과정이 오늘날의 메타 윤리적 논쟁의 핵심을 이루고 있다고 해도 지나친 것은 아닐 것이다. 하만의 논의가 어느 정도 설득력이 있는지는 독자들이 각자 판단해 보길 바란다.

언뜻 보기와는 달리, 이 책은 개론서라기보다는 도덕의 본성에 대한 하만의 입장이 적극적으로 개진되어 있는 책이다. 실제로 이 책은 윤리학 입문서로 알려져 있기보다는 메타 윤리적 논쟁의 중심에 있는 책으로 널리 알려져 있다. 때문에 일반적인 개론서와는 달리 책을 읽어나가는 것이 그렇게 호락호락하지만은 않을 것이다. 특히 책에서의 논증 과정을 따라 가기 위해서는 문장 하나하나를 소홀히 할 수 없으며, 논증 자체가 미묘한 경우가 있기 때문에 책을 읽어나가는 것이 다소 고통스러울 수도 있을 것이다. 그럼에도 적어도 독자들은 책을 읽으면서 오늘날의 영미 메타 윤리학자들의 치밀한 글 전개 방식을 어느 정도 느껴볼 수 있을 것이다.

적지 않은 기간 동안 이 책과 씨름을 했음에도 불구하고, 이 책의 번역에 대해 역자가 충분히 만족하는 것은 아니다. 그 이유는 방금 앞에서 언급한 바와 같이 논증 자체가 까다롭기도 하였고, 영어에서는 구분이 되지만 우리말에서는 확연히 구분되지 않는 내용을 번역하기가 쉽지 않았기 때문이다. 나름대로 역주와 역자 해제까지 첨가하면서 독자들의 이해를 돕기 위해 노력하였지만 역자의 역량 부족을 통감하는 바이다.

책을 내면서 고마움을 표시해야 할 많은 분들이 있다. 먼저 철학과현실사의 사장님 이하 직원들께 진심으로 감사드린다. 사장님은 상업성을 떠나서 소외된 학문 분야의 발전을 위해 어려움을 무릅쓰고 이 책의 출판을 흔쾌히 승낙해 주셨다. 사장님이 아니었더라면 아마도 이 책의 번역 원고는 방 한구석에 처박혀 있는 신세가 되었을 것이다. 또한 번잡한 교정지를 인내심을 가지고 정리해 준 편집부에도 죄송한 마음과 더불어 감사의 마음을 전한다. 다음으로 역자의 은사님들께 감사의 말씀을 드린다. 선생님들께서는 마음속에 자리 잡고 계시면서 나태해질 때마다 채찍을 드시는 고마운 분들이다. 이외에도 힘든 생활 속에서도 웃음을 잃지 않고 항상 용기를 북돋우어 주는 철학과 동료들, 특히 문구 이해에 도움을 준 박준용 선배님과 김범인 그리고 김소연의 도움을 잊을 수 없다. 이들로 인해 역자는 번역상의 어려움을 어느 정도 해소할 수 있었다.

나이가 들면서 새록새록 정의 깊이를 느끼게 되는 분들은 역시 부모님이다. 바라보면 한숨만 나올 노총각 강사를 자식으로 둔 답답함에 대해 불평 한마디 없이, 오히려 진심으로 용기를 북돋아 주면서 묵묵히 뒷바라지 해주신 부모님의 은혜는 필설로 다할 수 없을 것이다. 마지막으로 손자에게 효도 한 번 제대로 받지 못한 채 저 세상으로 먼저 떠나가신 할머니께 이 책을 바친다.

아무쪼록 이 책이 메타 윤리에 대한 관심을 촉발하는 데에 약간이나마 도움이 되었으면 한다.

2005년 2월

인문 강의동에서

김 성 한

차 례

제 2 부 이모티비즘

제 3 부 도덕법

제 4 부 이유와 관습적 규약

제 5 부 자기와 타인

서 문

　이 책은 윤리학에 대한 철학적인 입문서이다. 이 책은 도덕에 관한 근본적인 철학적 문제, 즉 도덕이 관찰 실험과 전혀 무관하다는 문제에 초점을 맞추고 있다는 측면에서 기존의 윤리학 책들과는 다르다고 할 수 있다. 다른 책들은 이와 같은 문제를 철저히 외면 — 대체로 흥미롭지만 비철학적인 도덕 문제들에 대한 논의를 집중적으로 다루기 위해 — 하거나, 이러한 문제를 '메타 윤리'라고 불리는 분야의 매우 전문적인 문제들 중의 하나로 처리하고 있을 따름이다.

　메타 윤리는 1930년대에서 1960년대의 언어 철학 시대에 학문적 탐구 영역으로 자리를 잡았다. 그 당시 영어권의 많은 철학자들은 철학이 언어 분석에 지나지 않는다고 막연하게 생각하고 있었다. 이와 같은 관점에서 본다면, 철학적 윤리학은 사실상 도덕 언어의 분석에 다름 아니었다. 메타 윤리에서 다루는 철학적 주제는 규범 윤리에서의 철학적이지 않은 주제들과 구별되어야 했다.1) 규범 윤리 이론은 옳고 그름, 선과 악, ~해야 한다와 ~해서는 안 된다 등에 관한 이론이었다. 이들은 언어적인 문제가 아니었으며, 따라서 철학적인 주제가 아니었다. 이에 반해 메타 윤리 이론은 규범 윤리 이론을 제시하는 과정에서 살펴볼 수 있는 도덕 판단의 의미 및 정당화에 대한 철학적 설명이었다.

오늘날 많은 철학자들은 이러한 구분이 의미 및 정당화에 관한 매우 논쟁의 여지가 큰 (심지어 비정합적이기도 한) 가정에 근거하고 있다고 생각한다. 하지만 그 당시에는 윤리학 분야의 모든 연구자들이 이와 같은 가정을 자명한 원리로 숙지해야 한다고 생각하였으며, 그리하여 윤리학에 대한 기본적인 철학적 문제들은 일련의 의미에 관한 질문으로 대체되어 버렸다. 주요한 문제들이 잊혀지게 되자 윤리학은 흥미 없는 분야로 전락하게 되었고, 1960년에는 메타 윤리의 작업이 막 종착점에 이르고 있었다.

그런 가운데 언어 철학에서 제기되었던 가정들이 도마 위에 오르게 되었다. 철학자들은 철학이 언어 분석에만 제한될 필요가 없다고 재차 믿게 되었다. 이는 철학적 윤리학이 메타 윤리학에만 한정될 필요가 없음을 의미했다. 실제로 콰인(W. V. Quine)과 다른

---

1) [역주] 논리실증주의자인 에이어(A. J. Ayer)에 따르면 "명제는 그것의 진리가 경험을 통해서 결정적으로 확증될 수 있을 때 그리고 그 경우에만 강한 의미에서 검증 가능하다고 말할 수 있다." 거꾸로 말하자면 검증의 방법이 없는 명제는 무의미하며, 따라서 사이비 진술이라는 것이다. 이와 같은 기준으로 에이어는 규범 윤리학을 배제하고, 오직 도덕적 언어를 분석하는 메타 윤리학만을 진정한 도덕철학의 영역에 포함시켰다.

철학자들이 제시한 논의들은 실체에 대한 질문과 의미에 대한 질문이 사실상 분리될 수 없음을 보여주었으며, 이로써 메타 윤리와 규범 윤리가 구분된다는 가정이 사실상 허물어지게 되었다.

하지만 사람들은 방금 언급한 마지막 구절이 시사하는 바를 즉각적으로 이해하지 못하였다. 즉각적으로 확실하게 느껴졌던 것은 단순히 철학적 윤리학이 메타 윤리학과 동일시될 필요가 없다는 점이었다. 처음에는 메타 윤리와 규범 윤리를 구분할 필요가 없다는 점이 그다지 선명하게 부각되지 못했다. 물론 이 단계에서의 철학자들은 메타 윤리적 부담을 갖지 않으면서 도덕에 관한 기본적인 문제와 대결(이전에 메타 윤리적 부담은 이와 같은 시도를 방해했다)하기도 했다. 하지만 그들은 구체적으로 어떠한 방식으로 도덕에 관한 기본적인 문제와 대결해야 하는가를 알지 못했기에, 규범 윤리와 메타 윤리 간의 구분을 유지하면서 규범 윤리에 대한 다양한 질문들에 관심을 기울였다. 그리하여 처음에는 공리주의의 주장(13장을 볼 것)을, 다음에는 다양한 비공리주의적 원리들을, 좀더 최근에는 전쟁, 낙태, 그리고 평등과 같은 특정한 도덕적 쟁점들의 세세한 문제들에 관심을 가졌다. 물론 이들이 흥미롭긴 했다. 하지만 엄밀하게 말해 그러한 문제들은 철학과는 그다지 관계가 없었다. 그리고 최근 몇 년 동안 철학자들은 도덕의 근본 문제, 즉 언뜻 보기에 관찰에 의한 증거와 별다른 관계가 없는 듯이 보이는 도덕에 대해 할 이야기가 별로 없었다.

이와 같은 경향으로 인해 초래된 한 가지 결과는 윤리학 개론 수업, 그리고 그와 같은 수업 이수를 위해 만들어진 교재 및 선집들이 과거에 비해 흥미로워졌지만 철학적인 성격이 약화되었다는 것이었다. 과거와 비교해 보았을 때, 학생들은 메타 윤리학의 전문적인 질문들에 대해 생각해 보지 않게 되었으며, 시사적인 도덕적 논쟁거리를 해결하는 데 더 많은 시간을 투자하게 되었다. 윤리학 수업은 더욱 '현실과 관계를 맺게' 되었고, 학생들은 더욱 현실에 '관여'하게 되었다. 물론 이러한 과정에 긍정적인 측면이 있을 수도 있다. 학생들은 무엇인가를 배울 것이며, 그들의 분석 능력이 개선될 수도 있을 것이다(그렇지 않을 가능성이 크긴 하지만!). 그런데 그와 같은 과정을 이수하는 학생들은 사실상 철학을 공부하고 있는 것이 아니다. 그러한 과정에서는 근본적인 철학적 논쟁거리들이 거론되지 않고 있다. 때문에 설령 그러한 과정과 서적들이 흥미롭고 '현실과 관계를 맺게' 되었다고 할지라도, 이는 만족스럽지 못한 현상이라고 말할 수 있는 것이다.

이러한 사태가 벌어진 이유는 무엇인가? 그 중 몇 가지 요인을 들자면 먼저 메타 윤리학에 대한 흥미가 반감되었고, 다음으로 윤리학자들이 과거의 언어 철학을 허물어뜨렸던 논의들의 함의를 재빨리 파악하지 못했기 때문이다. 또 다른 요인은 사회적인 문제에 대하여 선생과 학생들이 더 관심을 갖게 되었기 때문이다. 그들은 사회적인 논쟁거리들에 대해 토론하는 데 더 많은 시간을 투자하길 원했으며, 그러한 것들을 수업 시간에 정당하게 다루게 되었다는 것에 즐거워했다. 하지만 이로 인해 다소 바람직하지 못한 결과가 초래되기도 하였는데, 즉 윤리학 수업과 그러한 수업에 활용하도록 쓰여진 서적에서 철학적인 내용이 줄어들게 되었던 것이다.

나는 이 책이 그러한 경향을 되돌리는 데 도움이 될 수 있길 희망한다. 이 책은 한 가지 주요한 철학적인 쟁점에 초점을 맞추고 있다. 다른 여러 질문들이 제기되는 곳인 경우, 그러한 질문들이 어떻게 이와 같은 기본적인 쟁점과 연결되는가를 나타내고자 하였다. 또한 이 책은 주요한 논쟁거리들에 직접적으로 시사하는 바가 없는 매우 전문적인 질문들은 피하고 있다. 그렇게 할 경우 우리는 너무 쉽사리 핵심에서 벗어날 우려가 있다. 특히 이 책은 이전 시대의 메타 윤리적 탐색 장치들을 사용하지 않고 있다.

일부 교재들은 중립적인 방식으로 여러 철학적인 입장들을 제시하고 있다. 그러한 교재들은 독자들이 여러 철학적인 입장들 사이에서 결정을 하도록 내버려둔다. 내 생각에 이는 철학에 대한 잘못된 인상을 심어주기 쉽다. 철학은 이해를 지향한다. 가령 윤리학은 도덕의 본성에 관한 총체적인 설명을 만들어내기 위해 노력해야 한다. 이것이 바로 이 책에서 내가 시도하고 있는 바이다. 비록 다양한 견해들을 거론하고 있긴 하지만, 책에서 나의 입장이 무엇인가는 분명하게 드러날 것이다. 전체적으로 이 책은 특정한 입장을 일관되게 옹호하고 있다. 나는 독자들을 쉽게 납득시킬 수 있다고 생각하지 않는다. 그럼에도 나는 이 책을 계기로 독자들이 더욱 적당한 설명을 개발하려는 태도를 갖게 되길 바란다.

1장에서 10장을 통틀어 주디 자비스 톰슨(Judy Jarvis Thomson)은 나에게 많은 언질과 제안을 해줌으로써 도움을 주었다. 옥스퍼드 출판사의 짐 앤더슨(Jim Anderson)도 좋은 충고를 많이 해주었다. 그에게 감사를 표하는 바이다. 이외에도 미국 학자 모임 협의회는 나에게 연구원 지위를 부여해 줌으로써 위의 두 사람과는 다른 방식으로 도움을 주었다. 협의회의 도움으로 인해 나는 이 책을 쓸 시간을 마련할 수 있었다.

나는 "Moral Relativism Defended", *Philosophical Review*, 84권 (1975), pp.3-22에서 여러 논의들과 사례를 가져왔다. 10장은 이전

에 *Crítica*, VII권, 21호(1975)에 게재된 것이다. 11장은 휴고 마게인(Hugo Margain)의 스페인어 역, "Una teoria naturalista de las razones"으로 *Dianoia*, XXI(1975)에 실린 바 있다.

뉴저지주 프린스턴에서
1976년 9월
길버트 하만

제 1 부
윤리학을 둘러싼 문제점

제 1 장

윤리학과 관찰

1. 기본적인 쟁점

도덕 원리도 과학 원리와 동일한 방식으로 테스트되고 확증될 수 있을까? 가령 5명을 살리고 1명을 죽이는 경우와, 1명을 살리고 5명을 죽이는 경우 중 한 가지를 선택해야 한다고 가정해 보자. 이때 우리는 5명을 살리고 1명을 죽이는 경우를 선택해야 하지 그 반대를 선택해야 한다고 생각하지 않는다. 이러한 생각의 배후를 이루고 있는 원리를 고찰해 보자. 우리는 그러한 원리를 확증하는 듯한 사례를 쉽게 상상해 볼 수 있다.

당신이 병원 응급실의 의사로 있는데 6명의 사고 환자들이 들이닥쳤다. 6명 모두가 죽을 위험에 놓여 있지만 그 중 1명이 다른 한가든

보다 위중하다. 당신이 동원할 수 있는 모든 것들을 그에게 쏟아 붓고 다른 사람들을 죽도록 내버려둔다면 당신은 그 환자를 가까스로 구할 수 있을 것이다. 반대로 가장 위중한 사람을 포기한다면 나머지 5명의 목숨을 구할 수 있을 것이다.

이 경우 의사인 당신으로서는 5명을 구하고 나머지 1명을 포기하는 것이 옳을 것이다. 따라서 이 사례는 그 자체만을 놓고 보았을 때, 우리가 고찰하고 있는 원리를 확증해 준다. 다음으로 아래의 경우를 고찰해 보자.

병원에 5명의 죽어 가는 환자가 있고, 각각의 환자는 별개의 기관을 필요로 하고 있다. 예컨대 1명은 콩팥, 또 다른 사람은 폐, 세 번째 사람은 심장 등을 필요로 하고 있다. 만약 당신이 건강한 사람을 1명 죽여서 그의 심장, 폐, 콩팥 등을 꺼내 이들을 5명의 환자에게 분배할 경우 5명 모두를 구할 수 있을 것이다. 그런데 바로 그처럼 건강한 사람이 마침 306호실에 있다. 그는 정기 진단을 받기 위해 병원에 와 있다. 검사 결과를 보았더니 그는 매우 건강하며, 적절한 조직 적합성을 갖고 있다. 만약 당신이 아무런 조치를 취하지 않는다면 그는 아무 일 없이 살아 있을 것이다. 하지만 다른 환자들은 목숨을 잃을 것이다. 5명의 환자들은 의사가 306호실에 있는 환자의 기관을 잘라내서 이를 분배해 주어야만 목숨을 구할 수 있다. 이 경우 한 사람만이 죽고 다섯 사람이 목숨을 건질 것이다.

우리가 검토하고 있는 원리에 따르면 당신은 306호실 환자의 목숨을 빼앗아 기관들을 분배해야 한다. 하지만 설령 5명의 환자를 구하기 위해서라 할지라도, 이 경우 당신이 그와 같은 무고한 제 3의 사람을 죽여서는 안 된다는 점은 분명하다. 여기서 도덕 원리는 뜻밖의 방식으로 테스트를 거치면서 부정되고 있다.

물론 이는 '사유 실험'이다. 앞에서 우리가 어떠한 가설을 실제와 비교해 본 것은 아니다. 우리는 단지 특정한 원리와 어떤 가상적인 사례에 대한 우리의 느낌을 비교해 보았을 따름이다. 이와 동일한 방식으로, 물리학자는 특정한 가설과 어떤 상황에서 어떠한 일이 발생할 것인가에 대한 자신의 '감각'(sense)을 비교해 볼 수 있다. 여기서 감각이란 그가 통용되는 이론을 활용해 오랜 기간 작업한 결과, 그 이론에 친숙해짐으로써 획득한 것이다. 그런데 과학에서의 가설은 이러한 방법 외에 현실세계에서의 실제 실험을 통해서도 테스트될 수 있다.

도덕 원리 또한 과학 원리와 동일한 방식으로 현실세계에서의 실제 실험을 통해 테스트될 수 있을까? 당신은 누군가가 무엇인가를 하는 것을 관찰할 수 있다. 하지만 그가 행하고 있는 바의 옳고 그름을 관찰하는 것이 가능한가? 만약 당신이 길모퉁이에서 불량배 패거리가 고양이에게 휘발유를 붓고 불을 붙이는 장면을 목격하였다고 가정해 보자. 이때 당신은 그들이 하는 행동이 잘못이라고 **결론 내릴**(conclude) 필요는 없다. 다시 말해 당신은 그 상황에서 그들의 행동이 잘못임을 파악하기 위해 어떤 추론을 해볼 필요가 없는 것이다. 당신은 그저 그들의 행동이 잘못임을 **즉각적으로 알아차릴 수**(see) 있다.[1] 그런데 여기에서 당신의 반응은 '실제적인 그릇됨'(당신이 즉각적으로 알아차리는)에 기인한 것일까, 아니면 당신의 도덕적 '감각'(여기서 감각이란 아마도 도덕 교육의 결과로 획득되었을 것이다)이 반영된 것에 불과한 것일까?[2]

---

1) [역주] 추론의 결과가 아니라, 직관을 통해 즉각적으로 파악된다는 뜻.

2. 관 찰

문제는 복잡하게 얽혀 있다. 예컨대 순수한 관찰이란 존재하지 않는다. 관찰은 항상 '이론 의존적'이다.[3] 우리들이 지각하는 것은 의식적이건 무의식적이건 우리들 각자가 견지하는 이론의 영향을 어느 정도 받는다. 가령 몇몇 아이들이 고양이에게 휘발유를 붓고 불을 붙이는 장면을 당신이 보고 있다고 가정해 보자. 그러한 장면을 제대로 알아차리기 위해서는 상당한 양의 지식을 소유하고 있어야 하고, 상당수의 사물들에 대해서 알아야 하며, 인간에 대해서도 알아야 한다. 가령 당신은 인간이 영아, 아기, 어린이, 청년, 성인이라는 삶의 단계를 거친다는 사실을 알아야 한다. 또한 당신은 살과 피로 이루어진 동물이 무엇인지, 특히 고양이가 무엇인가에 대해서 알아야 한다. 당신은 생명이 무엇인가에 대해서도 어느 정도 알아야 한다. 당신은 휘발유가 무엇인지, 불타는 것이 무엇인지, 이외에도 여러 가지 많은 것들을 알아야 한다. 어떤 의미에서 볼 때, 당신이 '보는' 대상은 망막 위의 빛의 패턴, 즉 얼룩의 변화하는 배열(설령 이것이 이론이고, 절대로 당신이 보는 바를 이와 같은 의미에서 적절히 서술하지 못한다 해도)이다. 또 다른 의미에서 볼 때, 당신은 자신이 견지하는 이론으로 인해 보는 바를 보는 것이다.

---

2) [역주] 여기서 하만은 도덕 실재론을 선택할 것인지, 아니면 일종의 주관주의를 선택할 것인지를 묻고 있다.

3) [역주] 핸슨(N. R. Hanson)에 따르면 관찰은 이론 의존적이기 때문에 이론이 세계를 어떻게 보고, 기술하고, 해석할 것인가에 영향을 미친다. 이 경우 서로 다른 이론을 지지하는 사람들은 동일한 현상을 볼 때에도 서로 다른 관찰을 하게 되며, 의미도 이론 종속적이며 이론의 변화는 의미의 변화를 수반하게 된다.

설령 동일한 빛의 패턴이 주어진다고 하더라도, 만약 당신 자신이 견지하는 이론을 바꾼다면, 당신은 어떤 다른 것을 보게 될 것이다.

이와 유사하게, 만약 당신이 의식적이건 무의식적이건 어떠한 도덕적 입장을 취하고 있다면, 당신은 옳고 그름, 선 또는 악, 정의 또는 불의를 감지해 낼 수 있을 것이다. 그런데 이와 같은 측면에서는 도덕 명제들과 다른 이론 명제들 간에 아무런 차이가 존재하지 않는다. 만약 차이가 있다면, 그러한 차이는 다른 곳에서 발견되어야 할 것이다.

관찰이 이론에 의존한다고 하는 이유는 지각(perception)이 '무엇에 대한 관찰의 상당히 직접적인 결과로 어떤 믿음(belief)을 형성하는 것'이라는 의미를 포함하기 때문이다. 당신은 오직 관련 개념들을 이해할 때에만 한 가지 믿음을 형성할 수 있으며, 한 개념은 특정한 이론이나 믿음의 체계 안에서 차지하는 역할로 인해 개념으로서의 역할을 할 수 있다. 의식적이건 무의식적이건, 한 아이를 아이로 파악하는 것은 사실상 인간의 삶의 단계라는 틀 속에서의 아이의 위치를 통해 정의되고 있는 개념이 활용되는 것이다. 이와 유사하게, 연소(燃燒)는 열, 소실, 연기, 그리고 불이라는 개념과 이론적으로 연결되지 않을 경우 공허한 개념이 되어 버린다.

도덕 개념들 — 옳음과 그름, 선과 악, 정의와 불의 — 또한 당신의 이론 또는 믿음 체계 속에서 일정한 자리를 차지하고 있으며, 그것들이 사용되는 전후 관계로 인해 개념으로서의 역할을 할 수 있다. 만약 지각으로부터의 직접적인 결과로 어떤 의견(opinion)[4]

---

4) [역주] 의견(opinion)이란 남이 물었을 때 자기 생각의 결론으로 내놓을 수 있는 입장을 말한다. 의견과는 달리 믿음(belief)은 남에게 말할 것을 전제로 하고 있지 않은 생각, 확신을 말한다.

을 갖게 되는 경우에 관찰이 일어난다고 말한다면, 우리는 도덕적인 관찰이 존재한다는 것 또한 인정해야만 한다. 왜냐하면 지각으로부터의 직접적인 결과가 도덕적 의견(마치 다른 종류의 의견일 수 있는 것처럼)인 경우도 있기 때문이다. 방금 언급한 바와 같은 의미에서의 관찰은 도덕 이론을 확증하거나 부정하기 위해 사용될 수 있다. 당신이 관찰을 통해 얻은 의견은 당신이 의식적으로 선택한 도덕 원리와 조화를 이루거나 그렇지 못할 수 있다. 양자간에 대립이 있을 경우, 당신은 이론과 관찰 사이에서 선택을 해야 한다. 과학에서와 마찬가지로, 당신은 윤리에서도 이론을 선택하며, 관찰에서 실수를 범했다거나 또는 편견을 가지고 있었다는 등의 말을 한다. 반대로 당신이 관찰을 선택하고, 이론을 수정하는 경우도 간혹 있다.

바꾸어 말하자면, 과학과 윤리학 두 분야 모두 특정한 사례들을 설명하기 위해 일반 원리들에 호소한다. 당신이 받아들이는 일반 원리들은 과학과 윤리학 두 분야 모두에서 어떠한 것들이 옳거나 그르다거나, 정당하거나 부당하다는 등의 특정한 판단에 호소함으로써 테스트될 수 있다. 그리고 이러한 판단들은 사실에 대한 직접적인 지각 판단과 유사하다.

3. 관찰에 의한 증거

그럼에도 과학에서 관찰은 일정한 역할을 하는데, 이는 윤리학에서 살펴볼 수 없는 듯이 보이는 역할이다. 두 분야에서의 관찰의 차이는 다음과 같이 나타낼 수 있을 것이다: 먼저 과학 이론을 지지하는 관찰의 발생을 설명하려면 어떤 물리적 사실을 가정할 필요가 있다. 하지만 필자가 지금까지 이야기했던 소위 도덕적 관찰의 발생을 설명하기 위해서는 도덕적 사실(moral fact)[5]을 가정할 필요가 없는 듯하다. 도덕의 경우에는 도덕적 관찰을 하는 사람의 심리, 또는 도덕적 감수성을 가정하는 것만으로도 충분한 것처럼 보인다. 이에 반해 과학에서는 이론이 외계와의 대비를 통해 테스트된다.

이러한 차이는 미묘하지만 중요하다. 과학 이론을 테스트하기 위해 관찰을 하고 있는 물리학자를 생각해 보자. 그는 안개상자[6] 속의 비행기 운(雲)을 보면서 '양성자(量性子, proton)[7]가 지나가는군'이라고 생각한다. 이를 적절한 의미에서의 관찰이라고 가정해 보자. 다시 말해 아무런 의식적인 추론이 이루어지지 않고서 상황에 대한 반응으로 일어난 즉각적인 판단이라고 가정해 보자. 그리고

---

5) [역주] 도덕적 사실(moral fact)이란 도덕적 명제를 참이나 거짓으로 만드는 세계 안에서의 사태를 말한다. 이와 같은 사실은 단일한 형태의 사실이 아니다. 가령 도덕적 사실은 기존의 사실을 뜻하기도 하며, 어떻게 되어야만 한다는 미래의 사실을 나타내기도 하는데 이러한 도덕적 사실은 세상에 무수히 많이 존재한다. 예를 들어 성실이나 정직 등은 모두 도덕적 사실들이다. 또한 어떤 도덕적 사실이 존재함을 알기 위해선 도덕적 사실이 나타난 상황을 잘 파악할 수 있어야 하는데, 그 이유는 도덕적 사실이 이들과 연관을 맺음으로써 나타나기 때문이다. 그 동안 도덕 실재론자들은 도덕적 사실과 비도덕적 사실간의 연관 관계를 구명하고자 많은 노력을 기울였는데 그럼에도 양자간의 관계에 대한 단일한 이론은 제시되지 못하고 있는 형편이다. Robert L. Arrington, *Rationalism, Realism, and Relativism*(Cornell Univ. Press, 1989), pp.140-142.

6) [역주] 입자를 검출하는 기본 장치. 이 상자에 입자가 지나가면 그 궤적을 따라 액체 방울이 생성되어 그 입자의 성질을 알 수 있다.

7) [역주] 원자핵을 구성하는 소립자의 하나.

이와 같은 그의 관찰이 그의 이론 — 이러한 이론은 그의 관찰 판단에서 양성자가 나타날 때 '양성자'라는 바로 그 용어에 의미를 부여하는 데 도움을 준다 — 을 확증한다고 가정해 보자. 이러한 확증이 이루어질 수 있는지의 여부는 한 가지 설명을 추론해 낼 수 있느냐에 좌우된다. 여기서 그가 단지 자신이 받아들이는 이론과 실험 기구에 대한 믿음을 가지고 있으면서 어떤 심리학적 '반응 준비' 상태에 있는 것만으로는 충분치 못하다. 그는 한 걸음 나아가 그에게 양성자로 보이는, 안개상자를 가로질러 가는 비행기 운을 만들어내는 양성자가 실제로 있다고 가정하여 자신의 관찰을 설명해야 하며, 이것이 합리적이라고 말할 수 있는 경우에만 그와 같은 관찰이 이론을 확증한다고 말할 수 있는 것이다. (이는 그 이론이 다른 경쟁 이론에 비해 양성자가 그곳에 있다는 사실을 잘 설명할 수 있다고 말할 수 있는 한에서 그 이론에 대한 증거가 된다.) 하지만 만약 양성자의 존재를 가정할 필요 없이, 그의 심리적 '반응 성향'만으로도 그가 그러한 관찰을 하였다는 사실을 적절히 설명할 수 있다면, 이때의 관찰은 양성자가 존재한다는 증거가 될 수 없을 것이고, 따라서 그 이론을 지지하는 증거로 삼을 수 없을 것이다. 그의 관찰이 이론을 지지하는 이유는 그의 관찰을 설명하기 위해 관찰자의 심리에 대한 가정을 넘어선 세계에 관한 무엇인가를 상정하는 것이 합리적이기 때문이다. 특히 비행기 운을 만들어내면서 안개상자를 통과해 가는 양성자가 있었다고 가정하는 것이 합리적이기 때문이다.[8]

---

8) [역주] 이러한 의미에서 하만은 과학 실재론자이지만 도덕 실재론자는 아니다.

이를 의식적인 추론 없는 즉각적인 도덕 판단을 내리는 경우와 비교해 보자. 이러한 예로서 우리는 아이들이 고양이에게 불을 붙이는 것이 잘못이라든지, 5명의 죽어 가는 환자를 구하기 위해 1명의 건강한 환자를 죽여서 신체 부위를 분배하는 것이 잘못이라는 즉각적인 도덕 판단을 들 수 있을 것이다. 이들 판단 중 첫 번째 것을 설명하려면 아마도 아이들이 실제로 고양이에게 휘발유를 끼얹고 있으며, 당신은 그들이 그렇게 하는 것을 보고 있다고 생각하는 것이 합리적일 것이다. 하지만 두 가지 경우 중 그 어느 것도 '도덕적 사실'(moral fact)에 관한 무엇인가를 상정해야 할 어떤 명백한 이유는 없다. 즉 고양이에게 불을 붙이는 것, 혹은 306호실 환자를 죽여 기관을 분배하는 것이 실제로 잘못되었다고 상정할 필요는 없는 것이다. 여기서 도덕적 사실을 가정한다는 것은 당신의 판단을 설명하는 데 전혀 필요치 않은 것처럼 보인다. 우리가 상정해야 할 것이라고는 당신이 어느 정도 명료한 어떤 도덕 원리(당신의 도덕 감각에 기초한, 당신이 내리는 판단들에 반영되어 있는)를 소유하고 있다는 것뿐이다. 당신의 즉각적인 직관적 판단이 참인지 거짓인지의 여부는 우리의 도덕 판단을 설명하는 데에는 전혀 필요치 않은 것처럼 보인다.[9]

어떤 사건에 대한 관찰은 어떤 과학 이론을 옹호 또는 반박하는 데 필요한 관찰 증거 — 그러한 관찰의 참됨이 그러한 관찰이 이루어진 이유가 무엇인가를 합당하게 설명하는 데 필요하다는 의미에서 — 를 제공할 수 있다. 그런데 이와 동일한 의미에서 보았을 때,

---

9) [역주] 도덕 판단을 설명하는 데 도덕적 사실을 전제할 필요가 없다는 뜻.

도덕적 관찰은 어떤 도덕 이론을 옹호하거나 반대하는 데 요구되는 관찰 증거는 아닌 듯하다. 왜냐하면 도덕적 관찰의 진위 여부는 그러한 관찰이 이루어진 이유를 합당하게 설명하는 데에 전혀 필요치 않은 것처럼 보이기 때문이다. 어떤 사건에 대한 관찰이 그것이 일어난 바로 그 순간에 이루어졌다는 사실은 관찰자뿐만 아니라 물리적 사실들에 대한 증거가 되기도 한다. 하지만 당신이 관찰했을 당시에 특정한 도덕적 관찰이 이루어졌다는 점이 도덕적 사실이 존재한다는 증거가 되는 것은 아니다. 이는 단지 당신과 당신의 도덕적 감수성에 대한 증거가 될 따름이다. 양성자에 관한 사실은 당신이 관찰하는 바에 영향을 줄 수 있다. 왜냐하면 안개상자를 통과하는 양성자는 당신의 눈에 빛을 반사시키는 비행기 운을 만들어내어 당신이 보는 것을 양성자라고 판단(당신이 과학적 훈련을 거쳤고, 심리적 반응 성향을 갖추었을 경우)하게 하기 때문이다. 하지만 주어진 상황의 '실질적인 옳음이나 그름'이 당신의 지각 기관에 어떠한 영향을 미칠 수 있는 방법은 없는 듯하다. 이러한 측면에서 윤리학은 과학과 다른 것처럼 보인다.

그러므로 도덕 원리들이 관찰을 설명하는 데에 도움을 줄 수 있는가를 고찰하는 경우, 우리는 '관찰'이라는 단어의 애매성에 주목해 볼 필요가 있다. 당신은 아이들이 고양이에게 불을 붙이는 장면을 보고서 즉각적으로 '저것은 잘못되었어'라고 생각한다. 어떤 한 가지 의미에서 본다면 당신이 관찰하고 있는 것은 아이들이 하고 있는 행동이 잘못되었다는 것을 말한다. 하지만 다른 의미에서 보자면 당신이 관찰하고 있는 것은 그것이 잘못되었다고 당신이 생각한다는 것을 말한다. 우리는 도덕 원리들이 첫 번째 의미에서의 관찰을 설명할 수 있을지 몰라도, 두 번째 의미에서의 관찰을 설명할 수는 없다고 생각해 볼 수 있을 것이다. 다시 말해 일부 도덕 원리들이 아이들이 고양이에게 불을 붙이는 것이 잘못이었다는 이유를 설명하는 데에는 도움이 될 수 있지만, 그러한 행동이 잘못이라는 **당신 자신의 사고활동**을 설명하는 데에는 별다른 도움을 주지 못할 수 있다고 생각해 볼 수 있을 것이다. 첫 번째 의미의 '관찰'에서는 도덕 원리들이 테스트될 수 있다―'그러한 행동이 잘못이라는 것은 불필요한 고통을 야기하는 것이 잘못이라는 원리에 대한 증거가 된다.' 하지만 두 번째 의미로 '관찰'을 사용할 경우, 도덕 원리들은 관찰을 통해 분명하게 테스트될 수가 없다. 왜냐하면 도덕 원리들은 두 번째 의미에서의 '관찰'을 설명하는 데 도움을 줄 수 있을 것 같지 않기 때문이다. 이때 도덕 원리들은 당신이 관찰하는 바에 대한 당신의 관찰을 설명하는 데 도움을 주는 것 같지 않다.

물론 당신이 불필요한 고통을 야기하는 것이 잘못이라는 도덕 원리를 이미 견지하고 있다면, 당신은 '아이들이 고양이에게 불을 붙이고 있는 것을 바라보고 있다'는 사실을 그들이 무엇인가 잘못하고 있다는 관찰 증거로 삼을 수 있을 것이다. 이와 유사하게, 당신이 적절한 물리학적 이론을 견지하고 있을 경우, 당신은 비행기 운을 보았다는 사실을 양성자가 안개상자를 통과하고 있다는 관찰 증거라고 생각할 수 있을 것이다. 하지만 두 가지 경우에는 중요하고도 분명한 차이가 있다.

과학의 경우에는 당신이 그러한 관찰을 하였다는 자체가 물리 이론을 입증하는 증거가 된다. 왜냐하면 물리 이론이 양성자를 설명하고, 그 양성자가 비행기 운을 설명하며, 비행기 운이 또다시 당신의 관찰을 설명하기 때문이다. 하지만 도덕의 경우, 당신이 관찰을 행하고 있는 것 자체는 관련 도덕 원리를 입증하는 증거가 되지 않는 듯하다. 왜냐하면 그러한 원리가 당신의 관찰을 설명하는 데 도움을 주는 것처럼 보이지 않기 때문이다. 도덕의 영역에서는 원리로부터 관찰에로의 설명 고리가 끊어져 있는 듯하다. 물론 도덕 원리가 아이들이 고양이에게 불을 붙이는 것이 잘못인 이유가 무엇인가를 '설명'할 수도 있다. 하지만 당신이 관찰하는 그러한 행동 자체를 설명하는 데 그러한 행동의 잘못됨(wrongness)이 도움을 주는 것 같지는 않다. 도덕 원리도, 행동의 잘못됨도 당신이 관찰하고 있는 바가 왜 그렇게 관찰되었는가를 설명하는 데 도움을 줄 수 없다. 이런 의미에서 설명의 연쇄는 단절된 것처럼 보인다.

여기서 한 가지 조건을 덧붙이는 것이 필요한 것처럼 보일 수 있다. 어쩌면 고양이에게 불을 붙인 것이 단순히 '잘못되었기에' 우리가 그와 같은 행동을 잘못이라고 생각하는지도 모른다. 언뜻 보기에, 여기에서 행동의 실질적인 잘못됨(actual wrongness)이 그들이 그러한 행동을 한 이유가 무엇인가를 설명하는 데 분명 도움을 주는 것처럼 보일 수도 있다. 그리하여 행동의 실질적인 잘못됨이 당신이 관찰하는 바를 당신이 관찰하는 이유가 무엇인가를 설명하는 데 간접적으로 도움이 되는 것처럼 보일 수 있다. 마치 물리 이론이 양성자가 비행기 운을 만들어내는 이유가 무엇인가를 설명함으로써 관찰자가 관찰하는 바를 관찰하게 된 이유가 무엇인가를 설명하는 데 간접적으로 도움이 되는 것처럼 말이다. 하지만 곰곰이 따져보았을 때, 우리는 이것이 환상일 가능성이 높다는 사실에 동의해야 할 것이다. 아이들의 행동을 설명하는 것은 행동의 실제적인 잘못됨이라기보다는, 그러한 행동이 잘못되었다는 믿음임에 분명하다. 그들 행동의 실질적인 옳음이나 그름은 그들이 그러한 행동을 했던 이유와는 별다른 상관이 없는 것처럼 보인다.

그런데 관찰에 의한 증거는 윤리학에서 하지 못하는 것처럼 보이는 일정한 역할을 과학에서 하고 있다. 이렇게 말하는 이유는 과학 원리들은 궁극적으로 둘째 의미의 관찰을 설명하는 역할에 의해, 즉 원리가 가지고 있는 설명적인 역할에 의해 정당화되는 데 반해, 도덕 원리들은 이와 동일한 방식으로 정당화될 수 없다는 것이 분명하기 때문이다.

도덕 원리와 개별적인 관찰 사이에는 과학 원리와 개별 관찰 사이에서 살펴볼 수 있는 설명 고리가 존재할 수 없다고 생각하는 것이 옳은 듯이 보인다. 설명적 이론으로 보았을 때, 도덕은 과학과는 달리 관찰로부터 단절된 것처럼 보인다.10)

---

10) [역주] 리처드 워너(Richard Werner)는 하만의 논의를 다음과 같이 정리하고 있는데, 이는 이 장에서의 논의를 이해하는 데에 도움이 될 것이다. 워너에 따르면 하만의 논증 전략은 다음과 같다.

과학 모델 S1
과학 이론(ST) ↔ 과학 원리(SP) ↔ 과학적 관찰(SO) ↔ 과학적 관찰 보고(RSO)

과학 원리(SP)(안개 상자를 통과하는 양성자는 수증기 자국을 남긴다)는 과학 이론(ST)(양성자 물리학)으로부터 도출될 수 있는 반면, 과학적 관찰(SO)(내 앞에서 안개 상자를 통과하고 있는 이 양성자가 수증기 자국을 남기고 있다)과 과학적 관찰 보고(RSO)(양성자가 지나가고 있다)는 SP + 어떤 관찰(이 경우, 안개 상자 안의 자국)로부터 도출된다. 과학적 관찰(SO)은 과학 원리(SP)를 검증하는 데 도움을 주며, 이는 또다시 과학 이론(ST)을 검증하는 데 도움을 준다. 따라서 과학 이론(ST)와 과학 원리(SP)에서 상정된 실재들은 과학적 관찰(SO)에서 관찰이 이루어지기 위해 반드시 존재해야 한다.

물론 모든 과학적 가설을 관찰을 통해 직접적으로 테스트할 수 있는 것은 아니다. 가령 '블랙홀'에 관한 가설을 직접적으로 테스트할 수는 없다. 왜냐하면 블랙홀 내에서는 어떠한 신호도 방출되지 않기 때문이다. 이러한 경우 가설과 관찰의 연결은 간접적이다. 그리고 이와 유사한 수많은 사례들이 있다. 그럼에도 대체로 보았을

반면 하만에 따르면 도덕적 확증의 과정은 이와 다르다. 도덕적 관찰이 과학적 관찰의 경우에서처럼 다음과 같은 구조를 갖는다고 해보자.

도덕 모델 M1
도덕 이론(MT) ↔ 도덕 원리(MP) ↔ 도덕 관찰(MO) ↔ 도덕 관찰 보고(RMO)

도덕 원리(MP)(아무런 이유도 없이 생물에게 아픔과 고통을 주는 것은 도덕적으로 잘못이다)는 도덕 이론(MT)(공리주의나 칸트주의 등의 도덕 이론)으로부터 도출될 것임에 반해, MO(이 아이들이 아무런 이유도 없이 고양이에게 불을 붙임으로써 아픔과 고통을 주고 있다)와 RMO(고양이에게 불을 붙이는 것은 도덕적으로 잘못이다)는 MP + 어떤 관찰(이 경우 아무런 이유 없이 고양이에게 불을 붙이는 것)로부터 도출될 수 있다. 그런데 과학적 관찰과는 달리, 도덕적 관찰(MO)은 도덕 이론(MT)을 검증하는 데에 도움을 주지 못하는 듯하다. 그 이유는 도덕 관찰 보고(RMO)가 관찰자의 심리 장치만을 거론함으로써 적절하게 설명되며, 굳이 도덕적 사실까지 상정할 필요는 없기 때문이다.
여기서 과학 모델과 도덕 모델의 결정적인 차이점은 M1에서는 존재론적인 가정을 할 필요가 없음에 반해, S1에서는 양성자의 존재를 상정해야 한다는 점이다. 만약 양성자의 존재를 전제하지 않을 경우 RSO와 SO는 SP를 검증하지 못할 것이며, 이어서 ST를 검증하지 못할 것이다. 즉 모델 S1은 오직 실제로 수증기 자국을 만드는 안개 상자를 통과하는 양성자가 존재해야 RSO에 대한 합당한 설명이 되는 것이다. 반면 도덕 모델 M1은 RMO를 합리적으로 설명하기 위해 도덕적 사실에 대한 존재론적인 가정을 할 필요가 없으며, 단지 관찰자의 심리 장치와 도덕적 감수성만으로도 충분하다. (Richard Werner, "Ethical Realism," *Ethics*, 93 (1983), pp.655-656.)

때, 과학과 윤리학 사이에는 분명한 차이가 존재한다. 즉 과학의 영역에서는 도덕의 영역에서 가능하지 않은 방식으로 관찰을 이용할 수 있는 것이다.

4. 윤리학과 수학

어쩌면 윤리학은 물리학과 비교할 것이 아니라, 수학과 비교해야 할지도 모른다. 가령 '약속을 지켜야 한다'와 같은 도덕 원리들은 마치 '5 + 7 = 12'가 확증되거나 부정되는 방식으로 확증되거나 부정될지도 모른다. 수학에서 관찰은 물리학에서와 같은 역할을 하지 못하는 듯하다. 가령 우리는 수를 지각하지도, 할 수도 없다. 왜냐하면 우리는 수들과 인과적인 연결을 맺을 수가 없기 때문이다. 가령 우리는 12라는 숫자와 인과적인 연결을 맺는다는 것이 무엇을 말하는가를 이해할 수조차 없다. 도덕적 사실이 우리의 지각 기관에 영향을 미치지 못하는 것과 마찬가지로, 숫자들간의 관계 또한 우리의 지각 기관에 영향을 미치지 못한다.

하지만 관찰은 수학에서도 중요한 의의를 갖는다. 물리 이론을 지지하는 관찰을 설명할 때, 과학자들은 일반적으로 수학 원리에 호소한다. 반면 사람들이 관찰을 설명할 때 도덕 원리에 호소할 필요는 없는 듯하다. 관찰은 그 관찰을 가장 잘 설명하는 것에 대한 증거에 해당하기에, 그리고 수학은 과학적 관찰을 설명하는 데에 흔히 활용되기에, 우리는 수학에 대한 간접적인 관찰 증거가 존재한다고 말할 수 있다. 하지만 기본적인 도덕 원리에 대해서는 관찰 증거(심지어 간접적이라도)가 존재하지 않는 듯하다. 어떠한 관찰이 이루어진 이유를 설명할 때, 우리는 순수하게 도덕적인 가정들을 사용하지 않는 것처럼 보인다. 만약 이러한 주장이 옳다면, 이와 같은 측면에서 윤리학은 물리학과 다를 뿐만 아니라 수학과도 상이한 것처럼 보인다.

앞으로 우리는 윤리학이 관찰에 의한 실험으로부터 단절되어 있다(과학에서는 그렇지 않은 방식으로)는 명백한 사실에 대해 제기될 수 있는 여러 대응들을 검토하게 될 것이다. 이러한 대응들 중 일부는 앞에서 살펴보았던 바와 같은 차이가 과학과 윤리학 사이에 있다고 주장하며, 그것이 함축하는 바가 무엇인가를 말하고자 한다. 반면 다른 사람들은 과학과 윤리학에서 그러한 차이가 있음을 부정하고, 언뜻 보기와는 달리 윤리학이 사실상 관찰 실험과 무관하지 않다고 주장할 것이다.

더 읽을거리

윤리학에서의 관찰 증거와 과학에서의 관찰 증거의 역할을 구분하고 있는 간략한 논의를 살펴보려면, R. M. Hare, *Freedom and Reason* (Oxford, Oxford University Press, 1963), pp.1-3을 볼 것.

Alan Gewirth는 "Positive 'Ethics' and Normative 'Science'," *Philosophical Review*, Vol. 69(1960)에서 관련 논의의 복잡성을 일부 언급하고 있다.

관찰의 '이론 의존성'에 대해서는 Norwood Rusell Hanson, *Patterns of Discovery*(Cambridge University Press, 1958), 1장을 볼 것.
추론에서의 설명의 역할은 Gilbert Harman, "Inference to the Best Explanation," *Philosophical Review*, Vol. 74(1965)를 볼 것.

도덕적 진리에 대한 직관적인 지식이 있을 수 있다는 논의는 P. F. Strawson, "Ethical Intuitionism," *Philosophy*, Vol. 24(1949)에서 검토되고 있다.

Paul Benacerraf는 "Mathematical Truth," *Journal of Philosophy*, Vol. 70(1973)에서 수학적 지식에 대한 문제들을 논의하고 있다.

제 2 장
허무주의와 자연주의

1. 도덕적 허무주의

　지금까지 우리는 윤리학에서 별다른 역할을 하지 못하는 듯한 관찰에 의한 증거가 과학과 수학에서는 일정한 역할을 한다는 것을 살펴보았다. 도덕적 가설들은 사람들이 관찰하는 대상을 그들이 관찰하는 이유가 무엇인가를 설명하는 데 별다른 도움을 주지 못한다. 따라서 윤리학은 의심스러운 바가 있는 것이고, 허무주의의 도전을 진지하게 고찰해 보아야 하는 것이다. 허무주의(nihilism)란 어떠한 도덕적 사실도, 도덕적 진리도, 또한 도덕적 지식도 존재하지 않는다는 이론이다. 허무주의는 존재하지 않는 것은 그 무엇도 설명해 주지 못한다는 데에 기반을 두고 있으며, 이를 근거로 하여 도덕적 사실에 대한 언급이 관찰을 설명하지 못하는 이유를 적절히 설명할 수 있다.

극단적인 허무주의 이론은 도덕이 단지 환상에 불과하다는 입장을 견지한다. 즉 그 무엇도 옳거나 그를 수 없고, 정의롭거나 불의하지도 않으며, 선하거나 악할 수 없다는 것이다. 마치 무신론자가 종교적 사실이 관찰을 설명하는 데에 도움을 줄 수 없다고 판단한 후 종교를 포기하는 것과 마찬가지로, 이러한 이론은 우리가 도덕을 포기해야만 한다고 주장한다. 일부 극단적인 허무주의자들은 심지어 도덕이 단순히 종교적 미신의 잔재에 불과하다고 주장하기까지 한다.

그런데 이와 같은 극단적인 허무주의는 받아들이기가 쉽지 않다. 그것이 사실상 의미하는 바는 아무런 도덕적인 구속이 존재하지 않는다는 것이며, 모든 것이 허용된다는 것이다. 도스토예프스키가 밝히고 있는 바와 같이, 이는 아버지를 살해하는 것이 하등 문제될 것이 없음을 의미한다. 또한 이는 노예 제도가 정의롭지 않은 것이 아니며 히틀러의 학살 수용소가 비도덕적(immoral)[1]이지 않다는 것을 함축하기도 한다. 이들은 쉽게 받아들일 수 있는 결론이 아니다.

물론 이렇게 말하는 것이 극단적인 허무주의에 대한 반박이 될 수는 없다. 허무주의는 우리의 일상적인 견해를 반영하려는 의지가 없다. 그리고 믿기 어렵다는 사실이 그것이 거짓일 수밖에 없음을 뜻하는 것은 아니다. 과거의 한때, 사람들은 지구가 둥글다고 생각하기가 어려웠다. 그럼에도 지구는 둥글었던 것이다. 독실한 종교

---

1) [역주] immoral과 amoral은 구분될 필요가 있다. 전자는 도덕적이지 않은, 다시 말해 부도덕적이라는 뜻이고, 후자는 도덕과 무관한, 즉 도덕과 상관없다는 뜻이다.

인은 신이 존재하지 않는다고 생각할 수 없다. 하지만 그러한 논의가 무신론에 대한 대응 논변은 아니다. 극단적인 허무주의는 가능한 관점이며, 심각하게 고찰해 볼 만한 관점이다.

또 한 가지 지적할 만한 것은 설령 도덕적 사실이 관찰을 설명하는 데에 도움을 주지 못한다고 하더라도, 그러한 사실로부터 극단적인 허무주의가 자동적으로 도출되는 것은 아니라는 점이다. 물론 도덕적 사실이 관찰을 설명하는 데에 도움을 주지 못한다는 것이 허무주의의 토대가 될 수도 있다. 하지만 비교적 온건한 형태의 허무주의가 존재한다. 모든 형태의 허무주의가 도덕이 환상이라는 것을 함축하고 있는 것은 아니며, 그러한 허무주의가 도덕 판단을 포기(무신론자들이 종교적 판단을 포기하듯이)해야 한다는 것을 함축하고 있는 것 또한 아니다. 온건한 허무주의는 도덕 판단의 목적이 세상을 서술하는 데에 있는 것이 아니라, 우리의 도덕 감정을 표현하거나, 다른 사람들과 우리들 자신에 대한 명령으로 활용하는 데에 있다고 주장한다. 이러한 관점에 따르면 관찰을 설명하는 데 실패했다고 해서 도덕이 훼손되는 것은 아니다. 왜냐하면 관찰을 설명하는 데에 도덕 판단이 도움이 되길 바란다는 것은 사실상 도덕의 기능을 혼동하고 있는 것이기 때문이다. 이는 마치 '아아!'라고 외침으로써, 또는 '문닫아'라고 명령함으로써 관찰을 설명하고자 하는 것과 다를 바가 없다.

온건한 허무주의는 극단적인 허무주의에 비해 쉽게 받아들일 수 있다. 이와 같은 허무주의는 우리가 도덕을 유지하고, 계속해서 도덕 판단을 내리는 것을 허용한다. 온건한 허무주의는 당신의 아버지를 살해한다든지 노예를 소유하는 것, 또는 인종 청소 수용소를 만드는 것이 잘못되지 않았다는 것을 함축하지 않는다. 온건한 허무주의에 따르면, 우리는 그와 같은 행동들을 옳지 않다고 생각하며, 우리는 그러한 행동들이 잘못되었다고 말함으로써 그와 같은 행동들이 옳지 않다는 생각을 정당하게 표현할 수 있다.

그런데 설령 대립이 심각하지 않다고 하더라도, 온건한 허무주의는 여전히 상식과 대립된다. 심지어 온건한 허무주의자들까지도 주장하는 바와 같이, 도덕적 사실이 존재하지 않고, 도덕적 진리, 그리고 도덕적 지식이 존재하지 않는다고 주장하는 것은 사실상 우리가 일상적으로 생각하고 말하는 바와는 상반되는 무엇인가를 주장하는 것이다. 만약 누군가가 오리건 주 납세자 조합원 구성원들이 아버지인 오스틴 P. 존스를 협박하기 위해 샐리 존스라는 여아를 유괴한 것이 잘못이라고 말했고, 당신이 여기에 동의한다면, 당신은 '그것이 참이야!'(That's true!)라고 말함으로써 당신의 동의를 나타낼 것이다. 이와 유사하게, 어떤 특별한 경우에 무엇을 할 것인가에 대한 결정을 내릴 때, 당신은 '허버트와의 약속을 어겨선 안 된다는 것을 **알고 있어**(know). 하지만 오늘은 정말 해변에 가고 싶다'와 같은 말을 한다. 우리는 일상적으로 도덕 판단을 참 또는 거짓으로 판정한다. 그리고 다른 사람들은 몰라도 우리는 어떤 도덕적 진리를 아는 것처럼 이야기한다.

이렇게 보았을 때, 허무주의(그것이 극단적이건 온건하건 간에)는 우리가 말하고 생각하는 일상적인 방식과 상충된다. 하지만 이와 같이 상충된다고 해서 한 이론이 반박되는 것은 아니다. 그럼에도 우리는 한편으로는 어떤 형태의 허무주의를 받아들이면서, 다른 한편으로는 상식적인 견해를 포기하지 않으면서 윤리와 관찰을 둘러싼 쟁점을 조정할 수 있는지 생각해 보아야 한다.

2. 환 원

앞에서의 논의는 도덕적 허무주의를 뒷받침할 수 있는 다음과 같은 주장을 시사하고 있다.

어떠한 경우에도 도덕적 가설은 우리가 무엇인가를 관찰하는 이유를 설명하는 데에 도움을 주지 못한다. 따라서 우리는 우리의 도덕적 의견에 대한 증거를 가지고 있지 않다.

이러한 주장은 다음과 같은 가정에 의존하고 있다.

우리가 특정한 유형의 가설을 입증하는 증거를 가질 수 있는 경우는 그와 같은 가설이 간혹 우리가 관찰하는 바를 관찰하는 이유가 무엇인가를 설명하는 데에 도움을 주는 경우뿐이다.

하지만 이러한 가정은 너무 강하다. 평균적인 미국 시민에 대한 가설들은 어느 특정한 미국인에 관한 무엇을 관찰하는 이유가 무엇인가를 설명하는 데에 결코 도움을 주지 않는다. 하지만 우리는 미국 시민들에 관한 가설들을 지지해 주는 증거를 획득함으로써 평균적인 미국 시민에 대한 가설들을 옹호하는 증거를 확보할 수가 있다. 그 이유는 평균적인 미국 시민(average American citizen)에 관한 사실이 미국 시민들(American citizens)에 관한 사실을 통해 정의될 수 있기 때문이다. 첫 번째 유형의 사실은 두 번째 유형의 사실로부터 구성되며, 따라서 두 번째 유형의 사실로 환원될 수 있다. 설령 도덕적 사실에 대한 가정이 관찰을 설명하는 데 직접적인 도움을 주지 않았다고 해도, 도덕적 사실은 다른 유형의 사실들로 환원될 수 있는 듯하며, 그와 같은 유형의 사실들에 대한 가정들이 관찰을 설명하는 데 분명 도움이 된다고 말할 수 있는 듯하다. 이 경우, 도덕적 사실에 관한 가정을 입증하는 증거가 있을 수 있게 된다.

또 다른 예를 들자면, 우리는 대상이 실질적으로 색을 갖는다고 전제하지 않고서도 색에 대한 지각을 설명할 수 있다. 왜냐하면 우리는 어떤 물리적 특성의 표면을 가진 대상이 어떻게 특정한 파장의 빛을 반사하는지를 설명할 수 있기 때문이다. 이때 이 빛은 관찰자의 망막을 때리며, 그 빛은 적절한 신경 생리학적 심리학을 통해 서술될 수 있는 방식으로 그를 자극할 것이다. 바꾸어 말한다면, 우리는 관찰자의 지각 기관에 대한 설명, 그리고 지각된 대상의 물리적 특징 및 빛의 속성을 통해 색에 대한 지각을 충분히 설명할 수 있을 것이다. 그런데 이것이 색에 관한 사실이 존재하지 않음을 입증하는 것은 아닐 것이다. 다시 말해 이는 단지 색에 대한 사실이 물리적·신경생리학적 사실을 넘어선 부가적인 사실이 아님을 보여줄 따름이다. 만약 우리가 이러한 방식으로 색에 대한 지각을 설명할 수 있다면, 우리는 색에 대한 사실이 어떻게든 지각된 대상의 물리적 특성에 관한 사실, 빛에 대한 사실, 그리고 지각하는 사람의 심리 및 지각 기관에 관한 사실로 환원될 수 있다고 결론 내릴 수 있을 것이다. 우리는 도덕적 사실이 방금 언급했던 바와 유사한 방식으로 어떤 다른 사실(우리의 관찰을 설명하는 데 도움을 줄 수 있는)로부터 구성되거나 환원될 수 있는지 고찰해 볼 수 있을 것이다.

3. 윤리적 자연주의: 기능주의

이러한 제안은 도덕과 무관한 평가적인 사실들(nonmoral evaluative facts)을 설명하는 데 적절하다. 가령 무엇인가가 그 종류 안에서 좋다는 것, 가령 좋은 칼, 좋은 시계, 또는 좋은 심장이라는 것이 무엇을 의미하는가에 대하여 고찰해 보도록 하사. 이러한 종류의 물건들은 특정한 기능을 가지고 있다. 칼은 자르는 데에 활용된다. 시계는 시간을 지키는 데에 활용되고, 심장은 피를 공급하는 기관이다. 다음으로 어떤 것은 적절한 기능을 적당하게 충족시키는 경우에 그 종류에서 좋은 것이라는 평가를 받는다. 가령 좋은 칼은 잘 들고, 좋은 시계는 시간이 정확하며, 좋은 심장은 멈추지 않고 적절한 압력으로 피를 순환시킨다. 한 종류의 사물을 'K'라는 문자를 사용해 나타내 보도록 하자. 이때 좋은 K는 그 기능을 적절히 이행하는 K이다. 과연 어떤 것이 좋은 K인지의 여부는 사실적인 질문에 해당한다. 왜냐하면 K가 그러한 기능을 갖는지의 여부는 사실적인 질문이기 때문이며, 그것이 적절하게 기능을 수행하는지의 여부 또한 사실적인 질문이기 때문이다.

나아가 K는 그 기능을 잘 수행해야 한다. 만약 그렇게 하지 못하면 무엇인가가 잘못된 것이다. 이러한 유형의 K가 있어야 할 모습인지의 여부, 그리고 해야 할 바를 적절히 행하고 있는지의 여부는 사실적 질문이며, 이러한 유형의 K가 잘못되었는지의 여부 또한 사실적인 질문이다. 칼은 날이 날카로워야 하며, 그리하여 잘 들어야 한다. 중단 없이 피를 순환시키지 못하는 심장은 무엇인가 기능에 이상이 있는 것이다.

물론 이들은 어느 정도 차이가 있다. 즉 시계와 칼은 인공물임에 반해, 심장은 자연 시스템인 것이다. 인공물의 기능은 그 제작자와 사용자에 의해 결정된다. 이에 반해 자연 시스템의 부분들이 갖는 기능은 그러한 시스템을 유지하는 데에서의 역할에 의해 결정된다. 그럼에도 두 경우에서 K의 적절한 기능이 무엇인가는 사실에 관한 질문이다.

다음으로 이와는 약간 다른 경우를 고찰해 보도록 하자. 가령 좋은 식사, 좋은 수영, 좋은 시간 등을 고찰해 보도록 하자. 우리는 논점을 확대하여 식사, 수영, 그리고 시간 또한 기능 또는 목적을 가지고 있다고 말할 수 있을 것이다. 하지만 좀더 정확하게 말한다면, 이들은 특정한 관심에 부응하고 있다고 말해야 할 것이다. 우리는 적절한 관심에 부응하는 정도에 따라 특정한 식사, 수영, 혹은 시간이 좋다고 판단한다. 그런데 관심이 상충될 경우, 우리는 애매한 상황에 처하게 된다. 가령 '좋은 식사'는 영양식을 의미할 수도 있고, 맛있는 음식을 의미할 수 있는데, 우리는 이와 같은 상황에서 곤경에 처하게 된다.

앞에서와 마찬가지로, 이와 같은 범주에 속하는 사례들에서도 '해야 한다'와 '잘못이다'라는 말이 사용된다. 가령 좋은 식사는 균형이 잡혀 있거나 맛이 있어야 한다. 부드럽지 못하고 윤기가 흐르지 않는 스테이크는 무엇인가가 잘못된 것이다.

더욱 복잡한 경우의 사례로는 가령 한 사람이 이러저러한 방식으로 가질 수 있는 역할을 들 수 있다. 좋은 농부, 좋은 군인, 좋은 선생, 좋은 시민, 좋은 도둑이 그 예이다. 한 사람은 세세하게 분류해 내기 어려운 방식으로 기능, 역할 그리고 다양한 관심에 따라 평가를 받는다. 그럼에도 여기에서도 '해야 한다'와 '잘못이다'라는 단어는 앞에서와 마찬가지로 적절하게 사용될 수 있다. 우리는 전쟁 중에 군인들이 상관의 명령에 무조건 복종해야 한다고 말한다. 또한 우리는 선생이 자신이 좋아하는 것만 가르치는 것은 잘못이라거나, 도둑은 장갑을 끼어야만 한다고 말한다.

일부 사물들은 기능, 목적, 혹은 관심과 상관이 없다. 가령 바위 그 자체는 이들과 무관하다. 때문에 구체적인 맥락을 떠나서 어떤 것이 좋은 바위인가를 묻는 것은 별다른 의미가 없다. 그와 같은 질문은 우리가 바위를 사용하였을 때 얻을 수 있는 이익과 결부시켜야만 답할 수 있다. 가령 어떤 돌은 서류를 눌러 놓기 위해 사용될 경우 좋은 돌이 될 수 있지만, 문을 열려 있도록 하는 데에 사용되는 돌은 좀더 무거운 돌이어야 할 것이다.

이처럼 가치 평가적 판단은 사실적이다. 비록 약간 복잡한 사실이긴 해도 여기서의 사실들은 여전히 자연적 사실들이다. 우리는 어떤 관심, 역할, 그리고 기능에 부합하는지에 따라 무엇이 좋거나 나쁘다고 판단하고, 어떤 것이 옳거나 그르다고 판단하며, 어떤 것을 해야 하거나 해서는 안 된다고 판단한다. 우리는 이를 다음과 같이 요약할 수 있을 것이다: 어떤 X는 그것이 특정한 관심에 적절하게 부합되는 한에서 좋은 것이다. 그러한 관심을 세세하게 나열하는 것은 X가 무엇에 좋은가를 세세하게 나열하는 것과 동일하다. 이와 유사하게, P라는 사람은 만약, 그리고 오직 D를 행하는 것이 적절한 관심을 충족시킬 경우에만 D를 행해야 한다.

이상의 분석은 여러 사례들에 적용할 수 있는 하나의 실재론적인 분석이다. 이는 가치 평가적 사실 자체가 관찰에 대한 설명에 나타나지 않는 경우에도, 가치 평가적 사실이 어떻게 관찰 가능한 사실로부터 구성될 수 있는가를 잘 보여주고 있다. 가령 나의 시계가 좋다는 것이 시계에 대한 나의 관찰의 어떠한 것도 설명하지 못할 수 있다. 하지만 그것이 꽤 정확하다는 사실은 라디오 시보와 계속해서 일치한다는 것을 설명하는 데에 도움을 주며, 아마도 나의 시계의 좋음은 이러한 종류의 사실과 결부되어 있다고 말할 수 있을 것이다.

하지만 이러한 유형의 분석을 윤리학에 적용할 경우, 한 가지 문제가 분명하게 드러난다. 당신이 306호실에 있는 건강한 환자의 몸을 갈라 이를 다른 환자들에게 분배하여 5명의 환자를 구할 수 있는 의사이거나, 혹은 아무 것도 하지 못하고 5명의 다른 환자들은 죽도록 내버려둘 수밖에 없는 의사인 경우를 고찰해 보도록 하자. 여기서 문제는 두 가지 경우 모두에서 당신이 특정한 이익을 만족시킬 경우, 다른 사람의 이익을 만족시키지 못한다는 데에 있다. 5명의 죽어 가는 환자의 이익은 306호실의 건강한 환자의 이익과 상충된다. 여기서 도덕적 질문을 제기하자면, 당신이 모든 이익을 염두에 두면서 선택해야 할 행동은 무엇인가이다. 이미 살펴본 바와 같이, 우리의 직관적인 판단은 5명의 환자들을 구하기 위해 306호실에 있는 환자를 희생시켜서는 안 된다는 것이었다. 그런데 이것이 사실적 판단인가? 만약 306호실 환자를 희생시켜서는 안 된다는 것이 하나의 사실이라고 가정해 본다면, 어떻게 그와 같은 하나의 사실이 관찰을 설명하는 데에 도움을 줄 수 있는 사실들과 관련되는 것일까? 앞의 분석을 확장하여 이와 같은 사례까지 포괄할 수 있게 하려면 어떻게 해야 하는지는 그다지 명백하지 않다.

사실상 이는 윤리학만의 고유한 문제는 아니다. 상당한 압력에 견딜 수 있는 무겁고, 방수가 되며, 충격방지가 되는 시계가 그러한 특징을 갖지 못한 가볍고 우아하며, 정밀한 시계보다 좋은가 나쁜가? 두 선생님 중에서 한 선생님이 더 많이 가르치면서 많은 학생들을 불행하게 하였다면 그 선생님은 좋은 선생님인가 나쁜 선생님인가?

이와 같은 경우 우리가 겪게 되는 어려움은 시계와 선생님들에 대한 우리의 기준이 모호하다는 데에서 그 원인을 어느 정도 찾아볼 수 있다. 흔히 우리는 관련되는 관심을 상세히 나열해 봄으로써 애매함을 해소시킬 수 있다. 예컨대 심해 잠수를 위해서는 무거운 시계가 낫다. 반면 물을 벗어나 사회생활을 영위하는 경우에는 가벼운 시계가 낫다. 선생님들을 평가하는 경우, 우리는 선생님들로부터 무엇을 원하는가를 결정해야 한다. 학생들은 최소한의 분량을 배워야 할 것이며, 그 정도를 배웠다고 할 경우, 최소한 형편없이 배운 것은 아니어야 할 것이다. 하지만 이와 같은 방식으로 시계와 선생님들에 대한 우리의 관심을 더욱 세세하게 구분한다고 하더라도, 어떤 시계 혹은 선생님이 좋은가의 문제와 관련한 사실은 존재하지 않을지도 모른다. 그런데 이러한 경우가 발생하는 이유가 이들이 사실의 문제가 아니기 때문이 아니라, 기준이 모호하기 때문일 수가 있다. 사실의 문제들은 설령 그들이 모호함 때문에 대답할 수 없는 경우라 할지라도 여전히 사실의 문제이다. (만약 문이 살짝 열려 있다면 그 문은 열린 것인가 닫힌 것인가?) 한 걸음 더 나아가 우리가 직관적으로 어떤 시계나 선생님이 분명하게 낫다고 느끼는 경우에도, 한 분의 선생님 혹은 하나의 시계 중 어떤 것(혹은 어떤 분)이 다른 것(다른 분)에 비해 나은지를 판별하는 데 기준이 되는 관심, 기능 그리고 역할 등을 분명하게 분류해 내지 못할 수 있다. 그럼에도 하나(혹은 한 분)가 낫다는 것은 여전히 하나의 사실이라 할 수 있다. 즉 이는 관찰들을 설명하는 데에 도움을 줄 수 있는 종류의 사실들로부터 다소 막연하게 나열할 수 있을 뿐인 어떤 방식으로 구성된 사실인 것이다.

이와 유사하게, 설령 관련된 역할, 관심, 그리고 기능 등을 단지 모호하게 지적해 낼 수 있을 뿐이라 할지라도, 우리는 관찰을 설명할 수 있는 사실로부터 도덕적 사실을 이런저런 방식으로 구성해 낼 수 있을 것이다. 가령 우리는 관찰을 설명할 수 있는 사실로부터 5명의 환자를 구하기 위해 306호실의 건강한 환자를 희생시켜서는 안 된다는 사실 등을 구성해 낼 수도 있을 것이다.

이는 윤리적 자연주의2)를 옹호하는 격이 될 것이다. 윤리적 자연주의란 도덕적 사실이 자연의 사실임을 말하는 입장이다. 일반적인 입장으로서의 자연주의는 모든 사실들이 자연의 사실이라고 주장하는 이론으로, 우리의 지각 능력을 통해 확인할 수 있는 이론이다. 물론 우리가 윤리적 자연주의는 받아들이지 않으면서 자연주의 일반을 받아들일 수도 있다. 왜냐하면 우리는 윤리적 자연주의를 받아들이는 대신 허무주의자가 되면서 어떠한 도덕적 사실도 존재함을 부정할 수 있기 때문(마치 종교적 사실이 있음을 부정하듯이)이다. 자연주의자들은 윤리적 허무주의자가 되든지 혹은 윤리적 자연주의자가 되어야 한다. 여기서 문제는 우리가 윤리적 허무주의와 윤리적 자연주의 사이에서 어떻게 결정하는가이며, 이에 대한 답은 간단하지가 않다. 만약 기능, 역할, 그리고 관심에 대한 사실로서의 도덕적 사실에 대한 분석이 그럴 듯하게 이루어질 수 있다면, 이는 윤리적 자연주의를 옹호하는 강력한 논변이 될 수 있을 것이다. 하지만 적절한 기능, 역할 그리고 관심이 기껏해야 단지 모호하게만

---

2) [역주] '좋음'과 같은 윤리적 언명을 자연적 성질을 지시하는 언어로 정의하거나 번역할 수 있다는 입장을 말한다.

드러난다면, 제시된 분석 또한 평가에 어려움이 따를 것이다. 이에 따라 허무주의는 하나의 가능성으로 여전히 남아 있게 된다.

4. 미결 문제 논증

한편 윤리적 자연주의에 반대하고 허무주의를 옹호하는 일반적인 논증 또한 결정적인 것이 아니다. 가령 온건한 허무주의자들은 자연주의자들이 도덕 판단의 기능을 오해하고 있다고 주장한다. 그들은 도덕 판단이 사실을 서술하기 위한 것이 아니라, 오히려 화자의 승인 혹은 부인을 표현하기 위한 것이라고 말한다. 이에 따라 온건한 허무주의자들은 윤리적 자연주의가 '자연주의적 오류' (naturalistic fallacy)[3]를 포함하고 있다고 주장하고 있다. 하지만 우리가 앞으로 살펴볼 것이지만, 이와 같은 온건한 허무주의자들의 입장에 대한 평가 또한 상당히 복잡하다.

윤리적 자연주의자는 도덕적 사실이 존재하며, 색이 대상의 물리적 특성, 빛의 속성, 그리고 관찰자의 지각 기관에 관한 사실로 환원되는 것과 동일한 방식으로, 도덕적 사실 또한 관찰을 설명할 수 있는 어떠한 형태의 자연적 사실로 '환원'될 수 있다는 입장을 견지한다. 앞에서 필자는 기능, 역할 그리고 관심에 호소함으로써 그와 같은 환원을 시도하는 윤리적 자연주의의 한 가지 방식에 대하여

---

3) [역주] 사실 명제로부터 당위 명제를 이끌어낼 때 범하게 되는 오류. 가령 '나는 고기를 즐겨 먹는다'라는 사실 명제로부터 '고기를 먹어야 한다' 또는 '고기를 먹는 것은 옳다'를 직접 이끌어내려 할 때, 우리는 자연주의적 오류를 범하게 된다.

언급한 바 있다. 그런데 이와는 다른 형태의 윤리적 자연주의 또한 존재한다. 가령 윤리적 자연주의자는 앞서 언급한 색 사실(color facts)에 관한 이론과의 유비를 통해, 도덕적 사실에 관한 '이상적 관찰자'(ideal observer) 이론을 만들어내려 할 수도 있는 것이다. 우리는 4장에서 바로 그와 같은 '이상적 관찰자' 이론을 검토해 볼 것이다. 이밖에도 다른 형태의 윤리적 자연주의도 가능하다. 그런데 일부 온건한 허무주의자들은 어떠한 형태의 윤리적 자연주의도 결국 실패할 수밖에 없음을 보여줄 수 있는 매우 일반적인 논증(단호하게 활용할 수 있는)이 있다고 생각한다. 이는 소위 '미결 문제 논증'(open question argument)[4]이다. 가령 윤리학에서의 모든 자연주의적 환원은 다음과 같은 형식을 취할 것이다: '만약 그리고 오직 P가 D를 행하는 것이 C라는 특징을 지닐 경우에만, P는 D를 해야 한다.' 여기서 C라는 특징은 자연적 특징으로, 관찰을 설명하는 데에 도움을 줄 수 있는 형태의 것이다. 이와 같이 제시된 자연주의적 환원에 대하여, 미결 문제 논증을 옹호하는 자들은 다음과 같은 질문이 결정되어 있지 않다고 주장한다.

나는 P가 D를 행한다는 것이 P가 C인 무엇인가를 행하는 것임에 동의한다. 하지만 P가 D를 행해야 하는가?

온건한 허무주의자들은 이것이 미결 문제로 남아 있게 된다고

---

4) [역주] 무어(G. E. Moore)에 따르면 '선'을 정의하려는 노력은 어떠한 경우에도 실패로 귀결된다. 그 이유는 제시된 정의가 적절한 선에 대한 정의인가를 항상 계속해서 물을 수 있기 때문이다. 이처럼 무어는 선에 대한 정의의 적절함을 계속 물을 수 있다는 것을 도덕의 자명성을 옹호하는 논증 방식으로 사용했으며, 이를 '미결 문제 논증'이라고 부른다.

말한다. 왜냐하면 한 가지 행동을 서술하는 것(describing)은 그것을 승인하는 것(endorsing)과는 다르기 때문이다. 온건한 허무주의자들에 따르면 당신이 행동을 어떻게 서술하건, 당신은 여전히 그것을 승인하지 않은 것이고, 따라서 그것이 행해져야 하는지의 여부를 아직까지도 말하지 않은 것이다. 이렇게 볼 때 (그들이 주장하길) 위의 질문은 미결 문제임에 반해, 아래의 질문은 미결 문제가 아니다.

나는 P가 D를 행해야 함에 동의한다. 하지만 P가 D를 행해야 하는가?

이는 분명 어리석은 질문이다. 어떤 것이 행해져야 한다고 할 경우, 그것이 과연 행해져야 하는가는 미결 문제가 될 수 없다. 그리고 첫 번째 질문이 미결 문제임에 반해, 두 번째 질문은 아니기에, 우리는 'C 행동을 구성하는 자연적 특성'과 '행해져야 할 행동이 되는 도덕적 특성'을 동일하게 생각해서는 안 된다고 결론지어야 할 것이다.

이러한 논증에서 한 가지 문제점은 첫 번째 질문이 항상 미결이라는 점을 보여주어야 한다는 것이다. 만약 윤리적 허무주의자가 윤리적 자연주의에 반대하는 논증을 제시하면서, 단지 '한 행동이 특정한 자연적 특성을 갖는다'고 서술하는 것이 '그러한 행동이 행해져야 한다고 말한다는 의미에서 그것을 승인하는 것'과 동일하지 않다고 말한다면 이는 문제를 너무 쉽게 처리하는 것이다. 가령 다음과 같은 물음이 어떠한 의미에서 미결인가는 분명하지 않다.

P가 D를 행한다면, P가 적절한 이익을 충족시킬 것이라는 점에 동의한다. 하지만 과연 P가 D를 행해야 하는가?

물론 여기서 문제가 되는 것은 '적절한 이익'이 자연주의적 방식으로 세세하게 파악되지 않는다는 것이다. 하지만 만약 적절한 이익이 세세하게 파악된다고 하였을 경우, 과연 이 문제가 미결인가는 확실하지 않다.

더욱 중요한 것은 미결 문제 논증 그 자체가 타당하지 않다는 사실일 것이다. 이를 보여주기 위하여 우리는 유비 논증을 사용할 수 있을 것이다. 물의 화학적 구성 방식을 모르는 어떤 사람에게 물이 H_2O가 아님을 증명하라고 했다고 가정하자. 이 사람은 물이 물인지의 여부는 미결 문제가 아니라는 데에 동의할 것이다. 하지만 적어도 그에게 물이 H_2O인지는 미결 문제이다. 그런데 이러한 논의가 물이 H_2O가 아니라는 것을 보여주는 것은 아니다. 이렇게 보았을 때 윤리학에서의 미결 문제 논증 자체는 '행해져야 할 행동은 어떤 자연적 특성 C를 갖지 않는다'를 보여주는 데에 활용될 수 없다.

미결 문제 논증은 윤리적 자연주의 일반에 대한 반박보다는 우리가 정의적 자연주의(definitional naturalism)라고 부를 수 있는 더욱 특수한 형태의 자연주의에 대한 반박으로 흔히 제시된다. 정의적 자연주의자들은 도덕 판단을 '정의상' 자연적 판단과 동일하다고 생각한다. 이 경우 미결 문제 논증은 제시된 정의들이 정확하지 않다는 점을 보여주어야 한다.

하지만 다양한 종류의 정의들이 있고, 대부분의 경우, 미결 문제 논증은 그들에 대한 반박 논변으로 적절하지 못하다. 가령 과학자는 물을 H_2O라고 정의하는데, 우리가 살펴본 바와 같이 이러한 정의에 적용된 미결 문제 논증은 충분히 의미가 있으면서도 물이 H_2O라는 사실을 반박하지 못한다.

아마도 미결 문제 논증이 겨냥하는 사람들은 자연주의적 정의가 도덕적 용어의 의미를 포착한다고 주장하는 자들일 것이다. 여기서 자연주의적 정의란 우리가 일상적으로 사용하는 도덕 판단들이 자연적 사실들을 서술하는 판단들과 동일한 뜻이라는 의미이다. 그런데 만약 C인 어떠한 행동이 행해져야 할 행동인지의 여부를 묻는 것이 진정한 의미에서 미결 문제라면 — 심지어 'C'의 의미와 '행해져야 한다'의 의미를 잘 알고 있는 사람에게조차도 미결 문제라면 — 'C'와 '행해져야 한다'가 어떻게 동의어가 될 수 있는가? 하지만 자연적 특성 C가 무엇이건, 관련 질문이 미결인지의 여부는 단지 추정에 머물러선 안 되고 입증되어야 한다.

5. 재정의적 자연주의(Redefinitional naturalism)[5]

윤리학에서의 또 다른 유형의 정의적 자연주의는 사실상 윤리적 자연주의의 한 가지 유형이라고 말할 수 없는 것이다. 이러한 견해에 따르면 우리의 도덕적 용어는 너무 애매하고, 불분명하며, 혼동되어 있기 때문에 더 낫고 정확한 용어로 이를 대체하는 것이 낫다. 가령 적절한 이익에 호응하는 바를 행해야 한다는 이론을 만든 사람은 다음과 같이 주장할 것이다: '306호실 환자의 사례에 대한 우리의 입장은 우리가 견지하는 도덕적 견해가 일관성이 없다는

---

5) [역주] 도덕적 용어를 분명하게 정의해서 사용하는 입장.

점을 보여주고 있다.' 계속해서 그는 현재 우리가 사용하고 있는 개념들을 더욱 명료한 개념으로 대체해야 한다고 주장할 것이다. 가령 그는 '해야 한다'를 재차 정의하여 한 행동이 만약, 그리고 오직 이익의 만족을 극대화할 수 있을 경우에만 행해져야 한다고 주장할 것이다. 이와 같은 공리주의의 기준에 따른다면, 당신은 다른 환자들을 구하기 위해 306호실 환자의 신체부위를 잘라내야 할 것이다. 물론 여기서 제시된 정의가 '해야 한다'의 일상적인 정의를 제대로 포착하고 있지 못한 것은 사실이다. 왜냐하면 306호실에 있는 건강한 환자를 보호해야 한다고 즉각적으로 판단할 때, 우리는 결단코 이것이 이익의 만족을 최대화할 것이라고 판단하는 것은 아니기 때문이다. 오히려 우리는 그것이 이익의 만족을 최대화하지 않는다는 것을 즉각적으로 파악한다. 하지만 어떠한 정의가 우리가 일상적으로 의미하는 바를 포착할 필요는 없다. 이들 용어들을 우리가 정의한 바에 따라 기꺼이 사용하고자 하는 한, 우리는 원하는 대로 용어를 정의할 수 있다. 제시된 정의는 비교적 명쾌하고 정확하다. 어떤 것이 더 나은 정의인가?

비록 난점이 없는 것은 아니지만, 이러한 논의 방식은 그래도 이해가 가능하고 터무니없지는 않다. 그럼에도 일상적인 도덕적 개념들이 혼란스럽다는 주장은 단지 추정되어서는 안 되고 보여져야만 한다. 이는 논쟁의 여지가 있는 주장이다. 정확한 방식으로 일상적인 도덕적 용어를 정의할 확실한 방식이 존재하지 않는다고 해서 그러한 용어가 잘못되있다고 말할 수는 없다. 모든 용어들이 정의될 수 있는 것은 아니다. 즉 도덕적 용어는 더욱 단순한 용어로의 환원이 불가능할 수도 있는 것이다.

게다가 이러한 논의 방식에는 다음과 같은 위험이 도사리고 있다. 즉 이러한 논의 방식을 선택하는 사람은 어떤 경우에는 자신이 '해야 한다'를 정의한 바에 따라 사용하다가, 또 다른 경우에는 '해야 한다'를 일상적인 의미로 사용하면서 자신의 이익을 위해 부정한 방법으로 다른 사람을 속일 수 있는 것이다. 이러한 문제를 회피할 수 있는 가장 좋은 방법은 도덕적 용어를 공리주의적 용어로 완전히 대체하는 것이며, 사람들이 무엇을 해야 하는가를 논하는 대신, 이익을 가장 많이 충족시킬 수 있는 것이 무엇인가를 논하는 것일 것이다. 하지만 그러한 방법은 사실상 어떠한 유형의 윤리적 자연주의도 포기하고, 당신이 극단적인 회의주의를 채택하였음을 드러내는 격이 될 것이다. 이는 일반적인 자연주의자들이 일상적인 의미의 '종교'를 포기하는 것과 다를 바 없이, '일상적'인 의미에서의 '도덕'에서 도덕적 사실이 있음을 부정하는 격이 될 것이며, 우리에게 일상적인 의미의 '도덕'을 포기하라고 요구하는 격일 것이다.

6. 윤리학은 왜 불확실한가?

설령 우리가 극단적이거나 온건한 허무주의가 옳다는 입장에 서 있지 않다고 하더라도, 이제 우리는 윤리학이 어떤 문제점을 갖는가를 분명하게 파악할 수 있는 입장에 서게 되었다. 이 장의 출발점은 도덕 판단이 관찰을 설명하는 데에 도움을 줄 것 같지 않다는 것이었다. 이로 인하여 우리는 도덕적 사실, 도덕적 진리, 그리고 도덕적 지식이 과연 존재하는가에 대한 의문을 품게 되었다. 우리는 만약 이러한 사실들이 이러저러한 방식으로 관찰을 설명하는 데에 도움을 줄 수 있는 다른 형태의 사실로 환원될 수 있다면 도덕적 사실이 존재할 수 있다고 말할 수 있음을 살펴보았다. 가령 우리는 설령 평균적인 미국 시민에 관한 사실들 자체가 관찰을 설명하는 데 도움을 주지 않는다고 해도, 그러한 사실들이 관찰들을 설명하는 데 도움을 줄 수 있는 미국 시민에 관한 사실로 환원될 수 있으며, 때문에 그와 같은 사실들이 있음을 확인할 수 있었다. 이와 유사하게, 설령 색에 관한 사실들에 호소하지 않고서 색에 대한 지각을 설명할 수 있다고 해도, 우리는 색에 관한 사실이 존재하지 않는다고 판단할 수 없음을 알게 되었다. 대신 우리는 색에 대한 사실들이 대상의 물리적 표면, 빛의 속성, 그리고 관찰자들의 신경 물리학적 심리학으로 환원된다고 가정할 수 있을 것이다. 그리하여 단지 관찰을 설명하는 데에 도덕적 사실이 도움이 되지 못한다는 이유로 우리가 윤리적 허무주의를 받아들일 필요는 없다고 결론을 지었다. 대신 우리는 도덕적 사실에 대한 자연주의적 환원의 가능성을 기대해 볼 수 있었다.

이를 염두에 두면서, 우리는 도덕적 사실의 이익, 역할, 기능들에 대한 사실로의 환원 가능성을 고찰해 보았다. 우리는 그렇게 하려면 환원이 복잡하고, 모호하며, 세세하게 파악하기 어려워질 수밖에 없을 것이라고 결론지었다. 이에 따라 윤리학은 여전히 해결하기 힘든 문제를 안고 있는 것이다.

물론 색에 관한 사실을 환원하는 것 또한 복잡하고 모호하며 세세하게 파악하기 어렵다(어쩌면 이는 불가능할지도 모른다). 하지만 색에 대한 사실과 도덕적 사실간에는 중요한 차이가 있다. 설령 우리가 표면의 물리적 특성, 빛의 속성, 그리고 관찰자의 신경생리학적 심리학에 호소하여 색에 대한 지각을 설명할 수 있게 된다고 하더라도, 우리는 단순성을 위해서라도 과거와 다름없이 색의 지각을 설명하는 데에 대상의 실제적인 색깔에 대해 간혹 언급하게 될 것이다. 가령 우리는 어떤 것이 노란색인데 푸른빛을 받아 초록색으로 보인다고 설명한다. 이러한 방식의 설명에서 대상의 실제 색깔에 대한 언급은 표면의 물리적 특성에 관한 설명으로 대체될 수가 있을 것이다. 하지만 그것은 단순하고도 쉽게 파악되는 설명을 엄청나게 복잡하게 만들 것이다. 이것이 바로 대상들의 실제 색깔을 언급하지 않고서 설명할 수 있게 된 후에도 여전히 대상들이 실제 색깔을 가지고 있다고 가정하려는 이유이며, 그리하여 비록 상세하게 일일이 환원하지 못하고 (아마도) 매우 막연한 방식으로 상술할 수 있을 뿐이겠지만, 우리가 대상의 실제 색깔에 대한 사실들이 표면의 물리적 특성 및 여타 특성에 관한 사실들로 어떻게든 환원될 수 있다고 가정하려는 이유이다. 우리는 현실 속에서 제시하는 설명들에서 대상의 실제 색깔에 대해서 언급할 것이기 때문에 우리는 계속해서 대상들이 색을 가지고 있다고 믿을 것이다. 그런데 이와 유사한 논변이 도덕적 사실에 대해서는 적용될 것 같지 않다. 누군가의 도덕적 관찰을 설명하는 데에서 무엇이 실제로 옳거나 그른지, 무엇이 실제로 정의롭거나 그렇지 못한지, 무엇이 좋거나 나쁜지에 호소한다는 것이 특별한 장점이 될 것 같지는 않다. 심지어 일상 속에서도 이는 마찬가지다. 그것보다는 도덕적 입장과 도덕적 감수성 등에 대한 사실들을 끌어옴으로써 도덕적 관찰을 설명하는 것이 더 정확한 것처럼 보인다. 이렇게 보았을 때, 색깔에 대한 사실이 존재한다고 가정하는 이유와 도덕적 사실이 존재한다고 생각하는 이유는 유비적인 관계에 놓여 있지 않다고 봐야 할 것이다.

평균적인 미국 시민들에 관한 사실들은 관찰을 설명하는 데 전혀 도움을 줄 것 같지 않다. 심지어 일상 속에서도 이는 마찬가지다. 이와 같은 측면에서 그러한 사실들은 도덕적 사실과 유사하다. 하지만 여기에는 다음과 같은 차이가 있다. 우리는 평균적인 미국 시민에 관한 사실들을 **정확하게** 환원할 수 있다. 우리는 관찰을 설명하는 데에 도움을 줄 수 있는 유형의 사실들을 통해 평균적인 미국 시민에 관한 사실들을 명시적으로 정의할 수 있다. 때문에 우리는 그러한 사실들이 있다고 기꺼이 생각하려 한다. 그런데 추정된 도덕적 사실과 관련된 문제점은 자연적 사실을 통해 그것들을 정의할 수 있는 단순하고도 명확한 방식이 현재로서는 존재하지 않는다는 것이다.

우리는 색깔을 정확히 어떻게 환원해야 하는지 모르긴 해도, 색깔에 관한 사실이 존재한다고 기꺼이 가정하고자 한다. 왜냐하면 설령 이론상으로는 그러한 가정이 없어도 되지만, 현실 속에서 우리는 색깔 지각에 대한 수많은 설명에서 그와 같은 사실이 존재한다고 가정하고 있기 때문이다. 설령 관찰을 설명하는 데에 평균적인 미국 시민에 관한 사실들에 대한 가정을 전혀 사용하지 않는다고 해도, 우리는 기꺼이 평균적인 미국 시민에 관한 사실들이 존재한다고 가정하고자 한다. 그 이유는 관찰을 설명하는 데에 도움을 줄 수 있는 유형의 사실들로 이러한 사실들을 정확히 환원할 수 있기 때문이다. 이에 반해 도덕적 사실은 정확하게 환원될 수 있을 것 같지 않으며, 현실 속에서의 관찰에 대한 우리의 설명에서도 그다지 도움이 되는 것 같지 않다. 때문에 어떤 도덕적 사실이 존재한다고 가정할 이유가 있는지에 대해서는 여전히 논란의 여지가 있는 것이다.

더 읽을거리

Fyodor Dostoevsky는 소설 『죄와 벌』과 『카라마조프의 형제들』에서 도덕적 허무주의가 갖는 함축을 검토하고 있다.

Friedrich Nietzsche는 *Twilight of the Idols* in *The Portable Nietzsche* (ed. & trans. by Walter Kaufmann, New York: Viking Press, 1954)에서 도덕적 사실이 존재하지 않는다고 주장하고 있으며, 지금까지 존재해 온 모습으로서의 도덕은 부정되어야 한다고 주장하고 있다.

A. J. Ayer는 도덕적 언명이 아무런 '인식적 의미'도 갖지 않는다고 *Language, Truth, and Logic*(New York: Dover, 1950)에서 주장하고 있다.

'선'이라는 단어가 기능적인 용어로 특징 지워져야 할 것이라는 생각에 대한 논의를 보려면, Philippa Foot, "Goodness and Choice," *Proceedings of the Aristotelian Society*, 부록 25권(1961), 그리고 Jerrold J. Katz, "Semantic Theory and the Meaning of 'Good'," *Journal of Philosophy*, Vol. 61(1964)을 볼 것.

'자연주의적 오류'에 대해서는 G. E. Moore의 *Principia Ethica*(Cambridge: Cambridge University Press, 1903), pp.6-21, William K. Frankena, "The Naturalistic Fallacy," *Mind*, Vol. 48(1939)을 볼 것.

이모티비즘

제 3 장

온건한 허무주의로서의 이모티비즘

1. 이모티비즘: 기본적인 착상

허무주의란 어떠한 도덕적 사실도, 도덕적 진리도, 또한 도덕적 지식도 존재하지 않는다는 이론이다. 온건한 허무주의는 허무주의가 도덕을 포기할 이유가 될 수 없다고 말한다. 왜냐하면 도덕이 사실을 서술하지는 않지만 분명 다른 어떤 역할을 하고 있기 때문이다. 허무주의는 '판단을 내리는 사람의 감정 혹은 태도를 표현하는 것'이 도덕 판단의 한 가지 역할이라고 흔히 말한다.

도덕적 불일치(moral disagreement)¹⁾를 볼 때, 당신은 도덕 판단

---

1) [역주] 에이어는 다음과 같이 도덕적 불일치를 정식화하고 있다. "만약 우리를 반대하는 자들이 우리와 다른 '도덕적 조건화' 과정을 거치게 되었다면, 그리하여 그가 모든 사실을 시인하지만, 논의 중인 행동에 관한

이 단순히 태도의 표현에 지나지 않는다는 주장이 무엇을 시사하는가를 알 수 있게 된다. 가령 나는 오리건 주의 납세자 조합이 샐리 존스를 납치하는 것이 옳다고 말하고, 당신은 잘못되었다고 말하면 당신과 나는 의견이 다른 것이다. 무엇보다도 우리는 납치에 대한 태도(attitude)가 일치하지 않고 있다. 즉 나는 납치를 옳다고 생각하고 당신은 반대하는 것이다. 나는 납치를 찬성하고 당신은 반대한다. 우리는 오리건 주 납세자 조합에 대한 믿음이 같을 수도 있고 다를 수도 있다. 즉 그들이 무엇을 했고, 샐리 존스가 누구이며, 그녀의 아버지인 오스틴 P. 존스가 누구인가 등에 대한 믿음이 같을 수도 있고, 다를 수도 있는 것이다. 하지만 우리의 믿음이 다르건 다르지 않건, 우리는 태도에서 분명 차이가 있다. 그리고 우리의 도덕적 불일치, 즉 오리건 주 납세자 조합이 샐리 존스를 납치한 것이 옳은지 그른지에 관한 의견의 불일치는 바로 이와 같은 태도에서의 불일치이다. 설령 우리가 사실에 관한 어떠한 믿음에 대해서 동의한다고 해도, 태도에서 의견의 일치를 이루지 못하면 우리의 도덕적 불일치 또한 그대로 남게 된다. 반면 우리의 태도가 일치할 경우, 어떠한 믿음에서의 차이가 남아 있건 도덕적 불일치는 종결된다.

이렇게 보았을 때, 'X가 잘못이다'는 '나는 X에 찬성하지 않는다'를 의미한다고 말할 수 있을 것이다. 하지만 우리는 이를 좀더 정

도덕적 가치에 대해선 우리의 의견에 동의하지 않는다면 우리는 그를 논의를 통해 납득시키려는 노력을 포기하게 된다. (…) 하지만 우리는 우리가 갖추고 있는 도덕체계들이 우월한 것이라는 어떤 논의도 제시할 수 없다." A. J. Ayer, "Language, Truth and Logic," in *Ethical Theory*, ed. Louis Pojman(Belmont, California: Wadsworth, 1988), p.368.

확하게 형식화할 필요가 있다. 즉 도덕 판단은 나의 승인이나 부인에 관한(about) 판단이 아니다. 그것은 나의 찬성이나 반대를 **표현하고 있는**(express) 것이다. 마치 나의 사실 판단이 나의 믿음을 표현하고 있는 것과 마찬가지로, 나의 도덕 판단은 나의 도덕적 승인을 표현한다. 만약 내가 샐리 존스가 납치될 당시 대학 2학년생이었다고 말하고, 당신은 그녀가 3학년이었다고 말한다면, 우리의 불일치는 믿음에서의 불일치다. — 하지만 여기서 우리는 우리들의 믿음들에 대해 이야기하고 있는 것이 아니라, 그것들을 표현하고 있는 것이다. '샐리 존스는 2학년이었다'라는 소견(remark)[2]은 '나의 믿음 중 하나는 샐리 존스가 2학년이었다'는 소견과 동일하지 않다. 하지만 '샐리 존스는 2학년이었다'는 소견은 샐리 존스가 2학년이었다는 믿음을 표현하고 있다. 이와 유사하게, 만약 내가 '오리건 주 납세 조합이 샐리 존스를 납치했던 것은 옳았다'고 소견을 말한다면, 내가 말하는 바는 조합이 그와 같은 행동을 했음을 승인했다고 **말하는** 것과 동일한 것이 아니고, 납치에 대한 나의 승인을 표현하는 것이다.[3]

우리가 지금까지 살펴본 견해는 소위 '이모티비즘'이라고 불린다. 이 이론에 따르면 도덕 판단은 화자의 정서, 감정, 태도, 의향 혹은 더욱 일반적으로 말해 규범과 가치를 표현하고 있다. 이렇게 말하는 이유는 무엇인가를 평가한다는 것이 단순히 무엇인가에 대한

---

2) [역주] 느낀 바를 간단히 말하는 것.
3) [역주] 이모티비즘에 따르면 도덕 언어는 우리의 태도를 표현하기 위해 사용된다. 가령 "테레사 수녀는 훌륭한 사람이다"라고 말하는 것은 "나는 테레사 수녀를 받아들인다"라고 말하는 것과 같은 것이 아니라, "테레사 수녀 만세!"라고 하는 것과 마찬가지다.

믿음을 갖는다는 것과는 다르기 때문이다. 즉 이는 무엇인가에 대해 하나의 태도를 갖는다는 것을 의미하는 것이다. 또한 이는 무엇인가를 선호한다는 것을 의미하기도 한다. 무엇인가를 평가한다는 것은 어떠한 정서적 상태에 있다는 것이지, 어떠한 인지적 상태에 있다는 것이 아니다. 언뜻 보기에 이모티비즘은 과격하고도 논쟁의 여지가 많은 이론인 것처럼 보인다. 하지만 이모티비즘을 충분히 가다듬고 반대 의견에 적절하게 대응할 경우, 우리는 이와 같은 이론이 처음 보았을 때보다 온건하다는 것을 알게 될 것이다.

먼저 이모티비즘이 우리가 이전에 온건한 허무주의라고 불렀던 이론의 한 가지 유형임에 주목하자. 이러한 이론은 도덕적 사실이 존재하지 않는다는 입장을 견지한다. 하지만 이모티비즘은 마치 무신론자가 종교적 용어를 무시하듯이, 도덕적 용어 또한 혼란스럽고 없어도 무방하다고 결론 맺지 않는다. 사람들은 어떤 것들을 선호하고 다른 것들을 싫어한다. 그리고 그들이 무엇을 선호하고 싫어하는가는 무엇을 할 것인가에 대한 그들의 결정과 관련이 된다. 실천과 관련된 결정(practical decision)은 일종의 실천과 관련된 추론을 요구한다. 이는 단순히 무엇을 믿어야 할 것인가에 대한 추론뿐만 아니라, 무엇을 해야 할 것인가에 대한 추론까지 요구한다. 도덕적 용어는 실천적 추론 및 논증에 관련된 고찰들을 표현하는 데에 필요하다.

2. 이모티비즘과 미결 문제 논증

이모티비스트들은 흔히 윤리적 자연주의자들에 반대하기 위해 미결 문제 논증에 호소한다. 이모티비스트들은 어떤 주어진 자연적 특성을 갖는 무엇인가가 잘못인지의 여부는 항상 미결 문제가 될 것이라고 가정하려 한다. 이렇게 말하는 이유는 이모티비스트가 생각하기에 '잘못된'이라는 단어는 '인간의 고통을 야기한다'와 같은 서술적 표현이 갖지 못하는 정서적 힘을 갖추고 있기 때문이다. 자연적 특성 C가 무엇이건간에, 이모티비스트는 다음과 같이 주장하고자 한다: '무엇인가가 C라고 믿는다는 것은 반대하는 태도를 갖는 데에까지 이른 것은 아니다. 이에 반해 무엇인가가 잘못되었다고 생각하는 것은 거기에 반대하는 것이다.' 이모티비스트들에 따르면 설령 어떤 것이 C라는 데에 당신이 동의하였다고 해도, 당신은 여전히 그것이 잘못되었다고 생각할 것인가를 결정하지 않은 채 그대로 남겨둔 것이다.[4]

이모티비스트들은 흔히 이와 같은 방식으로 미결 문제 논증을 사용한다. 하지만 그들은 이모티비즘의 근본 원리를 넘어서는 무엇인가에 의존하고 있다. 또한 여기에는 밝혀져야 할 어떤 숨겨진 가정이 도사리고 있다. 즉 가치가 보편적이지 않다는 가정이 숨겨져 있는 것이다. 가령 가치가 보편적이라고 가정해 보도록 하자. 특히 어떤 사람이 자신의 행동이 인간에게 고통을 야기할 경우에는 언제나 즉각적으로 그것을 부정한다고 가정해 보도록 하자. 그러면 미결 문제 논증은 실패로 귀결된다. 왜냐하면 이때 특정한 행동이 인간에게 고통을 야기한다고 믿는 것은 자동적으로 그것을 부인하

---

4) [역주] 가령 우리는 육식을 하는 사람들을 보면서 '저 사람들이 육식을 하고 있다'는 데에 동의할 수 있을 것이다. 하지만 설령 이에 동의하였다고 해도 우리는 육식이 옳은지 혹은 그른지에 대해서는 결정하지 않은 것이다.

는 것과 동일하게 되며, 따라서 (이모티비즘의 입장에서 보았을 때) 그것이 잘못이라고 믿는 것과 다를 바 없게 되기 때문이다. 이때 '특정한 행동이 인간에게 고통을 야기할 경우 그것이 잘못인가에 관한 질문은 더 이상 미결 문제가 아니다. 그리하여 '인간에게 고통을 야기한다'와 '무엇이 잘못되었다' 간의 간격은 가까워지게 된다.

보편적 가치들이 있다고 말하는 것과 이모티비즘은 충분히 양립할 수 있다. 그와 같은 가치들은 본유적(innate)일 수 있으며, 진화에 의해 유전적으로 '갖추어진' 것일 수 있다. 사회성과 자기 보전성이라는 내재된 가치를 갖추지 않은 채 태어난 사람들은 그러한 가치를 가지고 태어난 사람들과의 진화적 경쟁에서 패배하게 될 것이다. 스코틀랜드의 철학자 데이비드 흄(David Hume, 1711-1776)은 사람들이 다른 사람에게 일런의 약한 공감(sympathy)을 느끼게 되어 있다고 주장한다. 흄에 따르면, 자신의 이익이 침해받지 않는 한, 당신은 자동적으로 다른 사람을 이롭게 하는 것을 선호하게 될 것이다. 만약 흄이 옳다면 '아무에게도 해를 입히지 않으면서 일부 사람들에게 도움을 줄 무엇인가를 행하라'를 선호하는지의 여부는 미결 문제가 될 수 없다. 이렇게 말하는 이유는 흄에 따르면 어떤 것이 사람들에게 도움이 된다고 생각하는 것은 그것을 선호(favor)한다는 것과 다를 바 없으며, 그것을 선호한다는 것은 이모티비즘에 따르면 그것이 좋은 일이라고 생각하는 것과 마찬가지이기 때문이다.

만약 이모티비즘이 옳다면, 존재와 당위 사이에 존재하는 간극의 크기는 심리적인 문제, 즉 '어떠한 가치들이 인간 본성의 일부인가?'라는 심리적인 문제가 되어 버린다. 가령 인간의 본성이 실제로 있다면, 우리는 도덕적 사고가 항상 특정한 기본적인 보편적 가치에 의존하고 있다고 생각해 볼 수 있을 것이다. 만약 이것이 사실이라면, 이모티비즘은 전혀 회의적이지 않으면서 비상대주의적인 윤리 이론과 결합될 수 있다. 반면 인간의 본성이 더욱 다양할 수 있으며, 이에 따라 상이한 사람들이 상이한 가치 및 원리를 가질 수 있는데, (이처럼 다양하다고 해서 그것이 불합리하다고 생각할 필요는 없다) 이때 이모티비즘은 더 회의적이고, 상대주의적인 윤리 이론이 될 것이다.

이모티비즘은 도덕 판단이 어떤 것에 대한 찬성과 반대의 태도를 표현한다고 주장한다. 이는 기본적인 인간의 태도가 일정 불변하다는 입장과 결합할 경우, 비상대주의적 이론이 될 수 있다. 반면 이는 그와 같은 일정 불변성이 없다는 입장과 결합할 경우, 더욱 상대주의적 이론이 될 것이다. 하지만 여기서 상대주의는 이모티비즘으로부터 도출되었다기보다는, 인간의 본성에 대한 입장으로부터 도출된 것이다.

이상에서의 주장이 의미하는 바는 이모티비즘 자체가 일종의 허무주의는 아니라는 것이다. 만약 당신이 인간 본성에 일정 불변성이 존재한다고 가정한다면 이모티비즘은 도덕적 사실이 있다는 것을 가정하는 입장과 양립 가능하다. 심지어 이모티비스트는 윤리적 자연주의자가 될 수도 있다. 예를 들어 이모티비스트가 도덕적 승인과 부인이 우리가 다른 사람들에게서 느끼는 보편적인 공감으로부터 유래한다고 믿는다면, 그는 도덕적 잘못에 대한 자연주의적 정의 ― 즉 X는 인간의 고통을 야기하는 정도만큼 잘못이다 ― 를 채택할 것이다. 이때 미결 문제 논증은 이와 같은 정의에 어떠한 장애도 될 수 없을 것이다. 왜냐하면 이모티비스트는 우리가 보편적인 공감을 가시며, 이로 인해 인간에게 고통을 야기하는 것이 잘못인지가 미결 문제일 수 없다는 입장을 견지할 것이기 때문이다. 이와 같은 방식으로 지금까지 흄은 이모티비스트인 동시에 윤리적 자연주의자로 해석되어 왔다.

이모티비즘과 윤리적 자연주의의 차이는 인간의 본성에 대해 상이한 입장을 취할 경우에만 나타난다. 가령 인간의 본성이 기본적 가치에 대하여 아무런 실질적인 제약을 부과하지 않는다고 가정해 보자. 그리고 실천적 추론이 아무런 새로운 가치도 창출하지 않으며, 단지 정보를 활용하여 당신이 가지고 있는 기존의 가치들을 추구할 수 있게 하기만 한다고 가정해 보자. 다음으로 보편적 가치(이를 갖지 않을 경우 비합리적이라 할 수 있는)가 존재하지 않는다고 가정해 보자. 달리 말해, 실천 이성은 언제나 정념의 노예이며, 또한 노예여야 한다고 가정해 보자. 이는 사실상 아리스토텔레스(B.C. 384-322) 혹은 흄에서 발견할 수 있는 실천적 추론의 개념 유형을 받아들이는 격이 될 것이다.

이러한 착상에 따르면 출발점은 항상 어떠한 목적들— 당신이 선호하거나 원하는 것들— 이 된다. 다음으로 이론적 추론은 당신에게 이러한 목적들 중에 하나를 얻고자 한다면 다른 어떤 것이 필요하다고 알려준다. 여기에서 어떤 것이란 당신이 할 수 있는 어떤 것 혹은 장래에 일어날 수 있는 무엇일 것이다. 이어서 실천적 추론은 이들을 매개적인 목적— 원래 목적을 달성하는 데 도움이 되기 때문에 당신이 선호하거나 원하는 무엇— 으로 취하도록 한다. 흄과 아리스토텔레스에 따르면 실천적 추론은 항상 이러한 유형의 수단-목적적 추론이다. 즉 당신은 자신이 이미 원하고 있는 다른 어떤 것을 얻기 위한 수단으로서 어떤 것을 원하는 것이다. 그런데 이와 같은 추론은 당신의 궁극적인 목적에는 아무런 영향도 미치지 못한다. 당신은 자신을 납득시켜 어떤 것을 새로운 궁극적인 목적으로 생각하게 할 수 없다. 왜냐하면 당신은 항상 자신의 목적을 근원으로 삼아, 그로부터 그러한 목적의 수단인 것들로 추론해 나가기 때문이다.

실천적 추론에 관한 이와 같은 설명이 옳은지는 분명하지 않다. 우리가 살펴볼 것이지만 이를 거부하는 사람들이 존재한다. 하지만 이는 그럴 듯한 설명이며, 만약 그와 같은 실천적 추론에 대한 설명이 수용되고, 궁극적인 목적에 대한 관심을 끌 만한 어떠한 제약도 존재하지 않는다면, 이모티비즘은 상대주의적이며 회의적인 이론이 되어야만 한다. 그와 같은 경우 이모티비즘은 윤리적 자연주의를 함축할 수 없다. 실제로 이모티비스트들은 미결 문제 논증이 자연주의적 오류가 존재한다는 것을 보여준다고 말할 것이다.

윤리적 자연주의자는 어떠한 행동이 잘못되었다는 것과 그것이 어떤 자연적 특성을 가지고 있다는 것을 동일시한다. 가령 그는 어떠한 행동이 잘못이려면 그것이 사람들에게 고통을 야기해야 한다고 말할 수 있다. 그런데 어떤 사람의 궁극적인 목적이 인간에게 고통을 야기하는 모든 행동에 반대하는 것이라면, 그는 인간에게 고통을 야기하는 어떤 행동이 잘못인지의 여부가 미결 문제라고 생각하지 않을 것이다. 하지만 여기서 잠시 자신의 행동이 인간에게 고통을 야기하는지의 여부에 관심을 갖지 않는, 상이한 궁극적인 목적을 갖는 사람들 또한 있다고 가정해 보도록 하자. 그와 같은 사람들은 어떠한 행동이 인간에게 고통을 야기하며, 따라서 잘못인지의 여부가 (최소한) 미결 문제라고 생각할 것이다. 이러한 사람들은 어떠한 행동이 인간에게 고통을 야기함에도 불구하고, 거기에 반대하지 않을 수 있다고 생각할 수 있을 것이다. 왜냐하면 여기서 우리는 그들이 인간에게 고통을 야기하는 행동을 반대하지 않는 것이 비합리적인 것은 아니라고 가정하고 있기 때문이다. 이 경우 사실상 그들에게는 인간에게 고통을 야기하는 행동이 잘못인지가 미결 문제가 될 것이다. 이에 따라 우리가 살펴보고 있는 윤리적 자연주의자는 그러한 사람들이 '그릇된'이라는 용어를 사용하는 방식을 적절하게 포착하지 못하게 될 것이다.

이러한 주장에 대해 윤리적 자연주의자는 자신이 모든 사람들의 용어 사용 방법을 파악하려 하는 것이 아니라, 오직 자신의 것만을 고수하려 하고 있다고 대응할 수 있을 것이다. 그가 자신의 생각대로 자신의 용어를 정의하는 이유는 설령 인간에게 고통을 야기하는 행동에 반대하지 않는 사람들이 존재한다(자신과는 달리)고 하더라도, 자신은 인간에게 고통을 야기하는 행동을 용인하지 않기 때문이다. 하지만 이와 같은 대응 방식은 만족스럽지 못하다. 윤리적 자연주의자의 정의는 설령 그 정의를 자신의 용어 사용 방식에만 적용한다고 하더라도 제대로 활용할 수가 없다. 이렇게 말하는 이유는 가령 인간에게 고통을 초래하는 행동에 반대하지 않는 사람들과 그가 논쟁을 벌이게 되었다고 가정해 보자. 그런 행동에 반대하지 않는 사람은 그러한 행동들이 **잘못이 아니라고** 말한다. '아!' 윤리적 자연주의자는 대답한다. '나의 용례로 보자면, 이들은 잘못이다. 왜냐하면 나는 '인간의 고통을 야기한다'는 의미로 '잘못'을 정의하고 있기 때문이다.' 물론 윤리적 자연주의자는 자신이 원하는 어떠한 방식으로든 단어들을 사용할 수 있다. 하지만 이와 같은 처방이 그와 다른 사람들간의 불일치를 해결할 수 있는 것은 아니다. 윤리적 자연주의자는 자신들의 불일치에서 쟁점이 되고 있는 바를 나타낼 수 있길 바랄 것이다. 하지만 그것이 어떻게 가능한

가? 만약 그의 용어가 순수하게 서술적이면서 사실적이라면, 그러한 불일치를 나타낼 방법이 없을 수 있다. 왜냐하면 두 사람은 모든 관련 사실에 대해 입장 차이가 없을 것이기 때문이다. 여기서 사실상의 불일치가 존재하지 않는다고 말해서는 별다른 효과가 없을 것이다. 왜냐하면 여기에서는 여전히 태도가 불일치하고 있기 때문이다. 윤리적 자연주의는 이와 같은 태도의 불일치가 **서술**되는 것을 허용할 수 있다. 이런 점에서 그는 다른 사람은 반대하지 않지만 자신은 반대하는 어떤 것이 있다고 말할 수 있다. 하지만 만약 그가 자신의 언어 속에 단지 태도에 **관해**(about) 이야기하는 방식뿐만 아니라 태도를 표현하는 방식까지 허용하지 않는다면, 그는 이러한 불일치가 **표현**되는 것을 허용할 수 없을 것이다. 그리고 '인간의 본성이 동일하여 우리 모두가 동일한 기본적인 가치를 가지고 있다'고 생각하지 않는 우리의 현재의 가정 아래(그리고 이성이 정념의 노예라는 가정 아래에서는)에서, 만약 그가 태도를 표현하는 방식을 스스로 허용할 경우, 그는 사실상 순수하게 서술적인 용어로 정의될 수 없는 용어를 사용하고 있는 것이다. 이러한 가정이 적절하다고 하였을 때, 이모티비즘은 윤리적 자연주의보다 훨씬 설득력이 있다고 말할 수 있을 것이다.

3. 이모티비즘의 장점

필자가 지금까지 말한 바를 간략하게 정리해 보도록 하자. 이모티비즘은 도덕 판단이 태도를 표명한다는 이론이다. 달리 말해, 도덕적 믿음(만약 이러한 맥락에서 '믿음'에 대해서 말하는 것이 적절하다면)은 인지적인 것이 아니다. 도덕적 믿음은 그 자체가 무엇인가에 대한 긍정적이거나 부정적인 태도이다. 이모티비즘에 따르면 '이러한 행동이 잘못이라고 생각한다'는 대략 '이러한 행동에 찬성한다'를 의미한다. 그런데 어떤 행동이 인간의 고통을 야기한다고 생각한다는 것이 거기에 반대한다는 — 그것을 부정한다는 — 것과 마찬가지라는 자연법칙이 존재하지 않는 한, '이러한 행동이 잘못되었다' 자체는 순수하게 자연주의적인 표현, 가령 '이러한 행동이 인간에게 고통을 야기한다'와 동일할 수 없다.

이모티비즘은 상당히 장점이 많은 이론이다. 첫째, 이는 도덕적 불일치를 적절하게 설명할 수 있다. 이와 같은 불일치는 일종의 태도에서의 불일치로, 한 사람이 어떤 것을 좋아함에 반해, 다른 사람은 거기에 반대한다는 것이다. 나아가 어떤 도덕적 불일치는 해결이 불가능하다. 즉 자신의 입장을 고수하는 사람들끼리 서로 합의에 도달하지 못하면서도 계속 논쟁 — 상당히 이성적이면서 심지어 조용하게 — 을 벌일 수 있는 것이다. 그런데 이모티비스트는 논쟁을 벌이는 사람들 각각이 서로 다른 기본적 가치를 소유하고 있다고 가정함으로써 도덕적 불일치를 설명할 수 있다. 궁극적으로 그들은 자신들이 원하는 바를 불합리하게 원하지 않으면서, 그리고 혼란에 빠져 있지 않으면서도, 각자 서로 다른 것들을 원하는 것이다.

둘째, 이모티비즘은 우리의 생활 속에서의 도덕적 질문의 중요성을 설명해 주며, 우리의 도덕적 믿음이 우리의 행동과 어떠한 방식으로 연결되어 있는가를 적절하게 밝혀준다. 무엇인가를 찬성한다는 것은 그것이 일어나길 바라는 것이다. 이에 반해 무엇인가를 반대한다는 것은 그것이 일어나지 않길 바라는 것이다. 그리고 당신이 원하는 바는 당신의 행동에 영향을 미친다.

무엇인가를 해야 한다고 생각한다는 것은 그것을 하려는 동기를 갖는다는 것과 동일하다. 반면 무엇인가를 하는 것이 잘못일 것이라고 생각하는 것은 그것을 해서는 안 된다는 동기를 갖는 것과 동일하다. 이모티비즘은 이를 적절하게 설명할 수 있다. 물론 자연주의 또한 이를 설명할 수 있다. 하지만 이는 예컨대 모든 사람들이 인간에게 고통을 야기하는 행동을 반대한다는 자연 법칙을 가정함으로써만 가능하다. 이모티비즘과 비교해 볼 때, 자연주의적 설명은 자연 법칙과 같은 것을 상정하지 않는 이모티비스트의 설명과는 달리 확실성이 떨어지고, 보조 가설적이며, 근본적이지 못하다.

이상이 이모티비즘의 장점이다. 요약하자면 이모티비즘은 도덕적 불일치를 적절하게 설명할 수 있으며, 도덕적 믿음과 정념, 그리고 행동이 서로 연결되어 있다는 사실을 부각시킬 수 있는 장점이 있다.5) 이제 이모티비즘에 대해 제기될 수 있는 반대 및 문제점에 대해서 생각해 보도록 하자.

4. 윤리학에서의 진리

필자는 앞장에서 이모티비즘에 대한 반대 논변 한 가지를 언급한 바 있다. 어떻게 이모티비즘이 도덕 판단을 진리 혹은 거짓이라고 부르는 것을 설명할 수 있는가? 느낌과 정념은 참 또는 거짓이

---

5) [역주] 이와 같은 입장을 소위 내재주의(internalism)라고 부른다. 이에 대해서는 역자 해제 참조.

될 수 없다. 그런데 만약 어떤 주장이 단순히 느낌이나 정념을 표현하고 있다면, 어떻게 그러한 주장들이 참 또는 거짓일 수 있을까? 물론 '내가 무엇인가를 좋아한다', '내가 거기에 찬성한다'가 참일 수는 있다. 하지만 나의 좋아함 자체가 참일 수 있는가?[6] 만약 당신이 정치적인 납치가 잘못이라고 말한다면, 나는 '참이야'라고 말함으로써 당신에게 동의할 수 있으며, 우리는 이를 충분히 납득할 수 있다. 하지만 당신이 단순히 자신의 느낌을 표현했다고 가정해 보자. 가령 당신이 '와!' 혹은 '저런!' 혹은 '으악!'이라고 한다. 이때, '참이야!'라고 말하면서 동의하는 것은 왠지 어색하다. 이와 유사하게, 만약 당신이 '저 납치범을 잡아라!'고 명령했다면, 내가 '참이야!'라고 말함으로써 당신에게 동의를 표현하는 것 또한 어색하게 느껴질 것이다.

이모티비스트는 다음과 같이 대답할 수 있을 것이다: "내가 당신의 도덕 판단에 '참이야'라고 말하면서 동의하는 것은 사실상 그와 같은 용어를 잘못 사용하는 것이다." 이모티비스트는 엄격하게 따져보았을 때 도덕 판단이 참 또는 거짓이 아니라고 말할 수 있을 것이다. 이는 가능한 한 가지 답변이 될 수 있다. 하지만 그와 같은 답변은 철학자들의 격률 혹은 경험상의 규칙을 위반하는 것이다. 즉 그러한 답변은 '어떤 철학 이론이 일상적인 사유 및 언어와 대

---

6) [역주] 에이어(A. J. Ayer)는 감정을 표현하는 일과 감정에 대해서 기술하는 일을 구별한다. 가령 '용기는 미덕이다'라는 발언은 '나는 용기에 대해서 시인하는 감정을 가지고 있다'라고 하는 자신의 심리적인 사실을 진술하는 것이 아니라, '우와!' 하는 외침처럼 나의 감정의 직접적인 표현에 지나지 않는다는 것이다. 이렇게 본다면 좋아함은 진리를 말하는 것이 아니라 감정을 표현하고 있는 것이다.

립될 경우, 그러한 이론을 옹호하는 논거를 빈틈없이 검토해 보라. 왜냐하면 아마도 무엇인가가 잘못되었을 가능성이 크기 때문이다' 라는 철학자들의 격률을 위반하는 것이다.

물론 이것이 결정적인 논거가 될 수는 없다. 가령 어떤 무신론자는 일상적인 사유 및 언어 사용 방식과 대립되는 결론에 도달할 수 있으며, 그럼에도 자신의 이론이 아니라 일상적인 사유 및 언어 사용 방식이 잘못되었다고 생각할 수(어쩌면 올바르게)가 있다. 이와 동일한 논리를 도덕 판단이 참이거나 거짓일 수 있음을 부정하는 이모티비즘에도 적용할 수 있을지 모른다. 그럼에도 일상적인 사유 및 언어 사용 방식과 대립되고 있다는 사실은 무엇인가가 잘못되었음을 시사할 수 있으며, 이에 따라 이모티비스트가 취할 수 있는 대안으로서의 노선을 검토해 볼 필요가 있다.

우선 이모티비스트는 도덕 판단을 적절하게 참 혹은 거짓이라고 말할 수 있다고 주장할 수 있을 것이다. 이어서 그는 이것이 시사하는 바가 '어떤 태도와 느낌을 적절하게 참 혹은 거짓이라고 말할 수 있다'는 것이라고 말할 수 있을 것이다. 그는 다음과 같이 덧붙인다: '언뜻 보기에 이는 이상하게 느껴질 수 있다. 그런데 그렇게 느껴지는 이유는 우리가 무엇인가가 참 또는 거짓이라고 말하는 것이 함축하고 있는 바를 오해하고 있기 때문이다.' 우리는 무엇인가가 참이라고 말하는 것과, 무엇인가가 사실에 대응한다고 말하는 것이 동일하다고 생각한다. 이 경우 우리는 느낌과 태도가 어떻게 사실에 대응할 수 있는가를 파악할 수가 없다. 때문에 우리는 그러한 것들을 어떻게 적절하게 참 혹은 거짓이라고 말할 수 있는가를 이해할 수가 없는 것이다. 하지만 이렇게 생각하는 이유는 우리가 진리를 사실과의 대응이어야 한다고 잘못 생각하고 있기 때문이

다.[7)]

가령 산수에서의 진리 '2 + 2 = 4이다'를 고찰해 보자. 이것이 사실과 대응하는가? 어쩌면 그럴지 모른다. 하지만 구체적으로 어떤 사실에 대응하는가? 만약 이것이 어떤 사실에 대응한다고 말할 수 있다면, 그것은 2 + 2 = 4라는 사실(만약 이것이 사실이라고 적절히 불릴 수 있다면)이어야 할 것이다.

'눈은 희다'는 주장은 사실과 대응할 때, 오직 그럴 때만이 참이다. 달리 말하자면, 그러한 주장은 오직 눈이 흰 것이 사실일 경우에만 참이라는 것이다. '눈은 희다'는 만약, 그리고 오직 눈이 흰 경우에만 참이다. 이와 유사하게 '2 + 2 = 4'는 만약, 그리고 오직 2 + 2 = 4일 경우에만 참이다. 즉 'S'는 만약, 그리고 오직 S일 경우에만 참인 것이다. 진리가 사실과의 대응이라는 주장이 의미하는 바는 어떤 지시적 문장이 S를 대체하건, 그와 같은 원리들이 모두 타당하다는 것이다. 바로 이러한 점을 파악하는 것이 곧 '진리'가 의미하는 바를 파악하는 것이다. 이러한 원리는 'S'를 대체하는 문장이 사실적 믿음을 표현하는 데 사용되건, 혹은 산술적 믿음을 표현하는 데 사용되건, 그와 무관하게 타당하다. 그리고 설령 'S'를 대체하는 문장이 도덕적 태도를 표현한다고 해도 그러한 원리는 타당하다. 즉 '근친상간은 잘못이다'는 만약, 그리고 오직 근친상간이 잘못인 경우에만 참인 것이다.

만약 당신이 근친상간이 잘못이라고 말하고 내가 '참이야!'라고

---

7) [역주] 고전적인 진리론에는 진리 대응설과 진리 정합설 그리고 실용주의 진리론 등이 있다. 그런데 진리론에는 이외에도 잉여설, 화행설, 합의설 등이 있다. 이렇게 본다면 우리는 '진리 = 진리 대응설'이라고 생각할 필요는 없을 것이다.

말한다면, 나는 단순히 당신에게 동의하는 것이다. 여기서 나는 당신의 주장이 어떤 강한 의미의 '사실'에 대응된다고 주장하고 있는 것이 아니다. 나는 단순히 이를 좀더 약한 의미로 말하고 있는 것이다. 다시 말해 내가 '근친상간이 잘못이라는 것이 사실이다'라고 말할 때 나는 단지 근친상간이 잘못이라고 말하고 있을 따름인 것이다.

바꾸어 말하자면, 이모티비스트는 'S는 참이다'가 'S' 그 이상도 그 이하도 아님을 의미한다는 진리 이론에 호소함으로써 우리가 도덕 판단에서 '참' 또는 '거짓'이라는 단어를 사용하는 경향을 설명할 수 있다. 이렇게 보았을 때, 우리는 첫 번째 이모티비즘 비판에 대한 훌륭한 반대 논변이 있다고 생각해 볼 수 있을 것이다.

우리는 이모티비스트들이 이러한 노선을 취함으로써 허무주의 노선에서 이탈한 것이 아닌가 생각해 볼 수 있을 것이다. 당신은 허무주의가 도덕적 사실, 도덕적 진리, 그리고 도덕적 지식이란 존재하지 않는다는 입장을 취한다는 점을 기억할 것이다. 그런데 우리가 살펴본 바에 따르면, 이모티비스트는 일상적인 '참'과 '거짓'이라는 의미에서 도덕적 사실과 도덕적 진리가 존재한다고 주장할 수 있었다. 그럼에도 이모티비스트가 일상적인 의미에서의 도덕적 지식이 존재한다고 주장할 수는 없다. 이렇게 말하는 이유는 '도덕적 사실'과 '도덕적 진리'가 어떤 사람이 관찰하는 바를 관찰하게 되는 이유를 설명하는 데 도움을 주지 못하는 것이 분명하기 때문이며, 도덕적 사실이나 진리를 어떤 사람이 관찰하는 바를 관찰하게 되는 이유를 설명하는 데 도움을 주는 사실과 진리로 명확하게 환원할 수도 없기 때문이다. 이모티비스트는 어떤 의미에서, 심지어 일상적인 의미에서의 도덕적 사실과 도덕적 진리가 있다는 데에 동의할 수 있다. 하지만 그는 도덕적 사실과 진리가 자연 질서의 일부 — 자연에 대한 과학적 설명이 이들 사실 및 진리를 제외할 경우 불완전하다는 의미에서 — 라고 가정하지는 않을 것이다. 또한 그는 그러한 유형의 사실에 대한 지식이 있을 수 있다고도 가정하지 않을 것이다. 때문에 이러한 노선을 취하는 이모티비스트가 허무주의를 고수하는 데에는 나름대로 이유가 있다.

하지만 만약 이것이 사실이라면, 이모티비즘에 대한 첫 번째 비판에 대해서는 완벽한 대응이 이루어지지 않았다고 말할 수 있을 것이다. 그 이유는 우리가 마치 해야 하거나 또는 해서는 안 되는 다양한 것들을 아는 것처럼 생각하고 말하는 경우가 다반사이기 때문이다. 어쩌면 이 시점에서 이모티비스트는 우리가 말하고 사유하는 일상적인 방식들이 그저 잘못되었다고 말해야 할지 모른다.

5. 도덕적 추론

이제 두 번째 비판을 고찰해 보자. 이는 이모티비즘이 도덕적 추론을 설명할 수 있는가에 의문을 제기하는 비판이었다. 도덕적 추론이 있다는 것은 분명한 사실이다. 그리고 우리는 간혹 그와 같은 추론의 결과로 특정한 도덕적 의견 — 만약 '의견'(opinion)이 적절한 단어라면 — 을 채택한다. 나아가 우리는 어떤 사람이 도덕적 의견을 갖는 이유가 무엇인가를 묻는 것을 당연하다고 생각한다. 만약 누군가가 오리건 주 납세자 조합이 샐리 존스를 납치한 것을 잘한 일이라고 말할 경우, 우리는 그렇게 생각하는 이유가 무엇인가를 그에게 물을 것이다. 만약 그가 아무런 이유가 없다 — 그것이 단순히 그가 거기에 대해 느끼는 방식일 따름이다 — 고 말했다면, 우리는 이를 이상하게 생각할 것이다. 그 이유는 '납치를 한 것이 잘한 일'이라고 그가 말했다는 것이 그가 그렇게 생각하는 이유가 있음을 시사하거나 심지어 함축하고 있기 때문이다.

그런데 어떤 느낌을 갖게 되는 경우, 우리는 이상에서와 동일한 방식의 추론 과정을 거치지 않는다. 예컨대 당신은 무엇인가를 좋아하거나 싫어하도록 당신 자신을 설득할 수 없다. 이와는 반대로, 당신은 그저 아무런 이유 없이 무엇인가를 좋아하거나 싫어한다. 물론 당신이 무엇인가를 어떤 측면에서는 좋아하면서 다른 측면에서는 좋아하지 않을 수도 있다. 하지만 이와 같은 방식으로 좋아하는 것은 어떤 이유 혹은 논의의 결과로 좋아하는 것과는 다르다.

바로 이러한 점이 윤리학과 미학의 차이점이다. 도덕적 추론에는 '미학적 추론은 존재하지 않는다'고 말할 때 사용되는 의미에서의 추론이 존재한다. 물론 미학적 추론이라고 불릴 수 있는 것이 없는 것은 아니지만, 미학에서의 상황은 윤리학에서의 상황과는 다르다. 미학적 추론이라고 불릴 수 있는 것은 사실 엄격하게 말해 추론이라고 말할 수 없다. 그것은 누군가에게 어떤 예술 작품의 특정한 측면을 이해시키기 위해 그 작품의 그와 같은 측면을 지적하는 것일 따름이다.

윤리학에서도 그와 같은 것이 있을 수 있다. 가령 당신은 사람들을 좀더 충분히 이해시키기 위해 어떤 상황의 여러 측면들을 지적할 수 있다. 가령 채식주의를 옹호하면서 당신은 동물들이 살육되기 전에 어떤 처우를 받는가에 대해 상세하게 서술할 수 있을 것이다. 하지만 윤리학에는 이와는 다른 어떤 것이 있다. 즉 원리에 대한 호소라는 것이 윤리학에는 존재하는 것이다.[8] 윤리학에는 도덕 원리라는 것이 있으며, 이는 도덕적 논의에서 일정한 역할을 한다. 만약 누군가가 도덕 판단을 내릴 경우, 우리는 그에게 그렇게 판단하게 된 적절한 원리가 무엇인가를 묻는다. 그리고 이러한 질문은 적절해 보인다. 하지만 누군가가 미적 판단을 내릴 경우, 그렇게 묻는 것은 그다지 적절해 보이지 않는다. 가령 어떤 그림에 대해 감탄하고 있는 누군가에게 그런 느낌을 갖게 하는 원리가 무엇인가를 물어보는 것은 그다지 적절한 것 같지 않다. 그런데 이모티비스트가 도덕적 추론, 그리고 도덕 판단을 위한 원리에의 호소를 과연 적절하게 설명할 수 있을지는 분명치 않다.

이모티비스트는 도덕 판단이 느낌의 표현이라는 입장을 견지한다. 하지만 느낌에 대한 표현은 일반 원리(general principles)로부터의 추론에 의존하지 않으며, 원리에 호소함으로써 옹호해야 할 필요도 없다. 반면 도덕 판단은 분명 일반 원리로부터의 추론에 의거하며, 원리에 호소함으로써 옹호해야 한다. 이렇게 보았을 때, 이모티비즘은 도덕 판단을 느낌의 표현이라고 파악한다는 측면에서 잘못된 이론인 것처럼 보인다.

이모티비스트는 '느낌에는 여러 가지가 있다'라고 대응할 수 있을 것이다. 그는 일부 느낌들이 좋고 싫음과 같은 단순한 반응이라는 데에 동의할 것이다. 하지만 그는 다음과 같이 말할 것이다. '다

---

8) [역주] 도덕적 추론은 대체로 다음과 같은 구조를 가지고 있다.
   대전제 : 보편적 도덕 원리 (아무런 이유 없이 고통을 주는 것은 잘못이다.)
   소전제 : 관련 사실에 관한 언명 (아무런 이유 없이 고양이에게 불을 붙여 고통을 준다.)
   결   론 : 특정 도덕 판단 (아무런 이유 없이 고양이에게 불을 붙여 고통을 주는 것은 잘못이다.)

른 어떤 느낌들(좀더 적절하게는 태도)은 더욱 복합적이며, 원리 및 그 사람의 근본적인 가치를 포함한다. 도덕적 믿음은 다른 모든 느낌들과 동일시되어선 안 되며, 오직 더욱 복합적인 느낌 및 태도와 동일시될 수 있을 따름이다.'

하지만 이모티비스트가 방금 언급한 것 이상을 제시하지 않을 경우, 그의 입장은 보조 가설적인 성격을 띠게 된다. 왜냐하면 어떤 느낌들이 다른 느낌과 달라야 하는 이유가 무엇인가에 대해 아무 것도 언급된 것이 없기 때문이다. 이모티비스트는 '원리로부터의 추론을 어떤 감정 혹은 태도에 적절하게 사용할 수 있다'고 말하고 있는데, 그 이유가 무엇인지가 모호하다. 이에 대해서 이모티비스트가 무엇이라고 말할 것인가를 검토해 보기 전에, 두 번째 반박의 설득력을 더욱 강화하는 세 번째 비판을 검토해 보도록 하자.

간혹 당신이 도덕 판단을 내렸는데, 그것이 나중에 잘못되었다고 판단하게 되는 경우가 있다. 그런데 만약 당신의 도덕적 믿음이 단순히 느낌에 불과하다면, 어떻게 그러한 판단들이 나중에 그처럼 잘못된 것으로 판정될 수 있는지가 분명치 않다. 과거에 당신은 이렇게 느꼈다. 그런데 지금은 저렇게 느낀다. 여기서 첫 번째 느낌은 어떠한 의미에서 잘못된 것인가? 가령 몇 년 전 당신은 커피에 설탕을 넣는 것을 좋아했다. 하지만 당신은 한때 설탕을 좋아했다는 것을 실수였다고 말하지 않을 것이다. 이에 반해 한 때 당신이 근친상간이 잘못이라고 생각했는데, 지금은 그것을 옳다고 생각한다면, 당신은 과거에 실수를 범했다고 분명 생각하고 있는 것이다. 이와 같은 도덕적 믿음의 변화가 어떻게 단순히 당신 느낌의 변화일 수 있는가?

6. 흄의 해결 방식

흄(그는 이모티비스트일 수도 있고 그렇지 않을 수도 있다)은 이와 같은 비판을 우회할 수 있는 한 가지 방법을 제시하였다. 흄에 따르면 느낌과 정념은 우리가 느낌의 대상에 대해 갖는 믿음에 따라 달라진다. 가령 이러한 믿음이 크게 잘못되었을 경우, 당신은 자신의 감정 또한 잘못되었다고 말할 것이다. 달리 말해, 흄은 '잘못된 믿음'이 '믿음들에 의존하고 있는 감정'을 바꿀 수 있음을 지적함으로써 앞에서의 비판을 벗어나고자 했던 것이다.

예컨대 당신이 누군가를 신뢰한 것이 실수일 수가 있다. 즉 그 사람에 대한 당신의 신뢰와 관련한 믿음 및 감정들이 잘못되었을 수 있는 것이다. 당신이 그를 신뢰했던 이유는 그에 대한 어떤 믿음을 가지고 있었기 때문이다. 그런데 그러한 믿음이 잘못되었기에 ― 그리고 진실을 알았다면 당신은 그를 신뢰하지 않았을 것이기에 ― 당신은 자신의 신뢰가 잘못되었다고 말하는 것이다.

어떤 혁명가는 오리건 주의 납세자 조합이 샐리 존스를 납치한 것에 대해 기뻐했을 것이다. 왜냐하면 그는 그러한 납치가 궁극적으로 혁명적 좌파의 활성화로 이어지리라고 믿었기 때문이다. 그런데 만약 자신의 믿음이 잘못되었으며, 납치로 인해 오히려 혁명적 우파가 활성화되었다면, 그는 자신이 기뻐한 것이 실수였다고 말할 것이다.

정리하자면, 우리는 감정이 근거하고 있는 믿음(이는 잘못될 수도, 그렇지 않을 수도 있는데)을 토대로 감정이 잘못되었거나 그렇지 않다고 말한다. 만약 도덕적 감정이 당신의 믿음에 좌우되는 일종의 느낌(신뢰와 기쁨 같은)이라면, 우리는 관련된 믿음이 잘못되었을 때 도덕적 감정이 잘못되었다고 말할 수 있을 것이다. 가령 결과가 어떻게 나타날 것이라는 믿음으로 인해 어떤 혁명가가 존스를 납치한 것을 잘한 일이라고 판단했는데, 나중에 그 결과가 완전히 정반대였음을 알게 되었다면, 그는 원래의 도덕 판단이 잘못되었다고 생각할 것이다. 왜냐하면 그러한 판단이 기초하고 있는 믿음이 잘못되었기 때문이다.

이와 같은 대응은 우리가 이전의 도덕 판단이 잘못되었다고 말한다는 것을 이모티비스트가 설명할 수 있음을 보여주며, 이에 따라 세 번째 비판에 대응할 수 있음을 보여주고 있다. 아마도 흄은 도덕 원리와 도덕적 추론에 관한 두 번째 비판에 대해서도 유사한 대응이 이루어질 수 있다고 말할 것이다. 이렇게 말하는 이유는 만약 도덕 판단이 표현하는 태도가 특정한 종류의 사실들에 관한 믿음에 좌우된다면, 그리고 만약 이와 같은 믿음에 일반적인 유형의 가정들도 포함된다면, 그와 같은 사실적 가정들에 적절하게 사용할 수 있는 추론에는 일반 원리들도 포함될 수 있기 때문이다. 그리고 마치 우리가 도덕 판단들에 대응하는 믿음들이 잘못되었을 경우 도덕 판단들도 잘못되었다고 기꺼이 말하는 것처럼 — 그리하여 '잘못되었다'는 단어를 믿음들로부터 그러한 믿음들에 의존하고 있는 느낌들로 이전시키는 것처럼, 우리는 일반 원리로부터의 추론을 대응하는 믿음에 적절히 사용할 수 있다면 도덕에도 적절하게 사용할 수 있다고 기꺼이 말할 수 있을 것이다. 이 경우 우리는 원리에 따르는 추론의 적절성을 어떤 믿음들로부터 그러한 믿음에 의존하고 있는 느낌들로 이전시키고 있는 것이다.

흄에 따르면 윤리학과 미학의 차이는 양자가 관련되어 있는 정념들 혹은 느낌들의 차이다. 흄은 무엇보다도 우리의 도덕 감정이 타인에 대한 일반적인 공감을 포함하며, 이에 따라 우리의 도덕 감정이 흔히 사람들의 이익에 영향을 주기 위해 행동하려는 일반적인 성향에 관한 믿음에 기초하고 있다고 생각하였다. 우리는 (보편적으로 따를 경우) 인간의 행복을 증진하고 불행을 감소시킬 수 있는 원리에 포섭된다고 믿는 일련의 행동들을 도덕적으로 승인한다. 그런데 흄에 따르면 이것만이 우리가 갖는 유일한 도덕적 관심은 아니다. 그럼에도 이는 그들 중의 하나다. 그리고 바로 이에 대한 관심으로 인해 도덕 판단은 일반 원리에 대한 호소를 포함한다고 가정할 수 있는 것이다. 우선 여기서의 일반 원리란 (만약 보편적으로 따를 경우) 행복을 증진시키고 불행을 감소하는 어떤 일련의 행동 성향에 관한 것이다. 그리고 이와 결부된 추론은 실제로 사실에 관련된 것이다. 즉 여기서 논쟁거리가 되는 것은 이러한 일련의 행동이 사실상 복리를 개선할 것인가의 여부라는 것이다. 관례적으로 우리는 이를 **도덕적** 추론이라고 부르며, 관련 원리를 **도덕 원리**라고 부른다. 바로 이것이 이모티비즘이 두 번째 비판에 답하는 방식일 것이다.

7. 상식과 다르지 않은 이모티비즘

지금까지 우리는 이모티비즘에 관한 세 가지 비판을 살펴보았다. 그리고 우리는 이모티비즘이 어떻게 그와 같은 비판에 대응할 수 있는가를 살펴보았다. 첫 번째 비판은 사람들이 흔히 도덕 판단을 참 또는 거짓이라고 평가한다는 것이다. 두 번째 비판은 도덕 판단에서는 일반 원리로부터의 추론이 사용된다는 것이다. 세 번째는 우리가 도덕 판단이 잘못되었다고 생각하는 경우가 있다는 것이다. 이모티비스트는 첫 번째 비판에 대해 진리 잉여론(redundancy theory of truth)에 호소함으로써 대응할 것이다. 두 번째와 세 번째 반론에 대해서는 도덕 판단이 의존하고 있는 사실적 믿음에 대한 생각이 바뀔 경우 도덕 판단 또한 바뀔 수 있다는 이론을 제시함으로써 대응할 수 있을 것이다.

만약 이모티비즘이 이와 같은 방식으로 옹호될 수 있다면, 이는 처음 보았을 때보다 과격하지 않은 이론처럼 보인다. 먼저 이모티비즘은 일종의 윤리적 허무주의가 아니다. 이렇게 말하는 이유는 이모티비즘이 본질적으로 윤리적 자연주의와 양립가능하기 때문이다. 이모티비즘이 윤리적 자연주의와 구분되는 경우는 오직 어떠한 가정을 하였을 경우뿐이다. 더욱이 설령 그와 같은 가정에서의 차이를 인정한다고 해도, 이모티비스트는 도덕적 사실과 도덕적 진리 — 이러한 용어의 일상적인 의미에서 — 가 존재한다는 점을 인정할 수 있다. 심지어 이모티비스트는 도덕적 추론이라고 부를 수 있는 무엇인가가 있다는 것을 인정할 수 있으며, '사람들의 도덕적 견해가 잘못되었다'라고 말할 수 있다는 데에도 동의할 수 있다. 다음에서는 이러한 이모티비즘이 단순한 상식과 어떻게 다른지 생각해 보도록 하자.

더 읽을거리

Charles L. Stevenson은 태도에서의 불일치를 "The Nature of Ethical Disagrement," *Facts and Values*(New Haven, Conn.: Yale University Press, 1963)의 1장, pp.1-9에서 논하고 있다. 진리에 대한 그의 논의를 살펴보려면 pp.214-220을 볼 것.

R. M. Hare는 *The Language of Morals*(Oxford: Oxford University Press, 1952)에서 도덕 언명을 명령으로 취급하고 있다. 그는 자연주의에 반대하는 일종의 미결 문제 논증을 pp.79-83에서 제시하고 있다.

David Hume의 윤리학에 대한 저술에는 *Treatise on Human Nature*, Ⅱ권과 Ⅲ권, 그리고 *An Enquiry Concerning the Principles of Morals*이 포함된다.

Philippa Foot는 이모티비즘과 윤리적 자연주의가 쉽게 구분되지 않는다고 "Moral Beliefs," *Proceedings of the Aristotelian Society*, Vol. 59 (1958-1959), pp.83-104에서 주장하고 있다.

미학 원리가 있는가에 대한 질문에 관해서는 Arnold Isenberg, "Critical Communication," *Philosophical Review*, Vol. 58(1949), pp.330-344를 볼 것.

제 4 장

이상적 관찰자 이론으로서의 이모티비즘

1. 이상적 관찰자 이론

언뜻 보았을 때 매우 과격한 허무주의적 견해처럼 보이는 이모티비즘은 도덕적 추론, 도덕적 진리, 심지어 도덕적 사실이 존재한다는 것까지도 허용할 수 있다. 이모티비즘은 생각보다 과격하지 않으며 상식적이다. 그리고 이것만이 전부가 아니다. 우리가 살펴볼 것이지만, 이모티비즘은 '이상적 관찰자 이론'이라고 불리는 일종의 윤리적 자연주의와 쉽게 구분이 되지 않는다.

이모티비즘에 따르면 감정의 표출이 곧 도덕적 견해이다. 하지만 이러한 주장이 도덕적 견해가 잘못되었다고 정당하게 말할 수 없다는 것을 의미하는 것은 아니다. 왜냐하면 만약 사실에 관한 잘못된 믿음에 의거하고 있을 경우, 우리는 감정들 또한 잘못되었다고 말할 수 있기 때문이다. 이모티비스트는 심지어 우리가 도덕 판단들이 잘못되었다고 정당하게 말할 수 있다고 생각하기까지 한다. 그 이유는 표현된 감정이 실수로 인한 것이었을 경우, 그 감정을 표현하는 판단 또한 실수였다고 말할 수 있기 때문이다.

가령 당신은 '루돌스키가 추방되어 기쁘다'라고 말하면서 기쁨을 표현한다. 이러한 기쁨은 그의 추방이 농서-관계의 마지막 상애를 걷어낼 것이라는 생각에 근거를 두고 있다. 그런데 가령 추방이 반대 효과를 초래하였으며, 이에 따라 동서-관계가 악화되었다고 생각해 보자. 이때 우리는 당신이 기뻐하는 것이 실수였다고 말할 수 있을 뿐만 아니라, 당신의 소견도 실수라고 말할 수 있다.

여기서 한 걸음 나아가, 당신이 말하는 바를 말하면서 당신은 당신의 주장을 통해 여러 사실들을 감안해 보았을 때, 루돌스키의 추방을 기뻐하는 것이 정당하고 적절하다는 것 — 최소한 특정한 관점에서 — 을 함축하고 있다. 그리고 이와 같은 의미 부여는 표명된 감정뿐만 아니라 당신의 소견에 대해서도 동일하게 적용할 수 있다. 당신의 소견에는 그와 같은 의미가 부여된다. 이는 당신의 소견이 잘못이라고 말할 수 있다는 사실과 연결된다. 즉 당신의 소견은 거짓된 함의를 갖기 때문에 잘못된 것일 수 있는 것이다.

우리는 가치 평가적 판단, 그리고 도덕 판단을 유사한 방식으로 생각해 볼 수 있다. 만약 당신이 루돌스키의 추방이 잘된 일이라고 말한다면, 최소한 특정한 관점에서 보았을 때, 당신은 추방에 대한 특정한 태도가 정당화된다는 것을 함축하고 있다. 적어도 당신은 사실에 대한 잘못된 견해에 의거하여 자신의 태도를 드러내고 있는 것은 아니라는 것을 함축하고 있는 것이다.

이는 설령 도덕 판단이 단순히 감정의 표현이라 해도, 그것이 어떤 주장(claim)을 포함할 것임을 시사하고 있다. 다시 말해 도덕 판단은 표현된 태도가 적절하고 정당하다는 주장(최소한 그 태도가 사실들에 대한 잘못된 견해에 의존하지 않는 한에서)을 포함할 것이라는 것이다. 사실상 태도 자체는 그와 같은 주장을 함축(그러한 주장이 적절하고 정당하다고 가정하지 않고서는 그러한 태도를 가질 수 없다는 의미에서)하고 있다. 이와 같은 사실은 특정 유형의 자연주의를 머리에 떠올리게 한다. 이러한 입장에서는 도덕 판단들이 감정들에 **대한(about)** 판단을 포함하고 있는 것으로 파악된다.

어떠한 태도는 오직 그것이 잘못되지 않을 경우에만— 달리 말해, 오직 그것이 사실에 대한 잘못된 견해에 근거를 두고 있지 않을 경우에만— 적절한 의미에서 적당하고 정당하다고 말할 수 있다. 이에 따라 우리는 다음과 같이 'X가 잘못이다'에 대한 개략적인 자연주의적 분석을 시도해 볼 수 있을 것이다.

> X가 잘못인 경우는 만약, 그리고 오직 모든 관련된 사실들을 알고, 당면 문제에 관한 아무런 잘못된 믿음을 가지지 않을 경우에도 X를 반대할 경우이다.

위의 분석에 즉각적으로 '만약 그가 충분히 모든 사실들을 이해했을 경우'를 추가하는 것이 좋을 것이다. 왜냐하면 어떠한 태도는 거짓 정보로 인해 잘못될 뿐만 아니라, 우리가 사실을 적절하게 이해하지 못하여 일부 사실들이 왜곡됨으로써 잘못될 수도 있기 때문이다. 그리하여 두 번째 분석은 대략 다음과 같이 나타낼 수 있을 것이다:

X가 잘못인 경우는 만약, 그리고 오직 모든 관련된 사실들을 알고, 관련 사실들을 모두 충분히 이해하며, 당면 문제에 관한 잘못된 믿음을 가지고 있지 않을 경우에도 X를 반대할 경우이다.

하지만 이 또한 충분하지 않다. 왜냐하면 모든 반대가 도덕적 반대는 아니기 때문이다. 무엇인가가 **도덕적인** 잘못이라고 말할 때, 당신의 주장은 당신의 반대가 협소한 이익에만 근거하고 있지 않음을 함축하고 있다. 뿐만 아니라 당신의 그러한 주장은 자신의 반대가 철저하게 이해를 벗어나, 공평무사한 관점에서 보았을 때 적절한 태도여야 함을 함축하고 있기도 하다. 그리고 그와 같이 말할 때, 당신은 당신의 반대가 당신 자신의 이익이 침해받는다는 사실로부터 도출된 것이 아니며, 그러한 반대가 당신과 관련된 사람들과 아무런 상관이 없다고 해도 여전히 적절하다는 것을 함축하기도 한다. 만약 당신의 태도가 오직 당신 자신의 이익으로부터만 도출되고, 공평무사한 견해에 근거해서 유지되지 못한다면, 당신의 태도는 도덕적인 것으로 정당화될 수 없으며, 따라서 잘못이 된다.

가령 노예 제도에 찬성하는 노예 소유자들을 살펴보자. 그들이 찬성하는 이유는 노예인 사람들에 대한 어떤 잘못된 믿음에 어느 정도 근거하고 있는 것처럼 보인다. 또한 그러한 태도는 노예가 된다는 것이 어떤 것임을 충분히 이해하지 못한 데에도 일부 기인한다고 볼 수 있다. 하지만 다른 무엇보다도 그들의 찬성은 공평무사한 입장을 취하지 못하는 데에 기인한다고 말할 수 있다. 만약 노예 소유자들이 각자 노예의 처지에서 생각해 보았다면, 아마도 그들은 노예 제도에 대해 도덕적으로 찬성하려 하지 않았을 것이다. 물론 실제 상황에서는 그들이 자신들의 이익을 확보할 수 있는 제도의 존속을 계속 원할 수 있겠지만 말이다.

이제 생각을 바꾸어 다음과 같이 생각해 보자. 가령 노예 소유자가 노예 제도를 도덕적으로 옹호할 수 있다고 주장한다고 생각해 보자. 이때 그들은 노예 제도에 찬성하는 이유가 자신들의 유리한 위치 때문이라고 주장해서는 안 될 것이다. 그들은 단순히 '노예가 된다는 것이 무엇을 의미하는가에 대해 충분히 알고 있지만, 우리가 노예가 아니기 때문에 상관하지 않는다'라고 말함으로써 자신들의 주장을 설득력 있게 옹호할 수 없다. 물론 그것이 완벽하게 일관성 있는 태도임에는 분명하다. 하지만 최소한 그것이 도덕적 태도는 아닌 것이다. 노예 소유자들이 노예 제도에 대해 도덕적인 찬성의 느낌을 가질 수 있는 경우는 본인이 노예 제도하에서 노예들이 더 잘살 수 있다고 생각하며, 모든 사실들을 알고 있는 공평무사한 관찰자 또한 이를 승인할 것이라고 생각할 수 있는 경우뿐이다.

현재 우리의 기준에 따르면 노예 제도는 만약, 그리고 오직 모든 사실들을 잘 알고 있고, 생생하게 파악하고 있으며, 충분히 이해하고 있는 사심 없는 공평무사한 관찰자가 노예 제도를 반대할 경우에만 잘못된 것이다. 노예 소유자는 노예 제도에 찬성할 것인데, 그 이유는 그들이 공평무사하지 않기 때문이다. 따라서 그들의 노예 제도 찬성은 고려의 대상에서 배제된다.

우리가 도달한 분석 유형은 공평무사한 관찰자 이론(impartial spectator theory) 또는 이상적 관찰자 이론(ideal observer theory)이라고 불린다. 이러한 분석 방법에 따르면, 무엇인가가 잘못인 경우는 만약, 그리고 오직 공평무사한 관찰자 혹은 이상적 관찰자가 그것을 반대할 경우이다. 이상적 관찰자는 공평무사하고, 박식하며,

관련 사실을 생생하게 파악하고 있는 사람이라고 정의된다.

만약 이러한 분석 방법이 옳다면, 우리는 이로부터 도덕적 사실에 대한 자연주의적 환원을 이끌어낼 수 있다. 이와 같은 견해를 받아들이고 있는 흄은 우리가 2장에서 논의한 색깔에 관한 유비 이론과 이러한 분석을 비교한다. 이러한 이론은 가령 어떤 것이 표준적인 채광 조건하에서 정상적인 관찰자에게 붉은색으로 보일 경우, 그것을 붉다고 말한다. 이러한 입장에 따르면 색깔은 경향적 (dispositional) 속성1)이며, 도덕적 속성 또한 마찬가지다. 어떤 경향적 속성은 상황에 대응하여 일어나는 발생적(occurrent) 속성으로 정의되어야 한다. 가령 물에서 용해되는 경향적 속성은 물에서 녹는 발생적 속성으로 정의되어야 한다. 만약 어떤 물체를 물에 넣었을 때 녹는다면 그 물체는 수용성이다. 이와 유사하게, 만약 특정한 조건하에서 어떤 대상이 붉게 보인다면, 그 대상은 붉은 것이다.

어떤 수용성 물체는 설령 물에 한번도 담가진 경우가 없었다고 하더라도 물 속에 담가질 경우 녹을 수 있다. 이와 유사하게 어떤 물체는 암실에 있는 경우에도 붉을 수 있다. 또한 나무가 숲에서 쓰러질 때, 그리고 그곳에 아무도 없어도 나무는 경향적 의미에서 커다란 소리를 낸다. 왜냐하면 만약 누군가가 거기에 있었다면 그는 커다란 소리를 들었을 것이기 때문이다.

색깔에서 발생적 속성이란 어떤 대상이 특정한 색으로 보이는 것을 말한다. 우리는 색 감각에 대해서 이야기할 수 있을 것이다. 만약 어떤 것이 관찰자에게 붉은색 감각을 전한다면, 그것은 붉은

---

1) [역주] 경향적 속성이란 우리에게 어떤 종류의 경험을 산출하는 대상의 속성을 말한다. 가령 안락한 의자에 앉을 경우, 우리는 편안함을 느낀다. 이때 의자는 우리에게 편안한 느낌을 주는 경향적 속성을 갖는다.

것 — 마치 무엇인가가 관찰자에게 열 감각을 부여할 경우, 그것을 따뜻하다고 하는 것처럼 — 이다. 그리고 만약 어떤 것이 특정 관찰자에게 '반대하는 감각'을 전할 경우, 그것은 잘못된 것이다. 이처럼 잘못됨은 반대를 야기하는 경향인 것이다.

2. 도덕적 상대주의와 이상적 관찰자 이론

그런데 모든 이상적 관찰자가 동일한 반응을 나타낼 것이라고 생각할 필요는 없다. 그 중 일부는 주어진 상황을 반대할 것이고, 다른 사람은 무관심할 것이며, 또 다른 사람은 찬성할 것이다. 이상적 관찰자가 어떻게 반응할 것인가는 그가 어떠한 성장 과정을 거쳤는가에 따라 달라질 것이다. 이렇게 보았을 때 우리는 일종의 도덕적 상대주의를 옹호해야 하는 것처럼 보인다. 이때 우리는 가령 뉴욕-잘못됨, 북경-잘못됨, 그리고 모스크바-잘못됨을 구분해야 할 것(우리가 수용성과 지용성을 구분하듯이)이다. 우리는 단순히 용성(溶性)을 말할 수 없다. 왜냐하면 서로 다른 물질은 서로 다른 액체에서 녹기 때문이다. 이와 유사하게, 서로 다른 성장 과정을 겪은 이상적 관찰자는 서로 다른 것을 반대할 수 있다. 때문에 우리는 단순히 잘못됨을 말할 수 없다. 만약 뉴욕에서 성장한 이상적 관찰자가 어떤 것에 반대하지만 북경에서 성장한 이상적 관찰자는 찬성할 경우, 우리는 그것을 뉴욕-잘못됨(북경-잘못됨은 아니지만)이라고 말해야 할 것이다.

그런데 특정 유형의 이상적 관찰자만이 찬성하거나 반대한다는 것이 맥락을 통해 분명하게 드러난다면, 우리는 조건을 덧붙이지 않고 무엇인가를 옳거나 그르다고 말할 수 있을 것이다. 가령 우리 모두가 뉴욕에서 성장했다면, 우리는 단순히 잘못되었다고 말하면서 사실상 그와 같은 말을 통해 뉴욕-잘못됨을 의미할 것이다. 이와 유사하게 맥락상 물에 용해될 것임을 분명하게 파악할 수 있을 경우, 우리는 그저 그 물질이 용해된다고 말할 수 있으며, 그것이 수용성임을 의미하는 것으로 이해할 수 있을 것이다.

'유행하는'이라는 용어를 사용하는 방식은 이와 같은 유형의 상대주의를 적절히 예시해 주고 있다. '어떤 것이 유행한다'고 말하는 것은 '특정 관찰자에게 그것이 유행하는 것처럼 보인다'고 말하는 것과 동일하다. 하지만 어떤 것이 유행하는 것처럼 보일 것인가는 당신이 어떤 형태의 사물들을 보는 데 익숙한가에 따라 달라질 것이다. 가령 다른 시대 — 혹은 다른 장소 — 의 유행은 매우 이상하게 보이는 경우가 상당히 많다. 따라서 무엇인가가 '유행한다'고 말하는 것은 매우 상대적인 판단을 하는 것이다. 이렇게 보았을 때 X는 만약, 그리고 오직 X가 정상적인 유행 관찰자에게 어떤 시간과 장소에서 유행하는 것으로 보일 경우 그러한 시간과 장소에서 유행적이라고 말할 수 있다. 도덕 판단은 설령 이 정도까지는 아닐지라도 이와 유사하게 상대적이다.

그런데 이상적 관찰자 이론을 반드시 상대주의적인 이론이라고 생각할 필요는 없다. 이상적 관찰자 이론은 상대주의적인 이론에도, 그 반대의 이론에도 치우치지 않는다. 이상적 관찰자 이론이 상대주의 이론인지의 여부는 인간의 심리적 사실을 어떻게 보느냐에 따라 달라진다. 가령 색깔의 경우 상대주의는 분명 참이 아니다. 물론 모든 지각자들이 표준적인 상황에서 동일한 색 반응을 나타내는 것은 아니다. 왜냐하면 일부 지각자들은 색맹이기 때문이다.

그런데 이와 같은 지각자들은 기준 이하로 분류될 수 있을 것이다. 이렇게 말하는 이유는 첫째, 그들의 반응이 정상적인 지각자들의 그것만큼 예민하지 않기 때문이며(정상인들과 비교해 보았을 때, 색맹인 지각자들은 색을 구별하지 못한다), 둘째, 최대한 색을 구별할 능력이 있는 정상적인 지각자들은 자신들의 색 반응에 서로 동의하기 때문이다. 그런데 이와 같은 색깔에 대한 논의가 도덕적 속성에 대한 주장에도 그대로 적용될 수 **있을지도 모른다**. 이렇게 말하는 이유는 다른 면에서는 정상인 어떤 이상적 관찰자들이 일종의 도덕적 맹목성 — 어떤 유전적 결함 혹은 그들의 성장에서의 실패(가령 어렸을 때 사랑을 많이 받지 못한 것과 같은)에 기인한 — 을 갖는다고 가정함으로써 이상적인 도덕적 관찰자들 사이의 표면상의 불일치를 설명할 수 있다고 **생각해 볼 수 있기** 때문이다. 이러한 주장이 설득력을 갖도록 하기 위해서는 일반적인 이상적 관찰자들이 이와 같은 겉보기만의 이상적 관찰자 집단이 하는 모든 식별을 하는 데에 반해, 겉보기만의 이상적인 도덕적 관찰자들은 다른 이상적 관찰자가 하는 모든 도덕적 식별을 하지 못한다는 것이 밝혀져야 할 것이다. 이외에도 다른 이상적 관찰자 대부분이 동일한 도덕적 반응을 나타낸다는 것이 밝혀져야 할 것이다.

이와 같은 것이 실제로 밝혀질 가능성이 전혀 없다고 할 수는 없다. 아이의 도덕 발달에 대한 심리학적 연구는 도덕의 발달에 여러 단계 — 더욱 복잡해지는 단계 — 가 있다는 것을 보여주고 있다. 모든 사람들이 발달의 최종 단계에 이르는 것은 아니다. 우리는 도덕 발달의 최고 단계에 이른 사람들의 반응을 통해서만 — 다른 사람들은 일종의 도덕적 맹목성 혹은 다른 어떤 결함을 갖는 것으로 파악하면서 — 옳고 그름을 정의 내리고 싶어한다.

3. 이모티비즘 대 이상적 관찰자 이론

이상에서 살펴본 것이 바로 이상적 관찰자 이론이다. 우리는 이모티비즘을 경유하여 이러한 이론에 도달하였다. 일종의 온건한 허무주의라고 파악되는 이모티비즘은 이상적 관찰자 이론 — 일종의 윤리적 자연주의인 — 으로 연결된다. 이렇게 말하는 이유는 이모티비즘이 도덕 판단을 태도의 표명이라고 말하고 있기 때문이며, 화자가 일정한 태도를 표명할 때, 그가 최소한 특정한 관점에서 자신의 태도가 적절하고 정당하다는 것을 함축하고 있기 때문이다.

이러한 함축이 당신이 말하는 바에 대한 함축인지, 아니면 당신이 그렇게 말한 것의 함축에 불과한지는 미묘한 문제이다. 유사한 경우를 비교해 보자. 루돌스키가 추방되었다고 말할 경우, 당신은 루돌스키가 추방되었다는 믿음이 정당화되었다는 것을 함축하고 있다. 하지만 당신은 이러한 믿음이 정당하다고 **말하지**(say) 않으며, **당신이 말하는 바**(what you say)가 이를 함축하지도 않는다. 비록 당신이 **그것을 말하는 것**(your saying it)은 그러한 믿음이 정당하다는 것을 함축하지만 말이다. 이와 유사하게, 도덕 판단을 내릴 때 당신은 특정한 태도가 정당하다는 것을 함축한다. 하지만 설령 그렇다고 해도, 당신의 판단을 그러한 태도가 정당하다고 **말하는 것**으로 분석할 수 있다고 이야기할 수는 없다.

두 가지 가능성이 있다. 이상적 관찰자 이론은 먼저 당신이 도덕 판단을 내릴 때 당신이 말하고 있는 것(what you are saying)에 대한 분석으로 간주될 수 있다. 다음으로 이상적 관찰자 이론은 도덕 판단을 내릴 때 당신이 함축하는 무엇(something that you imply)에 대한 분석으로 파악될 수 있다. 비록 이론상으로는 구분되지만, 이와 같은 두 가지 가능성은 실생활에서 쉽사리 구분되지 않는다.

이상적 관찰사 이론이 단순히 도덕 판단을 내릴 때 당신이 함축하는 무엇에 대한 분석이 아니라, 당신이 말하고 있는 것에 대한 분석이라고 가정하는 논의가 있다. 이는 궁극적으로 보았을 때 결정적이라고 할 수 있는 논의는 아니다. 이는 이모티비즘에 반대하는 논의인 것처럼 보일 수 있다. 다시 말해, 이는 도덕 판단이 단순히 무엇인가를 옹호하거나 반대하는 태도를 표명하는 데 불과하다고 주장하는 생각에 반대하는 논의인 것처럼 보일 수 있는 것이다. 이와 같은 논의에 따르면 '당신의 도덕 판단'과 '당신이 좋아하거나 싫어하는 것' 사이의 관계는 이모티비즘이 인정하는 것 이상으로 간접적이다. 가령 당신은 무엇인가를 행하고 싶어하지 않으면서도 그것을 해야 한다고 생각할 수 있다. 사실상 전형적인 도덕적 곤경의 상황은 당신이 행하기를 원하지 않는 무엇인가를 해야 한다고 깨닫는 것을 말한다. 이와 유사하게, 당신이 A가 행하지 않길 바라는 무엇을 A가 마땅히 해야 한다고 판단하는 경우가 있다. 일반적으로 보았을 때, '당신이 선호하는 바'는 '당신이 그 상황에서 행해져야 할 것이라 생각하는 바'와 다른 경우가 많이 있다. 이렇게 본다면 이모티비스트들은 단순히 '무엇인가가 마땅히 이루어져야 한다고 생각하는 것'과 '그것을 선호하는 것'을 동일시하는 잘못을 범하고 있는 것이다(라고 논증은 이어진다). 그런데 이상적 관찰자 이론을 도덕 판단의 내용(content)에 관한 이론이라고 생각할 경우, 방금과 같은 까다로운 문제들은 간단히 설명될 수 있다. 그 이유는 설령 당신이 현 상황에서 특정한 태도를 갖지 않는다고 해도, 적어도 공평무사함의 상황에서는 당신이 어떤 특별한 태도를 가질 수 있으리라고 생각할 수 있기 때문이다. 이와 유사하게, 당신은 가상적 상황에 대하여 쉽사리 도덕 판단을 내린다. 그런데 가상적 상황에서 일어나는 일에서 당신이 유념하는 바는 과연 무엇일까? 당신은 의사가 306호실 환자의 몸을 절개하여 죽어 가는 5명의 환자들에게 장기를 나누어주려 한다면 그가 그렇게 하는 것에 대해서 반대하려 할(would) 것이며, 이것은 아마도 참일 것이다. 그런데 이 모티비즘은 만약 당신이 어떤 특정한 상황에서 무엇인가에 찬동하지 않으려 한다면(would) 그것이 잘못되었다는 이론이 아니다. 그렇게 주장하는 것은 도덕 판단이 말하는 바에 대한 분석으로 이해되는 이상적 관찰자 이론이다. 이모티비즘에 따르면 내가 지금 그 의사가 잘못이라고 말하고 있다면, 나는 지금 그러한 가설적 행동에 대한 나의 현 상황에서의 부인을 표명하고 있는 것이다. 하지만 그것은 적절한 의미를 가질 수 없을 것이다.

　이는 이모티비즘에 대한 강력한 비판이 되는 것처럼 보일 수 있다. 그럼에도 앞에서의 비판에서와 마찬가지로, 이모티비즘은 이러한 비판에 대해 '수많은 감정들이 존재한다'는 전략에 호소함으로써 쉽게 대응할 수 있다. 이모티비스트는 다음과 같이 말할 것이다: '당신이 무엇인가를 마땅히 해야 하지만 그것을 하고 싶지 않다고 생각할 때, 한편으로 당신은 그것이 행해지길 원하지만, 다른 한편으로 그것이 행해지길 원하지 않기도 한 것이다.' 즉 당신은 그것이 행해지길 선호하는 도덕적 태도를 가지며, 그것이 행해지지 않길 선호하는 더욱 강하지만 비도덕적인 태도를 갖는 것이다. 이와 유사하게, 만약 당신이 생각하기에 무엇인가를 마땅히 해야 하지만 별다른 관심이 가지 않는다고 한다면, 이모티비스트는 이것이 곧 당신이 관심을 가지면서 관심을 갖지 않는 경우라고 말할 것이다.

당신의 도덕적 태도는 당장 해야 할 일을 당신이 행하는 것을 선호한다. 하지만 그러한 태도는 약하며, 따라서 당신은 자신이 가지고 있는 일반적인 타성을 극복하지 못하는 것이다. 다음으로 앞에서의 가상적 상황에 대해서 말하자면, 이모티비스트는 다음과 같이 주장할 것이다: '당신은 도덕적 의미가 아닌 다른 어떤 의미에서는 그러한 경우들에 대해 관심을 갖지 않는다. 하지만 당신은 그것에 대해 도덕적인 관심을 갖는다.' 이처럼 이모티비스트는 도덕적 태도를 다른 태도와 구분함으로써 비판에 대응할 수 있으며, 그렇게 함으로써 앞에서의 논의, 즉 도덕 판단을 내릴 때 말하는 바에 대한 분석으로 이상적 관찰자 이론을 파악하는 논의를 타파할 수 있을 것이다.

4. 순환성의 위협

하지만 이러한 대응은 이모티비즘을 3장에서보다 더욱 평범한 이론으로 만들어 버린다. 차라리 이모티비스트는 앞의 태도의 구별을 더욱 강화하여 아예 도덕적 믿음이 태도라고 **규정(stipulate)**하는 편이 나을지도 모른다. 달리 말해, 이모티비스트는 '무엇인가가 도덕적으로 옳다'는 믿음을 '무엇인가를 도덕적으로 선호한다'는 것으로 간주하는 편이 나을지도 모르는 것이다: 즉 최소한 당신이 무엇인가가 행해져야 한다고 생각하는 만큼 당신은 그 정도로 그것을 선호하고 있다는 것이다. 이와 같은 방식으로 이모티비스트는 정의(定義)에 의해 이모티비즘을 거의 참인 것으로 만들 수 있다. 이것이 가능한 이유는 영어에서의 '태도'라는 단어가 매우 모호하기 때문이다. 믿음은 일종의 태도라고 말할 수 있다. 가령 당신의 전쟁에 대한 태도는 전쟁이 수개월 동안 일어나지 않으리라고 생각하는 것일 수 있다. 만약 이것이 사실이라면 우리는 도덕적 믿음들 또한 일종의 태도(평범한 의미에서)라고 말할 수 있을 것이다. 도덕적 믿음들은 어떠한 믿음도 일종의 태도라고 하는 바로 그러한 의미에서 일종의 태도이다.

우리가 '무엇인가가 잘못이다'라고 믿는 것이 무엇인가에 반대하는 한 가지 방법이라고 규정하는 데에 동의한다고 가정해 보자. 이때 이모티비즘은 '무엇인가가 잘못이다'라고 말하는 것이 그것이 잘못이라는 믿음을 표현한 것과 동일하다는 평범한 견해와 거의 구분이 되지 않는다. 이 경우 이모티비즘은 무엇인가가 잘못이라는 믿음이 그것이 잘못이라는 믿음과 동일하다고 주장하는 공허한 이론이 되어 버린다.

이렇게 보았을 때 이모티비즘은 도덕적 태도를 규정하는 어떤 비순환적인 방식이 발견되지 않는 이상, 사실상 아무 것도 뜻하는 바가 없다는 비판을 받게 된다. 나아가 유사한 문제가 이상적 관찰자 이론을 위협한다. 이렇게 말하는 이유는 이상적 관찰자가 구체적으로 어떤 종류의 부정적인 느낌을 가질 경우에 어떤 것을 잘못이라고 하는지가 분명하지 않기 때문이다. 여기서 단순하게 '부정'이라고 말하는 것은 적절하지 못하다. 가령 이상적 관찰자는 도덕적으로 부정적인 감정을 갖지 않으면서 미학적인 부정적 감정을 느낄 수 있다. 만약 순전히 미학적인 근거에서 오스왈드가 이상적 관찰자가 싫어할 춤을 춘다면, 오스왈드는 아무 것도 도덕적으로 잘못한 바가 없다. 그런데 우리가 '도덕적 반대'를 말하는 경우, 이는 '무엇인가가 잘못이라는 판단'을 넘어선다. 무엇이 도덕적 반대를 그렇게 만드는가? 'X가 잘못이다'를 '이상적 관찰자가 X에 대해 도덕적으로 부정적인 감정을 가질 것이다'로 정의하는 것은 'X가 잘못이다'를 '이상적 관찰자가 X가 잘못이라고 생각할 것이다'로 정의하는 것과 매우 흡사하다. 그런데 이는 순환적이 될 것이다. 이때 사실상 우리는 '잘못'이라는 용어를 분석하기 위해 '잘못'이라는 용어를 사용하고 있는 것이다.

이렇게 보았을 때, '이모티비즘과 이상적 관찰자 이론을 옹호하는 사람들은 사실상 거의 의미하는 바가 없다'는 비판을 모면하려 하거나 순환성을 피하려면, 도덕적 태도와 도덕과 무관한 태도를 구분하기 위한 비순환적 방식이 구체적으로 제시될 필요가 있다. 만약 그와 같은 구체적인 설명을 제시할 수 있다면, 두 견해는 옹호할 수 있는 입장이 될 것이며, 쉽사리 서로 구분되지 않게 될 것이다.

도덕적 태도에는 이상적 관찰자 이론이 구체적으로 설명하려는 주장(claim)이 포함되어 있다. 따라서 이모티비즘과 이상적 관찰자 이론은 구분하기가 힘들어지게 될 것이다. 당신은 어떠한 주장을 받아들이지 않으면서 어떠한 태도를 진지하게 취할 수 없다. 그런데 우리가 살펴본 바와 같이, 오직 도덕적 태도만 이런 식으로 주장을 포함하는 것은 아니다. 주어진 사실로 인해 자신의 행복이 적절하지 않거나 잘못된 것이라고 믿게 된 경우, 당신은 루돌스키가 추방되었다고 해서 행복해질 수 없다. 마찬가지로, 루돌스키가 추방되었다는 믿음이 증기를 통해 보증되지 않는다고 믿는 경우, 당신은 루돌스키가 추방되었다고 믿을 수 없는 것이다. 여러 태도들 중에는 이러저러한 관점으로부터 정당화된다는 주장이 포함된 경우가 많이 있다. 도덕적 태도에는 그 태도가 도덕적 판점으로부터 정당화된다는 주장이 포함되어 있다. 다시 말해, 거기에는 공평무사한 관점으로부터 정당화된다는 주장이 포함되어 있는 것이다.

5. 도덕 원리와 이상적 관찰자

마지막 논점이다. 이상적 관찰자 이론은 색 속성에 관한 이론과의 유비를 통해 도입되었다. 하지만 이들 사이에는 중요한 차이가 있다. 색에 대한 설명에서 언급된 정상적인, 혹은 표준적인 지각자는 일상적인 지각자를 이상화한 것이다. 하지만 도덕적 속성에 대한 이상적 관찰자 이론에서의 이상적 관찰자는 일상적으로 도덕적인 판단을 내리는 사람을 이상화한 것이 아니다. 이렇게 말하는 이유는 일상인들이 도덕적 추론을 할 때 도덕 원리에 대한 호소를 매우 중요하게 생각함에 반해, 이상적 관찰자는 도덕 원리에 호소할 이유가 없기 때문이다. 이는 마치 색을 지각하기 위해 색의 지각자가 스펙트럼 이론에 호소하거나, 음악 애호가가 화음의 원리로부터 첫 악장에 대한 감상을 연역할 필요가 없는 것과 다를 바 없는 것이다. 이상적 관찰자는 모든 것을 마음 속에 갖추고 반응한다. 그런데 이는 도덕적 결론에 도달하는 방식에 관한 우리의 일상적인 생각과는 매우 다르다. 색 지각이나 음악 감상에서 원리들이 역할을 하지 못하는 것과는 달리, 도덕에서는 원리들이 일정한 역할을 한다. 우리가 일상적으로 생각하듯이 도덕 판단에는 원리가 관여하는 것이다.

그런데 당신이 기억하는 바와 같이, 흄은 소위 도덕 원리들이 사실상 사회적 효용에 관한 일반화라고 말한다. 만약 흄이 옳다면,

이상적 관찰자는 결국 도덕 원리들을 활용하게 될 것이다. 이렇게 말하는 이유는 우리가 생각하기에 이상적 관찰자는 사실에 호소하기 때문이다. 하지만 우리는 흄의 답변이 도덕에서 원리에 호소하는 모든 경우를 망라하고 있는가를 좀더 신중하게 고찰해 볼 필요가 있다.

흄의 답변이 유용한 경우가 있다는 것은 분명하다. 도덕 원리들 중에는 사실들에 관한 일반적인 믿음을 표명하고 있는 것에 지나지 않는 것도 있다. 보수주의 및 자유주의와 결부된 정치 원리들은 대개 사실에 관한 상이한 관점을 나타내고 있다. 가령 '공황기에 대기업이 막대한 이익을 얻기 위해 가격 상승을 통해 시대적 상황을 이용하는 것은 잘못이다'라는 원리를 고찰해 보자. 당신이 이러한 원리를 받아들일지는 비교적 자유로운 시장 경제 및 비교적 계획적인 경제가 초래할 수 있는 장기적인 결과에 대한 당신의 경제적 믿음에 따라 달라진다.

하지만 이와 같은 패턴으로는 설명할 수 없는, 원리와 관련된 다른 쟁점들이 있다. 가령 낙태에 관한 논의, 혹은 사람들이 채식주의자가 되어야 하는가에 관한 논의들을 고찰해 보자. 이와 같은 논의들에는 일반 원리에 대한 서로 다른 방식의 호소가 포함되고 있다. 이들 논의에서는 원리에 대한 호소가 핵심이 된다. 어떠한 사람이라도 '유아살해를 정당화하지 않으면서 어떻게 낙태를 정당화할 수 있는가?' 혹은 '돼지를 먹되 아기를 먹지 않는 것을 어떻게 정당화할 수 있는가?' 등이 의미가 있는 질문이라는 것을 이해할 수 있다. 사람들은 우리에게 '이러한 경우를 구별짓는 것은 어떠한 원리인가?'라는 질문을 한다. 그리고 이는 합당한 질문인 것처럼 보인다. 각각의 경우들에 도덕적인 차이가 있다고 믿고 싶다면, 우리는 이와 같은 질문에 답하지 않으면 안 된다고 생각한다.

우리는 어떤 원리에 호소하여 도덕 판단을 옹호해야 한다고 생각한다. 이때의 원리란 유사한 경우들을 분별하게 하며, 이러한 원리에 근거하여 우리는 상이한 판단을 내리게 된다. 도덕에는 우리가 이와 같이 가정하게 하는 무엇인가가 있다. 이는 도덕과 미학의 중요한 차이점이다. 이렇게 말하는 이유는 미학에서는 좋고 나쁨을 구분할 미학적 원리들을 찾을 필요 없이, 단순히 어떤 멜로디가 좋고, 또 다른 멜로디는 진부하다고 말할 수 있기 때문이다.

이는 앞서 언급한 논점과도 연결되어 있다. 엄밀하게 말하자면 이모티비즘과 이상적 관찰자 이론은 도덕 이론들이 아니다. 언뜻 보기에 이들은 미학적 속성에 관한 이론들처럼 보일 수 있다. 실제로 두 이론들은 도덕보다 미학에 더 어울리는 것처럼 보인다. 이렇게 말하는 이유는 미학적 판단이 원리에 의거한 결정의 문제이기 보다는, 감상의 문제에 가깝기 때문이다.

하지만 이와 같은 주장이 도덕의 영역에서 이상적 관찰자 이론이 사용될 수 없다는 것을 의미하는 것은 아니다. 이상적 관찰자 이론은 이상적 관찰자가 도덕 원리를 사용하는지의 여부가 그다지 중요하지 않다고 말할 수 있다. 이는 상당히 적절한 지적이라 할 수 있다. 이상적 관찰자는 도덕적 결정에 이르는 어떤 사람을 이상화한 것이 아니다. '우리가 내리는 판단들간의 관계'와 '이상적 관찰자의 반응'은 다르다. 이상적 관찰자 이론에 요구되는 것은 우리가 원리에 호소하는 것에 대한 설명이다. 이상적 관찰자가 원리에 호소해야 하는 이론적인 이유는 없다.

이상적 관찰자 이론에 따르자면, 가령 낙태와 유아 살해를 구분하는 것이 어떠한 원리인가를 물어볼 때, 우리는 사실상 이상적 관찰자가 채택하는 원리에 대해서 물어보고 있는 것이 아니라, 이상적 관찰자의 반응에 대해서 물어보고 있는 것이다. 다시 말해 우리는 두 경우에서 이상적 관찰자가 상이하게 반응할 것이라고 생각하는 이유가 무엇인가를 묻고 있는 것이다.

낙태는 도덕적으로 문제가 없지만, 유아살해는 그렇지 않다고 판단하는 사람이 있다고 가정하자. 이때 그가 공평무사하지 않고, 어느 정도 편견이 있기 때문에 그와 같은 판정을 내릴 수가 있다. 그에게는 우리를 더 닮은 듯한 유아가 필요로 하는 바는 고려하려 하지만, 태아가 필요로 하는 바는 무시하려는 경향이 있을 수 있다. 이와 유사하게, 인종차별주의자의 도덕 판단은 자신이 속한 인종을 우선시하는 편견을 반영할 것이다. 그리고 종(種)차별주의자(speciecist)[2]들은 자신들이 속해 있는 종에 대한 편향성을 가지고 있다. 이러한 종차별주의의 편견은 돼지를 먹는 것은 도덕적으로 문제될 것이 없지만, 아이를 먹는 것은 문제가 된다고 생각하는 우리의 경향을 설명해 줄 수 있다.

그런데 이상적 관찰자는 공평무사하다고 상정된다. 그는 한 인종을 선호하는 편견을 갖지 않을 것이며, 같은 성에 대해서, 같은 종에 대해서, 태아보다는 유아에 대해서 편향성을 갖지 않을 것이다. 이상적 관찰자 이론에 따르면, 만약 우리가 이상적 관찰자에게 낙태는 정당화하지만 유아 살해는 정당화하지 않는 원리에 대해 질문을 한다면, 우리는 사실상 공평무사한 관찰자에게 낙태와 유아 살해 중 하나를 옹호하지만 나른 것을 옹호하지 않게 하는 것이 무

---

2) [역주] 종(種)차별주의란 자기가 소속되어 있는 종의 이익을 옹호하고 다른 종의 이익을 배척하는 편견 또는 왜곡된 태도를 말한다. 이는 흔히 동물에 대한 인간의 우월성을 당연시하는 편견을 지칭한다.

엇인가를 물어보고 있는 것이다. 이와 같은 방식으로 우리는 (단, 이렇게 설명할 경우 우리는 앞에서의 유비, 즉 도덕적 속성에 대한 이상적 관찰자 이론과 색 속성에 대한 자연스런 설명 간의 유비 중 최소한 일부를 포기해야 한다) 이상적 관찰자 이론의 범위 내에서 도덕적 추론이 도덕 원리에 대한 호소를 주요 내용으로 삼고 있다는 사실을 설명할 수 있을 것이다.[3]

6. 하나의 교훈

이모티비즘은 전적으로 평범한 이론이 아니다. 이러한 이론에는 한 가지 장점이 있다. 무엇인가를 좋은 것, 행해야 할 옳은 것, 마땅히 행해야 할 것 등으로 생각하는 것은 무엇인가를 선호하는 방식들이다. 그리고 무엇인가가 나쁜 것, 행하는 것이 그른 것, 마땅히 해서는 안 되는 것 등이라고 생각하는 것은 무엇인가를 반대하는 방식이다. 이는 단지 규정의 문제가 아니다. 이와 같은 생각은 도덕적 믿음들과 도덕 판단들에 관한 어떤 중요한 점을 반영하고 있다. 최소한 우리는 무엇인가를 좋다고 생각하는 것이 무엇인가에 **반대하는** 방식이라고 규정할 수는 없는 것이다.

---

3) [역주] 여기에서 저자는 이상적 관찰자 이론이 우리의 일상적인 도덕 판단, 즉 궁극적으로 도덕 원리에 호소하는 우리의 도덕 판단을 어떻게 설명할 수 있을 것인가를 묻고, 이에 대한 이상적 관찰자의 대응 방식을 설명하고 있다. 간단히 말하자면, 이상적 관찰자 이론에서는 도덕 원리에 대한 질문을 공평무사한 관찰자의 반응에 대한 질문으로 파악하면서 우리의 일상적인 도덕 판단을 설명할 수 있다는 것이다.

이상적 관찰자 이론 또한 전적으로 평범한 이론이 아니긴 마찬가지다. 이와 같은 이론은 도덕적 믿음이 공평무사성에 대한 주장을 포함하고 있다는 논점을 적절히 드러낸다. 그러한 논점은 도덕판단이 '보편화 가능한' — 만약 당신이 X가 잘못이라고 믿는다면, 당신은 어떠한 사람이 관여하고 있건, 그들이 어떻게 관여하고 있건, X와 같은 모든 것이 잘못이라고 믿어야 한다 — 것이라는 말로 정식화되기도 한다. (가령 당신이 당신과 다른 누군가가 관여하고 있는 주어진 상황이 잘못이라고 생각한다면, 설령 입장이 바뀐다고 해도, 당신은 동일한 상황을 잘못이라고 생각해야 한다.)

두 가지 논점을 결합시킬 경우, 우리는 어떤 종류의 공평무사한 동기를 갖는 한에서 도덕적 믿음들을 갖는다고 말할 수 있을 것이다. 먼저 당신이 무엇인가를 선호한다면, 당신은 그 정도만큼 그것이 이루어지도록 노력할 동기를 갖는다. 다음으로 '무엇인가를 도덕적으로 선호한다'는 것은 '그것을 공평무사한 방식으로 선호한다'는 것이다. 이와 같은 논점을 결합하면 방금 앞에서 언급한 것처럼 공평무사한 동기를 갖는 한에서 도덕적 믿음을 갖는다고 말할 수 있게 된다. 다음 장에서 우리는 그와 같은 공평무사한 동기 부여의 원천이 무엇인가를 고찰하게 될 것이다.

더 읽을거리

이상적 관찰자 이론은 Roderick Firth가 "Ethical Absolutism and the Ideal Observer," *Philosophy and Phenomenological Reserch*, Vol. 12 (1952)에서 옹호하고 있다.

Richard B. Brandt는 *Ethical Theory*(Englewood Cliffs., N.J.: Prentice-Hall, 1959), 7-11장에서 이상적 관찰자 이론을 다른 입장과의 관계 속에서 논의하고 있다.

Jean Piaget는 자신의 책 *The Moral Judgement of the Child*(Marjorie Gabain trans., London: Kegan Paul, 1932)에서 도덕 발달 단계를 서술하고 있다.

제 3 부
도덕법

제 5 장

사회와 초자아

1. 도덕 규칙(moral rules)

우리가 일상적으로 생각하는 도덕은 수많은 금기와 요구들을 포함하고 있다. 가령 여기에는 '거짓말을 해서는 안 된다', '약속을 어겨서는 안 된다', '살인해서는 안 된다', '곤궁에 처한 사람들을 도와야 한다', '다른 사람들을 존중해야 한다', '도움을 준 사람들, 특히 부모에게 감사해야 한다', '친구에게 우의를 지켜야 한다', '신의를 저버려서는 안 된다' 등이 포함된다.

이러한 규칙들(rule)은 일종의 도덕법(moral law)[1]을 이루고 있는데, 이로 인해 도덕적 추론은 법적인(legal) 추론과 매우 유사한

---

1) [역주] 도덕적 행위의 규준이 되는 법칙. 노닉률이라고도 한다.

양상을 나타낸다.[2] 예컨대 살해는 금지되어 있다. 어쨌거나 사람을 살해하는 것은 금지되어 있는 것이다. 그런데 사람을 살해하는 것이 모두 옳지 못한 것은 아니다. 가령 자기 방어를 위해 사람의 목숨을 빼앗는다는 것은 도덕법을 어기는 것이 아니다. 그리고 여러 사람을 구하기 위해 어떤 사람의 목숨을 빼앗는 경우도 도덕법을 어기는 것이 아니다. 다음은 철학자들이 논의의 대상으로 삼고 있는 한 가지 사례이다.

당신이 활차를 몰고 가고 있는데 브레이크가 고장난다. 앞에는 5명의 사람들이 등을 돌린 채 선로에서 일을 하고 있다. 다행스럽게도 당신이 즉각적으로 행동을 취할 경우 다른 선로로 옮겨갈 수 있다. 그런데 불행하게도 그 선로에도 등을 돌린 채 어떤 사람이 서 있다. 만약 당신이 옆 선로로 활차의 방향을 바꾼다면, 당신은 한 사람의 목숨을 앗아가게 될 것이다. 만약 당신이 선로를 바꾸지 않는다면, 당신은 5명의 목숨을 앗아가게 될 것이다.

이와 같은 경우에 도덕법은 당신에게 활차를 옆 선로로 이동시켜서 1명을 죽이는 것(5명을 죽이기보다는)을 허용할 것이다.

이를 앞서 논의했던 사례, 즉 어떤 의사가 5명의 환자를 구하기 위해 장기를 잘라내어 건강한 환자의 목숨을 빼앗는 사례와 비교해 보자. 그와 같은 행동은 도덕적으로 옳지 못한 것처럼 보인다. 이에 반해 옆 선로에 있는 일꾼들에게 돌진하는 것은 잘못된 것으로 생각되지 않는다. 의사의 행동이 분명하게 잘못되었다고 생각되

---

2) [역주] 여기서 하만이 염두에 두고 있는 것은 마치 법적인 추론에서 원칙을 토대로 다양한 상황에서 다양한 판결을 내리는 것과 마찬가지로, 도덕적 추론 또한 유사한 형식을 취한다는 것이다.

는 것과는 달리, 적어도 이러한 사례에서의 행동은 명백하게 잘못된 것으로 생각되지 않는 것이다.

이러한 경우, 그리고 이와 유사한 경우를 고찰해 보면서 우리는 직관적인 판단들을 뒷받침해 줄 수 있는 차이점을 발견하려고 노력하는 자신을 발견하게 된다. 이를 발견하려는 과정 속에서 우리는 변호사 내지 판사처럼 추론해 나간다. 가령 이러한 두 경우간의 차이를 설명하려는 과정에서 우리는 '이중 효과'(Double Effect)의 원리3)라고 불리는 바를 받아들이는 데에 이르게 될 것이다. 이러한 원리에 따르면 당신이 목표로 삼은 것(당신의 목표 중의 하나이건, 혹은 당신이 목표로 삼고 있는 여러 가지 중의 하나를 이루기 위한 수단이건)과 당신이 행동의 결과로 일어날 바를 단순히 예측하는 것 사이에는 중요한 차이가 있다. 가령 누군가의 상해로 이어지게 될 것임을 알고 있는 무엇인가를 목표로 삼는 것과 비교해 볼 때, 누군가에게 상해를 가하려는 목표(그것이 목적이건 수단이건)를 갖는다는 것은 훨씬 나쁜 것이다. 물론 누군가에게 상해를 야기할 수 있는 무엇인가를 행한다는 것이 나쁜 일임에 분명하다. 하지만 이 중 효과의 원리에 따르면, 그와 같은 상해 자체를 목표로 한다는 것은 훨씬 나쁜 일이다. 이제 이러한 원리를 토대로 하여 다시 한 번 위의 사례를 검토해 보도록 하자. 활차의 운전자는 옆 선로 상에 있는 일꾼들을 해치려는 의도를 갖지 않았다. 설령 일꾼이 옆으로 도약하여 목숨을 보전하였다고 하더라도, 그로 인해 활차 운전자가 목표한 바를 이루지 못하게 된 것은 아니다. 그리고 일꾼이

---

3) [역주] 어떤 행위를 통해 좋은 결과를 초래하려고 했음에도 불가피하게 좋은 결과와 더불어 부수적으로 나쁜 결과가 초래된 경우, 그와 같은 행위가 도덕적으로 허용된다는 원리.

다쳤다면 그것은 활차 운전자가 행한 바의 **부수적인 효과**(side effect)이다. 이때 일꾼을 다치게 한 것은 다른 일꾼들을 구하기 위한 운전자의 **수단**(means)의 일부가 아닌 것이다. 하지만 의사의 경우를 살펴보자. 비록 5명의 다른 환자들을 구하기 위해서이지만, 그는 장기를 잘라냄으로써 건강한 환자를 해치고자 하는 목표를 가지고 있다. 만약 건강한 환자가 도망가려 한다면, 그것은 의사의 계획에 차질을 가져올 것이다. 이 환자의 장기를 잘라내는 것은 다른 환자를 구하기 위한 의사의 수단이다. 이는 단순히 의사가 행한 바의 부수적인 효과가 아닌 것이다. 따라서 이중 효과의 원리에 입각해서 생각해 볼 때, 설령 두 경우 모두 5명이 살았고 1명이 목숨을 잃었다고 하더라도, 활차 운전자가 옆 선로에 있는 일꾼을 향해 돌진하는 것보다 다른 환자들을 구하기 위해 1명의 환자를 희생시키는 것이 훨씬 나쁜 것이다.

우리의 도덕이 이중 효과의 원리와 같은 원리들을 포함하고 있다는 증거는 바로 그와 같은 원리들 중 일부가 우리의 직관적인 도덕 판단을 설명하기 위해 필요하다는 사실을 보여주고 있다. 물론 우리의 도덕이 사실상 다른 원리가 아니라 이러한 원리를 포함하는지의 여부는 이상에서와 같은 간단한 논의를 통해 확실하게 할 수 없다. 그럼에도 앞에서의 논의는 우리의 도덕 체계가 복잡하다는 것을 보여주는 데에 적절하다고 하지 않을 수 없다. 도덕적 추론에는 법률의 특징이라고 할 수 있는 미세한 구분이 포함되어 있다. 따라서 만약 도덕이 환상이 아니라면 도덕법, 또는 그와 유사한 무엇인가가 있어야 할 것임에 틀림없다.

이러한 생각, 즉 도덕법과 유사한 것이 있다는 생각은 우리의 언어 사용에 반영되어 있다. 가령 우리는 도덕적 의무, 도덕적 책임,

도덕적 권리, 도덕적 변호 등을 이야기한다. 그리고 이러한 개념들
— 책임, 권리, 의무, 그리고 변호 — 은 일종의 법과의 관계에서만
의미를 획득할 수 있다. 가령 이들은 미학적 판단이나 타산적 판단
에서는 적용되는 바가 없다. 미학적인 혹은 타산적인 책임, 의무,
혹은 권리는 존재하지 않는다. (간혹 주어진 일을 하는 것을 '자신
에 대한 의무'이라고 말하긴 하지만, 이는 단지 비유적인 표현일 따
름이다.)

  이상에서의 논점은 '해야 한다'(ought), '하지 않으면 안 된다'
(must), 그리고 '해도 좋다'(may)라는 단어들에도 마찬가지로 적용
할 수 있다. 물론 이러한 단어들이 도덕과 무관한 용법을 가지고
있긴 하다. 하지만 각각은 특별하게 도덕적인 의미에서 사용되기도
한다. 그리고 바로 그와 같은 도덕적인 의미에서 가령 '당신이 무엇
인가를 해야 한다'고 말하는 것은, '그것을 행해야 할 도덕적 책임
혹은 의무가 있다'고 말하는 것과 마찬가지로 파악되는 것이다. 책
임과 의무에 관한 판단들은 어떤 형태의 법과 관련해서만 의미를
갖는다. 때문에 도덕적 'ought' 판단 또한 오직 어떤 유형의 도덕법
과의 관계에서만 의미를 갖게 된다.

  그런데 ought, must, may와 같은 단어가 분류상 애매하기 때문
에 논점이 희미해질 수 있다. 이러한 단어들 각각은 최소한 네 가
지 의미를 갖는다. 가령 '기차가 지금쯤 이곳에 도착해 있지 않으면
안 된다'고 말할 때의 기대의 'ought'가 있다. 또한 이 세상에 더 많
은 사랑이 있으면 더 좋을 것이라는 의미로 '이 세상에 더 많은 사
랑이 있어야 한다'고 말할 때의 가치 평가의 'ought'가 있다. 여기에
는 누군가가 세상에 더 많은 사랑을 도모해야 할 의무를 갖는다는
의미가 포함되어 있지 않다. 다음으로 '도둑은 장갑을 끼어야 한다'

고 말할 때, 그가 그렇게 해야 할 이유가 있다는 의미의 이유의 'ought'가 있다. 마지막으로 '도둑이 훔쳐서는 안 된다'고 말할 때의 도덕적 'ought'가 있다. 이러한 'ought'는 도덕적 이유를 나타내기 위해 비교적 제한적으로 사용된다는 점을 제외하고는 이유의 'ought'와 다를 바가 없다. 필자는 이러한 이유들이 도덕법과 같은 무엇으로부터 도출되어야 함을 시사한 바가 있다. ('ought'의 여러 의미에 대해서는 7장에서 더욱 상세하게 논하도록 하겠다.)

2. 도덕적 제재

이제 우리는 제재가 있다는 것이 곧 법이 있다는 징표가 됨을 알게 되었다. 그렇다면 누가 도덕법을 집행하는 것일까? 사회인가? 사회적 압력이 제재인가? 이러한 생각(한편으로는 이는 그럴듯한데)이 가지고 있는 난점은 사회 구성원들이 일반적으로 수용하는 원리들만을 사회가 강제할 수 있다는 점이다. 또한 우리는 도덕이 명하는 바와 사회가 명하는 바가 항상 동일한 것은 아니라는 점에 의견을 같이한다. 이렇게 보았을 때, 도덕법이 사회가 사회적 압력을 통해 강제하는 법과 동일할 수는 없는 것이다.

하지만 사회가 도덕법을 강제한다는 생각이 옳을 수도 있다. 이렇게 말하는 이유는 도덕이 어떠한 방식으로 습득되는가를 고찰해 보면 파악할 수 있다. 처음에는 'X가 잘못이다' 혹은 'X가 나쁘다'가 '아빠 엄마가 내가 X를 하는 것을 원하지 않아'와 동일한 것을 의미한다. 아이는 부모를 전지 전능하다고 생각하며, 그들의 사랑은 아이에게 매우 중요하다. 아이는 부모를 만족시켜 그들이 자신을 사랑하고 벌주지 않게 하기 위해 노력한다. 하지만 아이가 부모가 원하는 바를 언제나 확실하게 아는 것은 아니다. 아이에게는 부모의 욕구를 예측할 수 있는 방법이 필요하다. 그리하여 그는 자신의 상상력을 동원한다. 그는 자신이 행하는 다양한 것들에 부모들이 어떻게 반응할 것인가를 상상해 보려 노력한다. 그는 자신이 부모라면 어떻게 반응할 것인가를 파악하기 위해 부모의 입장에 서 보려 한다. 이와 같은 방식으로 그는 자신이 부모인 척하기에 이르며, 이러한 상상 속의 부모를 만족시키기 위해 행동하려 하게 된다. 이처럼 아이는 프로이트의 용어를 사용하자면, '초자아' 또는 '이상적-자아'를 개발하는 것이다. 그는 특정한 도덕적인 요구를 내면화한다. 물론 이들이 부모가 아이에게 부과하는 요구와 반드시 동일하지는 않다. 그 이유는 초자아가 수정된 이상화된 부모이기 때문이며, 그것이 아이의 실제 부모보다 엄격할 수도, 또한 관대할 수도 있기 때문이다.

그러나 우리가 여기서 굳이 정신분석학 이론을 끌어들일 필요는 없다. 세부적인 정신분석학적인 내용들이 무엇이건, 여기서 검토하고 있는 심리적 메커니즘은 특별히 이해하기 어려운 것이 아니다. 가령 이는 한 운동 선수가 가상의 코치를 내면화할 때에도 관찰된다. 운동 선수는 마치 코치가 그러하듯이, 더 열심히, 더 훌륭하게 경기에 임하라고 한편으로는 자신을 격려하고, 다른 한편으로는 자신의 잘못과 실수에 대해 자신을 벌하면서 타이를 수 있다. 즉 그는 마치 자신이 코치인 듯이 행동하는 것이다. 그가 그렇게 하는 이유는 경기를 더 잘하고, 더 빈틈없이 경기에 임하기 위해서이며, 흔히 그는 실제 코치보다 자신을 더 가혹하게 대한다.

동일한 방식으로 아이는 도덕 원리들을 내면화하게 된다. 일단 초자아를 형성하고 나면, 아이는 다음으로 초자아의 사랑을 받고자 하며, 초자아의 벌을 회피하고자 한다. 그리하여 결국 'X가 잘못이다'가 'X는 나의 초자아의 명령과 양립할 수 없다'와 동일한 것을 의미하게 되는 것이다. 여기서 아이가 자신의 초자아임은 물론이다. 아이는 자신이 부모의 역할을 몸에 익히는 정도만큼 자신의 초자아이기도 하다. 아이는 도덕적으로 행동하려 하면서 자신의 사랑과 존중을 받으려고 한다. 이는 아이가 성장하여 성인이 되고 나서도 지속된다. 도덕적으로 행위하는 경우, 사실상 성인은 가상적인 부모 역할을 하는 자신의 일부로부터 사랑과 존경을 받기 위해 행동하려 하는 것이다.

이렇게 보았을 때 도덕은 사회에서 그 원천을 찾을 수 있다. 첫 번째 사례에서 부모를 통해 내면화되는 사회는 아이에게 사회적인 도덕법을 강제한다. 아이들은 이상화된 부모의 이미지 속에 초자아를 형성함으로써 이러한 도덕법을 내면화한다. 이와 같은 사실은 도덕법의 복잡한 세부적 내용들이 역사적으로, 어쩌면 사회 기능의 견지에서 설명되어야 할지도 모른다는 것을 시사하고 있다. 사회는 일반적으로 사람들이 진실을 말하고, 약속을 지키며, 도둑질을 하지 않고, 서로를 죽이지 않는 등의 행동을 할 때 그 기능을 더욱 잘 발휘한다. 이렇게 본다면, 도덕법의 요구들이 결코 협소한 의미에서의 이성 자체의 요구일 필요는 없는 것이다. 적어도 사회가 존속되려면 특정한 도덕적 요구들이 필요할 것이며, 어떤 의미에서 그러한 요구들이 도덕에 필요할 것이다. 그럼에도 개인의 관점에서 본다면, 도덕에 대한 선험적인 무엇이 있을 하등의 이유가 없다.

이렇게 말한다고 해서 사회가 부과하는 법과 도덕법이 완전히 동일하다는 것은 아니다. 앞서 우리는 양자가 같다는 생각이 '대부분의 사회 성원들이 옳다고 믿고, 그리하여 강제하는 바'와 '옳은 것'이 대립될 수 있다는 명백한 사실과 모순된다는 점을 비판한 바 있다. 그럼에도 이제 우리는 그와 같은 생각이 옳을 수 있음을 인정해야 할 입장에 놓여 있다. 개인들의 도덕이 모든 측면에서 사회가 강제하는 법과 동일하지는 않다. 그럼에도 개인들의 도덕은 그러한 법으로부터 이끌어낼 수 있다. 당신의 초자아는 당신 부모의 이상화된 모습이다. 그들은 첫 번째 사례에서 사회의 요구를 당신에게 전달한 사람들이다. 물론 당신 부모의 요구가 다른 부모가 자식에게 요구하는 바와 정확하게 일치할 필요는 없다. 한 걸음 나아가 당신이 가지고 있는 부모의 이상화된 모습은 여러 측면에서 실제 부모와 다를 수도 있다.

한편 어떤 사람은 자신의 가상적인 부모를 신과 동일시할 수도 있고 그렇게 하지 않을 수도 있다. 만약 그가 그렇게 한다면 그의 도덕은 신법(神法) 도덕의 모습을 하게 될 것이다. 이는 신이 존재하지 않을 경우 도덕이 허구에 의존하게 된다는 문제점을 갖는 것처럼 보인다. 하지만 비종교적인 성인(成人)은 그보다 훨씬 불리한 입장에 처해 있게 될 것처럼 보인다. 그의 도덕은 신이 존재하는지의 여부와 무관하게 허구에 의존하고 있게 되는데, 이렇게 말하는 이유는 그의 도덕이 가상적인 부모의 허구적인 명령에 의존하고 있기 때문이다.

3. 도덕을 평가할 수 있는가?

초자아의 발달로 이어지는 심리학적 메커니즘이 사회적으로 유용하다는 주장은 아마도 사실일 것이다. 이렇게 말하는 이유는 도덕이 사회적으로 유용하며, 초자아의 발달로 사람들이 도덕적으로 행동하게 되기 때문이다. 이렇게 보았을 때 초자아는 사회적으로 유용한 허구라 할 수 있다. 그럼에도 이는 여전히 허구—허위—이다. 이 점이 중요하다. 즉 도덕은 허위와 허구에 의존하고 있는 것이다. 그리고 도덕이 사회석으로 유용하다는 주상은 도덕 및 도덕이 의거하고 있는 허구를 옹호하는 논변이라고 말할 수가 없다. 만약 그와 같은 도덕적 관점을 취한다면, 우리는 사회적으로 유용한 것이라면 어떤 것이건 그대로 보존해야 할 이유를 갖게 될 것이다. 하지만 그와 같은 방식으로 초자아를 옹호한다는 것은 순환 추론이다. 이는 도덕을 유지할 도덕적인 이유를 갖는다고 말하는 것 그 이상도 그 이하도 아니다. 이와 같은 도덕적 이유는 허구에 의존하고 있기 때문에 도덕적 이유 또한 단순히 허구적인 이유에 불과하다.

하지만 당신이 개발한 이상화된 부모인 체하는 습관(이는 당신이 매우 어렸을 때의 부모의 사랑에 대한 갈망에 의거하고 있는데)은 여러 이유로 인해 바꾸거나 제거하기가 쉽지 않다. 초자아를 버리는 손쉬운 방법은 존재하지 않으며, 이에 따라 도덕을 포기하는 손쉬운 방법 또한 존재하지 않는다. 가령 도덕이 엄청난 허위라는 심리학적·철학적 고찰이 이루어지고 난 후에도 도덕을 버리기로 결정하는 것은 쉽지 않은 일이다. 초자아는 쉽사리 사라지지 않을 것이다. 이는 당신의 인성 구조에 깊이 간직된 행동 습관이다. 이는 당신을 당신 부모와 동일시하게 함으로써 심층적인 심리적 요구를 충족시킨다. 이는 심리적 억압 기제를 통해 방어되는 습관으로, 이로 인해 우리는 이와 맞붙어 싸우기가 극히 어렵게 되는 것이다.

그럼에도 최소한 '도덕적인 것이 합리적인가'라는 질문은 제기할 수 있어야 하는 것처럼 보인다. 달리 말하자면, 당신이 초자아의 명령을 따르도록 내버려두는 것이 합리적인가라는 질문을 제기할 수 있어야 하는 것처럼 보인다는 것이다. 물론 초자아의 힘을 감안한다면, 그 명령을 따른다는 것은 합리적이라 할 수 있다. 그렇지 않으면 초자아는 강렬한 죄책감으로 당신을 벌할 것이며, 그리하여 거기에 따르지 않을 경우 당신은 불행해질 것이다. 그럼에도 가령 철저한 정신 분석을 통해 초자아를 포기할 수 있다면 더욱 나아질 것인가를 물어볼 수 있어야 하는 것처럼 보인다.

하지만 그와 같은 물음이 의미 있는 물음인지는 그다지 확실하지 않다. 당신의 판단 기준들은 당신의 초자아로부터 도출된 것이다. 따라서, 만약 그러한 기준들 사이에 내적인 대립이 없다면, 당신이 초자아를 형성하여 보유하는 것이 바람직하다는 데에 동의해야 할 것처럼 보인다.

여기서 당신을 불편하게 하는 것은 만약 당신이 다른 사회에 소속되어 있었다면 당신이 그 사회에서 다른 도덕적 기준들을 내재화했을 지도 모른다는 점이다. 그리하여 만약 **그와 같은** 기준들에 따라 행동하는 것이 합리적인가를 물어보는 데에까지 이르게 될 경우, 당신은 바로 그와 같은 기준들에 근거를 두고 그에 대한 답변을 찾아야 할 것이다. 그리고 또다시, 기준들 자체에 내적인 갈등이 없다면, **그와 같은** 기준들을 내면화하여 유지하는 것이 바람직하다는 데에 동의해야 할 것처럼 보인다.

그런데 이상에서와 같은 방식으로 당신이 내면화한 것과는 다른 도덕적 기준을 내면화한 다른 누군가가 자신의 기준에 따라 행동한다고 가정해 보자. 이때 설령 그의 행동이 당신의 기준에 의거해서 파악한다면 잘못이라 해도, 우리는 그가 불합리하게 행동했다고 말할 수 없다. 왜냐하면 그는 자신의 기준에 따라, 잘못 행동한 것은 자신이 아니라 당신이라고 판단할 것이기 때문이다. 또한 그 누가 둘 중에서 옳은 사람이 누구라고 말할 수 있을 것인가? 이렇게 본다면 당신은 초자아를 형성할 때 합리성(rationality) 지체만으로 결정되지 않는 원리들을 내면화하게 되는 것처럼 보인다. 이렇게 말하는 이유는 동일하게 합리적인, 또 다른 사회의 누군가가 당신과는 다른 원리들을 내면화할 수 있기 때문이다.[4]

이 점은 당신이 내면화한 도덕 원리에 대해 또 다른 종류의 판단에 도달할 수도 있음을 시사한다. 가령 당신은 그와 같은 원리들이 모든 이성적 존재자가 받아들일 보편적인 원리를 얼마만큼 포함하고 있는가를 발견하길 원할 수 있을 것이며, 당신의 도덕이 오직 합리성에 의해서만 요구되는 바를 넘어서는 원리들을 얼마나 포함하고 있는가를 발견하길 원할 수도 있을 것이다.

여기서 당신이 도덕을 습득할 때 두 가지를 습득한다는 사실이 드러날 수 있다. 첫째, 당신은 자신이 속해 있는 사회의 관습을 습득한다. 둘째, 당신은 어떤 보편적인 합리성의 원리를 습득하며, 그들 중에는 (다른 조건이 동일하다고 할 때) 당신이 지역 집단의 규약을 고수해야 한다는 원리가 포함될 것이다. 이 경우, 한 집단과 다른 집단의 관습의 차이 자체가 근본적인 도덕 원리의 차이가 존재한다는 징표가 되지는 않을 것이다. 그 대신 실천적 합리성의 원

---

4) [역주] 이러한 주장은 그가 윤리적 상대주의를 옹호하고 있음을 암시하고 있다.

리들로 구성된 보편적인 도덕이 존재할 수 있을 것이다. 만약 이것이 사실일 경우, 어떤 중요한 의미에서 도덕적 상대주의는 거짓이 될 수 있다.

다음 장에서 우리는 도덕이 실천적 합리성과 동일시될 수 있다는 이와 같은 생각을 검토하게 될 것이다.

한편 실천적 합리성의 제약이 보편적 도덕을 산출하기에 충분하지 않을 수 있을 것이다. 이 경우 여러 가능성이 제기될 수 있다. '한 가지 가능성은 당신이 자신의 원리로 받아들이는 개인적인 도덕 원리를 개발하는 것(다른 사람들이 무엇을 자신들의 원리로 받아들이는가와 상관없이)이 곧 도덕을 습득하는 것이라는 것이다. 그와 같은 경우, 설령 당신이 받아들인 원리들이 사회에 유래를 두고 있다고 해도(교육으로 인해), 그것은 원리들의 내용에 관한 사실이기보다는 기원에 관한 사실일 따름이다. 당신의 원리들— 비록 당신의 사회 환경이나 양육 방식을 어느 정도 반영하고 있다고 하더라도 — 은 당신의 좋아함과 싫어함이 당신 자신의 것이라는 것과 동일한 의미에서 당신의 것이다. 우리는 도덕 원리들이 개인적인 원리들이라는 이와 같은 생각을 7장에서 검토하게 될 것이다.

또 다른 가능성은 당신이 한 집단에서 수용되는 원리로서의 기본적인 도덕 원리들을 받아들이게 되는 것이며, 상이한 집단들이 상이한 원리들을 수용할 것이라는 것이다. 이는 사회적 형태의 도덕적 상대주의를 나타내게 될 것이다. 이 경우 도덕이 사회에 유래를 두고 있다는 사실은 바로 도덕 원리의 내용에 반영되게 될 것이다. 우리는 도덕 원리들이 특정 집단 구성원들에 의해 받아들여지는 원리라는 이와 같은 생각을 8장과 9장에서 검토해 볼 것이다.

더 읽을거리

의무는 A. I. Melden, *Essays in Moral Philosophy*(Seattle, Wash.: University of Washington Press, 1958)에 수록된 H. L. A. Hart의 "Legal and Moral Obligation"에서 논의되고 있다.

Philippa Foot는 이중 효과 원리를 "Abortion and the Doctrine of Double Effect," in James Rachels(ed.), *Moral Problems*(New York: Harper & Row, 1971)에서 논의하고 있다.

도덕적 'ought'가 어떠한 법을 전제하고 있는 방식은 G. E. M. Anscombe, "Modern Moral Philosophy," *Philosophy*, Vol. 33(1958)에 서술되어 있다.

도덕과 초자아에 대한 Sigmund Freud의 견해는 *Civilizations and Its Discontents*(New York: Norton, 1962)에서 살펴볼 수 있다.

제 6 장

이성의 법칙들

1. 도덕적 동기부여의 원천

　일상적으로 도덕적인 사유를 할 때, 우리는 사람들이 어떤 도덕 원리들을 알고 있으며, 그러한 원리들에 따라 무엇을 해야 하는가를 알 수 있다고 생각한다. 물론 사람들이 도덕적으로 무엇을 해야 할 것인가를 언제나 알고 있다고 우리가 생각하는 것은 아니다. 하지만 우리는 그들이 도덕적으로 무엇을 해야 할 것인가를 알 수 있는 경우가 분명 있다고 생각한다. 다음으로 우리는 가령 A 자신이 알 수 없었던 무엇인가를 했는데, 그것이 잘못이라고 해서 그를 도덕적으로 비난하지는 않는다. 때문에 가령 A가 당신이 도움을 구하고 있다는 것을 알 수 있는 방법이 없었음에도 불구하고, 도덕적인 측면에서 그가 딩신이 도움을 필요로 할 때 당신을 도왔어야 한다고 말하는 것은 참일 수 없다고 생각하는 것이다. 이와 유사하게, 우리는 일상적으로 도덕 원리들이 그와 같은 원리들을 알 수 있는 존재들에게만 구속력을 발휘한다고 생각한다. 이것이 바로 우리가 동물 및 백치인 인간이 도덕의 지배하에 있지 않다고 생각하는 이유 중의 하나이다. 우리는 그들이 적절한 도덕 원리를 알 수 있는 능력이 없다고 생각한다. 만약 어떠한 형태의 도덕적 허부수의가 옳은 것으로 입증이 되고, 도덕적 지식이 불가능하다는 것이 알려지게 되면, 그리하여 그 누구도 우리가 무엇을 도덕적으로 해야 할 것인가를 알 수 없게 된다면, 우리의 일상적인 사유 방식에 따라 그 누구도 도덕적으로 잘못된 행동을 할 수 없다는 생각이 도출되게 될 것이다. 그리하여 도덕적 사실은 존재하지만 우리가 그것을 알 수 있음을 부정하는(3장을 참조할 것) 가장 온건한 형태의 허무주의마저도 우리가 일상적으로 생각하는 도덕을 철저하게 손상시킬 것이다. 결론적으로 우리는 다음과 같은 두 가지 경우 중의 하나가 옳다고 생각하게 될 것이다: ① 도덕적 지식이 가능하다. ② 우리가 일상적으로 생각하는 도덕은 독일의 철학자 임마뉴엘 칸트(Immanuel Kant, 1724-1804)의 말을 빌려 표현하자면, "헛되고 터무니없는" 것이다.

그런데 우리가 1장과 2장에서 살펴본 바와 같이, 만약 도덕적 지식이 존재한다면, 그것은 관찰에 의해 지지될 것 같지 않은 형태의 지식이다. 도덕적 사실(만약 그러한 것이 존재한다면)은 누군가가 행한 특정한 관찰이 이루어지는 이유를 설명하는 데에 전혀 도움을 주는 것 같지 않다. 이는 도덕적 지식이 관찰 외의 다른 것을 통해 획득될 수 있는 지식이어야 함을 시사하고 있다. (이러한 유형의 지식은 간혹 선험적(a priori) 지식1)이라고 불리기도 한다.)

이와 관련된 한 가지 가능성은 '기본적인 도덕 원리들은 수학에서의 기본 원리들과 마찬가지로 자명하다'는 것이다. 우리가 1장에서 살펴본 바와 같이, 수학의 원리들은 우리가 관찰한 바를 관찰하는 이유가 무엇인가를 설명하는 데에 일익을 담당한다. 이에 반해, 도덕 원리들은 그렇지 않음이 분명하다. 하지만 이와 같은 차이(설령 그것이 사실이라고 해도)가 중요하지 않을 수도 있다.

나아가, 만약 그와 같은 도덕 원리들에 관한 **선험적 지식**이 존재한다면, 그러한 지식은 관찰로부터 도출한 지식에 의거하지 않는 **선험적**(先驗的) **동기 부여**의 원천이 되기도 할 것이다. 이렇게 말하는 이유는, 우리가 이모티비즘에서 배운 바와 같이, 어떤 도덕 원리를 수용한다는 것은 무엇인가에 대해 찬성하거나 반대하는 것이 되기 때문이다. 그리고 이는 (최소한 어느 정도는) 어떤 것이 일어나거나 일어나지 않게 하도록 동기 부여되었다는 것을 뜻한다.

칸트는 이와 유사하긴 하지만 훨씬 강한 결론을 옹호한다. 그는 다음과 같이 말한다: 도덕에 관한 우리의 일상적인 개념에 따르면, 기본적인 도덕 원리들은 모든 이성적 존재자를 구속하며, 그리하여 만약 천사나 화성인이 존재한다면 그들 또한 약속을 지켜야 하고, 거짓말을 해서는 안 되며, 불필요한 고통을 야기해서는 안 된다는 등의 규범을 지켜야 할 것이다. 그런데 우리가 이미 살펴본 바와 같이, 도덕 원리가 오직 그와 같은 원리들을 알 수 있는 자들만을 구속한다는 점 또한 우리가 일상적으로 생각하는 도덕 개념의 일부이다. 따라서 만약 칸트의 제안이 옳다면, 우리의 일상적인 도덕

---

1) [역주] 칸트의 시대 이래 서양철학에서 사용되고 있는 용어로, 경험 독립적인 지식을 말한다. 이는 경험만을 통해 도출된 아 포스테리오리(a posteriori)한 지식과 상반되는 개념이다.

개념으로부터 '모든 이성적 존재들은 기본적인 도덕 원리들을 파악할 수 있다'가 도출된다. 그런데 도덕 원리를 받아들인다는 것은 최소한 어느 정도 그와 같은 원리에 따라 행동하려는 동기를 갖는다는 것이다. 따라서 바로 앞에서의 주장은 우리의 일상적인 도덕 개념이 이성과 합리성 자체 내에 도덕적 동기와 관련한 선험적(先驗的)인 원천이 있음을 전제해야 한다는 것을 뜻하게 된다. 어떠한 이성적 존재자도 관찰을 통해 획득된 지식에 호소하지 않고, 단지 사유와 추론만으로 도덕적으로 행동하도록 동기 지워질 수 있어야 한다. 칸트는 다음과 같이 결론을 내린다: '오직 이성만이 그와 같은 동기 부여의 원천이거나, 그렇지 않으면 도덕(우리가 흔히 이해하는 것으로서의)은 공허하고 터무니없는 개념이거나 둘 중의 하나이다.'

그런데 우리가 앞서(3장에서) 언급했던 흄 또는 아리스토텔레스의 실천적 추론에 대한 이해에 따르면 실천적 추론은 항상 수단-목적적인 추론이다. 우리는 하나 또는 그 이상의 목적을 가지고 출발한다. 그리고 추론을 통해 그와 같은 목적을 획득하기 위한 최선의 수단이 무엇인가를 결정한다. 이로 인해 당신은 그와 같은 수단을 새로운 중간적인 수단으로 채택하게 된다. 당신은 이와 같은 과정을 반복하며, 결과적으로 이와 같은 방식으로 당신은 당신의 직접적인 능력 범위 안에 있는 무엇인가를 그와 같은 수단 혹은 중간적인 목적으로 채택하고 행하게 된다. 이러한 견해에 따르면, 실천적 추론은 이미 가지고 있는 욕구를 충족시키는 데에 도움을 준다. 욕구는 동기의 궁극적인 원천이 될 수 있지만, 실천적 추론은 그렇지 못하다. 왜냐하면 그와 같은 추론의 기능은 단순히 이미 존재하는 동기를 조직화하고 일정한 방향으로 유도하는 것일 따름이기 때문이다. 이렇게 본다면 이와 같은 견해에서는 오직 한 가지 종류의 실천적 불합리성만이 존재한다. 다시 말해 당신의 목적을 가장 잘 충족시켜 줄 수단에 도달하지 못하는 불합리성만이 존재한다는 것이다. 당신의 궁극적인 목적 그 자체에는 어떠한 불합리성도 있을 수 없다. 적어도 이론적인 측면에서 볼 때에는 어떠한 욕구도 가능하다. 그 어떠한 것도 불합리한 것은 없다. 가령 흄은 '손가락에 상처를 내기보다는 세계를 파괴하는 편이 낫다'고 말하는 것은 이성에 반하는 것이 아니라고 말한다. 불합리한 경우는 당신이 손가락보다 세상에 더 관심을 가지고 있는데, 그럼에도 당신이 세상에 대해 그다지 관심을 갖지 않는 경우뿐이다.

우리가 살펴본 바와 같이, 칸트는 이성이 동기 부여의 원천이거나 도덕이 환상이거나 둘 중의 하나라고 주장하고 있다. 그런데 흄과 아리스토텔레스의 실천적 추론 개념에 따르면 이성은 동기 부여의 원천이 될 수 없다. 따라서 도덕이 환상이거나, 그렇지 않으면 흄과 아리스토텔레스의 실천적 추론 개념이 부적절하거나, 혹은 칸트의 논의에 무엇인가 잘못이 있는 것이다. 칸트의 논의를 재음미해 보면, 우리는 그의 논의가 도덕(우리가 일상적으로 생각하는 바로서의)의 본질을 세 가지로 파악하고 있음을 알 수 있다:

(1) 도덕 원리는 오직 그와 같은 원리를 알 수 있는 사람들에게만 구속력을 발휘한다.
(2) 기본적인 도덕 원리들은 모든 이성적 존재자에게 구속력을 발휘한다.
(3) 어떤 도덕 원리를 수용한다는 것은 최소한 어느 정도 그러한 원리에 따라 행동하도록 동기 부여 되었다는 것이다.

그런데 여기서 가장 약한 전제는 (2)일 것이다. 이하에서 살펴볼 것이겠지만, 도덕 원리들이 모든 이성적 존재들을 구속해야 한다는 주장은 일상적인 도덕 개념의 **핵심**은 아니다. 따라서 만약 흄-아리스토텔레스의 실천적 추론 개념을 수단-목적 추론으로 유지시키고자 한다면, 우리는 (2)를 거부함으로써 칸트의 논의를 무력화시킬 수 있을 것이다.

그럼에도 도덕이 '어떤 종류의 선험적(先驗的)인 동기 부여와 더불어, 도덕 원리에 대한 선험적인 지식을 전제하고 있다'는 비교적 약한 결론을 옹호하는 논거가 있을 수 있다. 그러한 논의에서는 우리가 일상적으로 생각하는 바와 같이 (1)과 (3)이 도덕의 핵심이라고 가정하고 있다.

(1) 도덕 원리는 오직 그러한 원리를 알 수 있는 사람에게만 구속력을 발휘한다.
(3) 도덕 원리를 수용하는 것은 최소한 어느 정도 그것에 따라 행동하도록 동기 부여 되었다는 것이다.

이와 같은 논의는 다음도 가정하고 있다.

(4) 만약 도덕적 지식이 존재한다면, 관찰을 통해 지지되지 않는 도덕적 지식이 일부 존재한다.

이와 같은 전제들이 주어질 경우, 도덕이 '도덕 원리에 관한 선험적인 지식 및 그러한 원리에 따라 행동할 선험적인 동기를 전제하고 있다'가 도출된다. 그런데 이러한 논의는 흄-아리스토텔레스의 실천적 추론 개념과 대립되지 않는다. 왜냐하면 도덕적 동기가 이성 안에 원천을 갖지 않으면서도 선험적인 원천을 가질 수 있기 때문이다. 가령 적절한 지식 및 동기가 진화의 결과로 사람들에게 내재될 수 있으며, 그리하여 사람들이 기본적인 도덕 원리에 대한 생래적인 지식(어떤 본래적인 목표 혹은 욕구와 필연적으로 연결된)을 가지고 있을 수 있다. 사람들이 타인에 대해 공감하려는 본래적인 성향을 가지고 태어난다는 흄의 생각은 이를 적절히 보여주고 있다. 그리고 우리가 살펴볼 것이겠지만 다른 가능성 또한 존재한다.

2. 다른 사람에게 관심을 갖는 이유가 무엇인가?

이렇게 본다면 칸트의 논의도, 방금 살펴본 바와 같은 논의도 우리에게 도덕과 흄-아리스토텔레스의 실천적 추론 개념 중 어느 하나를 선택하도록 **강요하지는** 않는다. 두 가지 논의 모두 '도덕이 환상이 아니려면 도덕적 동기가 이성 그 자체에 원천을 가져야 한다'는 주장을 **입증(prove)**하지는 않는다. 반면 우리가 지금까지 말해왔음에도 불구하고, 다른 사람들에게 관심을 갖지 않는 것이 불합리할 수 있으며, 단지 이기적 이유에서 타인에게 관심을 갖는다는 것 또한 불합리할 수가 있다. 우리는 다른 사람들에 대해 진정으로 관심을 가짐으로써 결국 대가를 얻게 되는지의 여부와 무관하게 다른 사람들에 대해 관심(자기 이익에 대한 고려에서 비롯되지 않는)을 가질 수 있다. 다른 사람에 대해 관심을 갖지 않는 것은 자신에게 관심을 갖지 않는 것 못지 않게 불합리할 수 있다. 어쩌면 '관심을 갖는 이유'(reasons for caring)는 바로 이성과 합리성의 본성

안에서 발견될 수 있을지도 모른다. 어찌되었건 이는 칸트의 제안이며, 이제 우리는 이를 검토해 볼 필요가 있다.

구체적인 사례를 고찰해 보도록 하자. 오스틴 P. 존스는 철저하게 자기 중심적인 사람이다. 그가 한적한 길을 따라 여가 삼아 드라이브를 하고 있는데 앞에 멈춰 선 차를 발견하였다. 차는 기름이 바닥난 듯하고, 운전자가 손을 흔들어 차를 세우려 한다. 여기서 우리의 의문은 이때 존스가 궁지에 빠진 운전자를 도울 필요가 있는가라는 것이다. 다시 말해 그가 운전자를 무시하고 지나쳐버리는 것이 불합리한 것인가?

'존스가 타인에 대한 관심을 더 일찍 발달시켜야 했는데 그렇지 못했다'는 주장은 참일 수도 있고 거짓일 수도 있다. 만약 그렇게 했더라면 그의 삶은 지금보다 행복했을지도 모른다. 그리고 바로 그와 같은 의미에서 곤경에 처한 운전자에게 관심을 갖지 않는 것이 불합리할 수 있다. 하지만 여기서의 논점은 그것이 아니다. 우리는 이제 존스가 자신의 성격을 바꾸기에는 너무 늦었다고 생각해야 할 것이다. 그는 지금의 모습처럼 사는 것이 굳어졌고, 현재의 모습에서 살펴볼 수 있는 것처럼 그는 다른 사람에 대한 관심을 가지고 있지 않다. 물론 그가 사람들을 특별히 싫어하는 것은 아니다. 그는 단지 그들에 대해 이러저러한 방식으로 관심을 가지고 있지 않을 따름이다. 때문에 그는 현재의 상황에서 곤경에 빠진 운전자의 어려움을 한 걸음 물러서서 바라보고 있는 것이며, 도와줄 조그마한 동기도 느끼지 않으면서 흥미롭게 바라보고 있는 것이다. 우리가 답해야 할 것은, 타인에 대해 전혀 관심을 갖지 않는 지금과 같은 상황하에서, 과연 존스가 멈추어서 운전자를 도와줄 이유가 있는가라는 점이다. 그는 곤경에 빠진 운전자에 대해 관심이 없다. 그런데 이와 같은 경우에도 곤경에 빠진 운전자의 곤경이 그에게 어떤 이유를 부여하는가? 그가 멈추지 않고 지나치는 것은 불합리한 것인가?

우리는 다음과 같이 말함으로써 존스를 설득시키려 할 수 있을 것이다. '상황이 바뀔 경우, 당신은 도움을 필요로 할 것이며, 당신이 곤경에 처해 있다는 사실은 그가 당신을 도울 이유가 될 것이다. 만약 이것이 사실이라면—유추에 의해—이제 그의 곤경은 당신에게 그를 도울 이유가 되어야 한다.' 만약 존스 자신의 도움에 대한 필요가 다른 사람이 그를 돕는 이유가 된다고 존스를 설득할 수 있다면 그와 같은 논의는 훌륭한 논거가 될 수 있을 것이다. 하지만 존스는 이에 동의하지 않을 것이다. 그는 가령 자기 이익만이 무엇인가를 행할 이유가 된다고 주장할 수 있다.

반면 상황이 바뀌었을 때 일어날 경우를 고려해 보라고 요구함으로써 이기적인 사람이 무엇인가를 하도록 설득하는 경우가 분명있다. 설령 그가 상황이 절대 바뀌지 않는다는 것(최소한 이 경우에 도움을 필요로 하는 사람과)을 매우 잘 알고 있는 경우에도 그와 같은 경우는 일어날 수 있다. 이렇게 보았을 때, 방금 언급한 논의를 이기적인 사람을 설득하기 위해 사용하는 경우에는 우리가 그러한 경우에 돕는 것이 그의 이익에 도움이 된다고 설득할 필요가 없다. 대신 우리는 그가 도와야 할 이유—자기 이익에 근거하지 않은 이유—가 있음을 설득시킨다. 이러한 추론 방식을 통해 우리가 역지사지의 방식으로 이기적인 사람을 행동하게 할 수 있다는 것은 인상적인 일이다.

이러한 사실은 두 가지 결론을 암시하고 있다. 첫째, 그러한 사실은 '상황이 바뀔 경우 다른 사람이 당신을 돕기를 원할 것'이라는 사실 그 자체가 실제로 바로 그 상황에서 당신이 그를 도울 이유가 될 수 있음— 자기 이익에 대한 고려와는 별개로— 을 암시한다. 만약 그렇다면 존스는 그가 깨닫든 그렇지 않든 간에 곤궁에 처한 운전자를 돕기 위해 멈출 이유가 있는 것이다. 그리고 만약 그가 멈추지 않고 지나친다면 그는 불합리하게 행동하는 것이다. 둘째, 그러한 사실은 당신이 원하는지의 여부와 무관하게 행동할 이유를 갖는다는 점을 보여줌(당신의 행동이 어떻게 당신이 이미 욕구하는 바에 대한 수단인가를 보여줌으로써 뿐만 아니라)으로써 추론이 당신을 행동하게 할 수 있음을 암시하고 있다.

3. 자료로서의 욕구

달리 말하자면, 이는 칸트와 같은 추론 이론, 혹은 현대 미국 철학자인 토머스 네이글(Thomas Nagel)이 『이타성의 가능성』(*The Possibility of Altruism*)[2]에서 정치하게 옹호한 바와 같은 이론이 가능할 수 있음을 시사하고 있다. 그와 같은 이론에서는 이성이 동기부여의 원천이다. 무엇을 할 것인가를 결정하는 경우에 당신은 해야 할 이유가 무엇인가를 자문해 본다. 이 중 어떤 이유들은 당신이 현재 가지고 있는 욕구로부터 도출되지만, 다른 것들은 그렇지 않다. 그 다음으로 당신은 해야 할 최선의 이유를 갖는 바를 하려고 노력하게 된다.

네이글은 이와 관련한 사례로 다음과 같은 사실을 제시한다. 당

---

2) Oxford, Oxford University Press, 1970.

신은 식료품을 살 때 배가 고프지 않아도 식료품을 살 수 있다. 당신은 나중에 배가 고파질 것을 알기 때문에 식료품을 사는 것이다. 이때 당신은 음식에 대한 미래의 욕구가 지금 물건을 구입하게 되는 이유라고 생각한다. 그런데 흄-아리스토텔레스의 개념에 따라 생각해 본다면 이는 불가능하다. 그들의 입장에서 고려해 본다면, 미래의 욕구는 지금 당신에게 무엇을 할 이유를 제공할 수 없다. 하지만 네이글의 실천적 추론에 대한 칸트적 개념에서는, 현재 당신이 가지고 있는 어떠한 선행적인 욕구에서도 도출되지 않는 무엇인가를 행할 이유를 가질 수 있다. 네이글에 따르면 '만약 현재 욕구를 가지고 있는가와 무관하게 미래에 어떤 욕구를 갖게 될 것이라면, 당신은 그러한 욕구 충족을 용이하게 할 무엇인가를 행할 이유를 갖는다'는 하나의 실천적 합리성의 원리이다.

흄 또는 아리스토텔레스는 다음과 같이 말해야 할 것이다: 당신은 오직 어떤 종류의 선행 욕구를 가지고 있을 경우— 가령 당신의 미래의 욕구가 충족되어야 한다는 욕구와 같은— 에만 식료품을 살 동기를 갖게 될 것이다. 하지만 네이글이 지적하고 있듯이, 그와 같은 경우 흄-아리스토텔레스의 견해는 순환에 빠질 우려가 있다. 이렇게 말하는 이유는 어떠한 기준을 사용해야 그와 같은 선행 욕구가 있는지 확인할 방법이 확실치 않기 때문이다. 만약 단순히 어떠한 동기가 존재하는지의 여부가 시금석이 된다면, 동기가 있는 곳에 선행 욕구가 존재한다는 것은 참이긴 하되 평범한 진리이다. 하지만 설령 유효한 기준이 있어서 선행 욕구의 존재를 나타낼 수 있다고 해도, 선행 욕구의 존재는 네이글의 칸트주의적 이론에 대한 반박이 될 수 없다. 네이글에 따르면, 당신의 미래의 욕구를 충족시키려는 이와 같은 욕구— 만약 그와 같은 욕구가 존재한다고 말하는 것이 적절하다고 하다면— 는 음식이나 물에 대한 욕구와 동일한 형태의 욕구가 아니다. 네이글은 그와 같은 욕구의 근원이 육체의 어떤 일시적인 상태에 놓여 있지 않고, 자기 정체성과 이성 그 자체의 본성에 놓여 있다고 주장한다. 그에 따르면, 이는 갖지 않을 경우 불합리한 것이 될 그와 같은 욕구이다. 만약 당신이 미래에 관심을 가질 것을 아는 데도 불구하고, 당신이 미래에 대해서 관심을 갖지 않는다면, 이는 합리성을 결한 것이다.

실천적 추론에 대한 흄-아리스토텔레스의 개념과 네이글의 칸트주의적 개념은 '기본적 욕구'를 달리 파악한다. 흄과 아리스토텔레스에게 굶주림과 목마름과 같은 기본적인 욕구는 이성에 지령을 내리고 이성을 구성하는 힘, 또는 에너지다. 그들의 개념에 따르면 이성 그 자체는 아무런 에너지나 힘을 제공하지 못한다. 이에 반해 네이글의 칸트주의적인 이론에서는 기본적인 욕구가 힘 또는 에너지가 아니라 일종의 자료(data)이다. 그러한 이론에 따르면 당신이 이성적 추론을 할 때, 당신의 정보에는 당신이 어떤 욕구를 갖는다는 사실, 또는 어떤 욕구를 가질 것이라는 사실이 포함된다. 이러한 욕구들은 당신이 행할 바에 영향을 준다. 왜냐하면 당신은 그러한 욕구들이 당신에게 무엇인가를 행할 이유를 제공한다고 생각하며, 당신은 자신이 행할 이유를 갖는다고 생각하는 바를 행하려 하기 때문이다. 하지만 현재의 욕구가 행위를 할 이유를 제공하는 것은 아니다. 이는 미래의 욕구와 다를 바가 없다. 그리고 미래의 욕구를 희생하여 현재의 욕구만을 충족시키는 것은 합리성을 결여한 것이다.

그런데 네이글에 따르면, 당신 자신의 미래의 욕구가 당신에게 무엇인가를 행할 현재의 이유가 될 수 있는 것과 마찬가지로, 다른 사람들의 욕구 또한 마찬가지다. 네이글의 입장에 따르면, 당신은 어떤 욕구 만족—그것이 당신 자신의 것이든 다른 사람의 것이든 상관없이—을 증진시킬 수 있는 것이라면 무엇이건 행할 이유가 있다. 만약 당신이 다른 사람들을 도울 수 있고, 또한 그렇게 하지 않을 이유가 없다면, 당신이 그 사람을 돕지 않는 것은 불합리하다 (마치 당신 자신의 미래의 욕구를 만족시키지 못하는 경우와 마찬가지로). 따라서 네이글의 입장에서 본다면, 존스는 곤궁에 빠진 운전자를 돕기 위해 멈춰 설 이유가 있는 것이며, 돕지 않고 지나쳐 가버리는 것은 불합리한 것이다. 흄과 아리스토텔레스는 이에 동의하지 않을 것이다. 그들은 당신이 선행 욕구—가령, 다른 사람들의 욕구가 충족되어야 한다는—를 가지고 있을 경우에만 다른 사람의 욕구가 당신에게 어떤 것을 행할 이유가 된다고 말할 것이다. 하지만 네이글은 이러한 유형의 선행 욕구는 굶주림 혹은 목마름과 같은 기본적인 육체적인 욕구가 아니며, 그러한 욕구 자체가 실천적 추론이 작동하는 방식을 반영하고 있다는 입장을 견지한다. 따라서 네이글의 입장에서 보았을 때, 그러한 욕구를 갖지 않는 것은 불합리한 것이다. 만약 네이글이 옳다면, 다른 사람들에 대한 관심은 실천적 추론의 구조 자체에 내재되어 있다. 그리고 도덕적 동기가 타인에 대한 그와 같은 관심을 반영하기에, 우리는 그와 같은 동기의 원천을 이성 자체 내에서 발견해야 하는 것이다.

하지만 우리는 네이글의 이론에 대해서 두 가지 문제점을 지적할 수 있다. 첫째, 그는 다른 사람들에 대해 관심을 갖지 않는 것이 불합리하며, 나아가 미래에 당신에게 무엇이 일어날 것인가에 대해 관심을 갖지 않는 것이 불합리하다는 점을 입증하지 못하였다. 둘째, 네이글의 도덕적 동기 무여의 원천 개념(나는 사람들의 이익에 대한 합리적인 관심에서 도출되는 것으로서의)만으로는 도덕법이 존재해야만 하는 이유를 설명하지 못한다. 가령 그는 5명의 다른 환자를 구하기 위해 건강한 환자의 장기를 절단하여 분배하는 의사와, 한 환자를 구하기보다는 5명의 환자를 구하는 의사(1장)를 구분해야 하는 이유 ― 마치 우리가 그러하듯이 ― 를 설명하지 못하며, 본선 위의 5명의 일꾼보다는 지선 위의 1명의 일꾼을 죽게 한 활차 운전자(5장)를 구분해야 하는 이유를 설명하지 못한다. 네이글의 이론에서는 단순히 '다른 사람들의 이익이 행위 주체에게 그러한 이익들을 증진시킬 이유를 제공하고 있다'라고만 주장한다. 따라서 그의 이론은 방금 언급한 경우들이 어떠한 근거하에 구분될 수 있는가를 파악하기가 힘들다.

4. 칸트의 시금석

칸트는 (내가 아는 한) 방금 제기된 특별한 문제에 대해 자신의 의견을 제시한 적이 없다. 그럼에도 그는 어떤 방식으로 도덕이 도덕법을 포함하고 있는가를 밝혀내는 데에 유달리 관심을 가졌다. 칸트의 기본적인 생각에 따르면 '도덕적으로 행동한다는 것'은 '모든 이성적 존재자들이 수용할 원리들에 대한 존경으로부터 행동하는 것'이다. 칸트에 따르면 이러한 원리들이 도덕법을 구성한다. 그런데 단순히 그와 같은 원리에 따라 행동하는 것만으로는 충분하지 않다. 즉 '옳은 일을 하는 것'만으로는 충분치 않은 것이다. 칸트에 따르면 사업상 도움이 되기 때문에 아이들에게 정확하게 거스름돈을 내주는 가게 주인이 반드시 도덕적으로 행동한다고 말할 수는 없다. 설령 그가 그렇게 행동하는 것처럼 보일지라도 말이다. 어떤 행동이 도덕적인가는 당신이 그것을 하는 이유가 무엇인가에 따라 달라진다. 즉 당신은 그것이 행해야 할 올바른 것이기 때문에 행해야 하는 것이다. 칸트는 만약 당신이 도덕적이 아닌 다른 이유로 어떠한 행동을 하였다면, 당신의 그러한 행동은 도덕적 가치를 전혀 갖지 못한다고 말한다. 그는 어떤 행동이 도덕적 가치를 갖는 경우는 오직 당신이 그것이 옳기 때문에 행한 경우이며, 그것이 도덕법에 의해 요구되기 때문에 행한 경우라고 말한다. 달리 말해, 어떤 행위는 오직 모든 이성적 존재자가 받아들일 법칙에 의해 요구되기 때문에 행한 경우에만 도덕적인 가치를 갖는다는 것이다.

칸트에 따르면, 어떤 이유에서 당신이 행동할 경우, 당신은 항상 어떤 근본적인 혹은 궁극적인 원리(그는 이러한 원리를 흔히 '격률'(maxim)[3])이라고 부른다)에 의거하여 행동하는 것이다. 가령 당신이 자신의 욕구 충족을 위해 행동한다면, 당신의 기본적인 원리 혹은 격률은 '당신의 욕구를 충족시키기 위해 행동하라'는 것이다. 그런데 칸트는 당신이 도덕적으로 행동하려면, 당신의 기본적 원리 혹은 격률이 모든 이성적 존재자들에 의해 타당한 원리로 받아들여지는 원리이어야만 한다고 말한다. 칸트의 방식대로 표현한다면, 당신은 자신의 원리가 모든 이성적 존재자에게 타당한 보편 법칙이 되도록 '의욕'해야 한다. 이에 따라 칸트는 '모든 사람들이 그러한 원리에 따라 행동하는 것에 당신이 동의하는가'라는 질문이 당

---

3) [역주] 주관적인 행위 원리, 좀더 쉽게 말해 개인적인 삶의 지침을 말한다. '나는 매일 아침 이를 닦겠다'는 그 예이다. 이는 객관적인 원리, 즉 실천 법칙과 구별된다.

신이 따르는 원리가 도덕적인지의 여부에 대한 한 가지 시금석이 된다고 가정한다. 그리고 당신이 거기에 동의할 수 있는가를 판단하고자 한다면, 당신은 당신이 그에 따라 행할 수 있는 격률 혹은 궁극적인 원리들이 (기적적으로) 모든 사람들이 항상 거기에 따라 행하는 보편 법칙이 되는 것처럼 행위해야 한다.

칸트는 이상과 같은 방식으로 행동한다는 것이 곧 도덕법에 따라 행동하는 것이라 할 수 있다고 말한다. 이때 당신은 마치 모든 사람들이 기적적으로 도덕법에 의거해서 행위하고 있는 것처럼 행위하는 것이며, 모든 사람들이 항상 도덕법에 따라 행위하는 세상에서 행위하는 것처럼 행위하는 것이기도 하다. 칸트에 따르면, 그와 같은 세상에서는 사람들 각각이 무조건적인 도덕적 가치를 가질 것이다. 왜냐하면 그의 주장에 따르면 무조건적인 도덕적 가치를 갖는 유일한 것은 옳은 것을 실천하려는 사람이기 때문이다. 무조건적인 도덕적 가치를 갖는 것이란 칸트의 표현에 따르면 '목적'(end)이다. 바로 이것이 "당신이 도덕적으로 행동하는 경우, 당신은 마치 목적의 왕국(Kingdom of Ends)을 위해 입법하는 것처럼 행동하는 것이다"라고 칸트가 말하는 한 가지 이유이다. 칸트의 규칙이 오직 행위의 궁극적인 원리 — 당신이 그로부터 행하는 궁극적인 원리는 모든 사람이 그에 따라 행하는 궁극적인 원리로 당신이 선택하려는 원리여야 한다 — 에만 관계된다는 점을 제외한다면, 이것이 말하는 바는 황금률 '남이 나에게 해주기를 바라는 것처럼 다른 사람에게 하라'와 유사한 무엇에 해당한다.

그런데 칸트가 이해하고 있는 바로서의 이러한 시금석에는 일종의 퇴행 혹은 순환이 포함되어 있다. 이렇게 말하는 이유는 당신이 모든 사람들이 그에 따라 행동하도록 선택하려는 원리는 바로 그러한 선택의 배후를 이루는 원리가 되기도 하기 때문이다. 달리 말해, 칸트의 입장에서는 당신이 이성적이면서, 이에 따라 도덕적으로 D를 행할 경우는 오직 다음과 같은 경우이다: P라는 원리가 있어서,

(1) 당신이 D를 행한다.
(2) (1)에서 당신이 행하는 바를 행하는 궁극적인 원리는 P이다.
(3) 당신은 모든 사람들이 그에 따라 행동할 궁극적인 원리로 P를 선택하려 한다.
(4) (3)에서 당신이 행하는 바를 행하는 데에서의 궁극적인 원리는 P이다.

어떠한 원리들을 채택하도록 하는 것이 당신에게 이익이 될 것이기 때문에 당신이 어떤 원리들을 모든 사람이 채택하게끔 선택한다면, 이때 당신의 궁극적인 원리는 참으로 철저하게 이기적인 것이 된다. 여기서 문제는 궁극적으로 모든 사람들이 순수하게 이기심으로부터 행동해야 한다는 것을 과연 당신이 자기 이익에 근거해서 선택하려 할 것이냐는 것이다. 아마도 당신은 그것을 선택하지 않을 것이다. 왜냐하면 모든 사람들이 항상 순수하게 자기 이익으로부터 행동한다는 것은 당신의 이익에 도움이 되지 않기 때문이다. 반면 당신은 황금률과 같은 원리를 궁극적인 원리로 선택할 것이다. 왜냐하면 그러한 원리는 모든 사람이 그와 같은 원리에 따라 행동하도록 선택할 수 있는 이유를 당신에게 제공할 수 있기 때문이다. 만약 당신이 황금률을 선택한다면, 당신이 그것을 선택하는 이유는 다음과 같을 것이다: 모든 사람이 따르라고 황금률을 선택하는 것은 곧 다른 사람들이 당신에게 하길 원하는 바를 당신

이 다른 사람들에게 행하는 것이다. 칸트의 관점에서는, 당신이 모든 사람의 궁극적인 이유로 특정한 이유를 선택할 때, 당신의 선택의 궁극적인 이유는 바로 그러한 이유 자체여야 한다.

당신의 궁극적인 원리는 자기 이익을 **포함**하지 않을 수 없을 것이다. 왜냐하면 (칸트가 생각하기에) 모든 이성적 존재자들은 필연적으로 이기적이기 때문이다. 하지만 당신의 원리는 단순한 자기 이익을 넘어서야 하기도 한다. 왜냐하면 모든 사람들이 오직 자기 이익을 위해 행동해야 하는 것은 당신의 이익에 도움이 되지 않기 때문이다. 바로 이와 같은 이유로 당신의 원리는 충분한 이타성 및 다른 비이기적 동기를 허용해야 한다. 그리하여 자기 이익 외에 이타적 동기들이 있다면, 이 중에서 모든 사람들이 항상 이타적·비이기적 동기로부터 행동하는 것을 선택하는 것이 합리적일 것이다. 칸트는 이러한 평가 기준을 통해 특이한 결과가 산출된다고 생각하며, 결과로 산출된 원리들에는 단지 자기 이익과 제한적인 이타성 뿐만 아니라, 재산, 약속 등—사실상 도덕에 대한 일상적인 원리들—에 관한 규칙들까지 포함될 것이라고 생각한다. 하지만 그는 자신의 시금석이 이와 같은 방식으로 특이한 결과를 산출한다는 것을 증명하지 않고 있다.

실제로 (우리가 여기서 더 자세히 살펴볼 필요가 없는 여러 가지 이유로) 칸트는 당신이 도덕법—오직 이성으로부터 도출된 법칙—이 존재한다는 것을 알 수 없다고 생각한다. 하지만 칸트는 당신이 행동할 때, 그와 같은 법칙이 있다고 암묵적으로 가정해야 한다고 주장한다. 왜냐하면 칸트의 입장에서 보았을 때, 무엇을 할 것인가를 결정하는 모든 경우에, 당신은 흄 또는 아리스토텔레스적인 방식보다는 칸트적인 방식으로 자신의 당면한 결정을 파악해야 하기 때문이다. 당신은 자신이 이러저러한 방식으로 결정하는 데 자유롭다고 생각할 수 있어야 한다.[4] 또한 당신은 어떤 이유들에 입각하여 당신이 결정을 내릴 것이라고 가정해야 한다. 이렇게 보았을 때 칸트의 입장에서는 어떠한 결정이 단순히 여러 힘들의 결과(당신의 욕구를 통해 나타나는)라고 생각할 수가 없는 것이다. 만약 이와 같은 방식으로 당신의 욕구들을 생각할 경우, 즉 단지 욕구들을 힘(흄-아리스토텔레스적 개념에서처럼)으로 생각할 경우, 당신은 욕구들을 당신의 통제를 벗어난 강제로 생각하는 격이 될 것이다. 물론 당신이 자신의 욕구를 강제로 파악하는 경우도 있을 것이다. 하지만 그렇지 않은 경우가 더 일반적이다. 일상적으로 당신은 칸트와 네이글이 서술한 방식으로 당신의 욕구를 자료로 취급한다. 당신은 당신 자신이 어떤 이유로 행동한다고 생각한다. 만약 그렇지 않다면 당신은 자신이 무엇인가를 결정한다고 생각할 수가 없다. 여기서 한 걸음 나아가, 당신은 자신이 합리적으로 행동한다고 생각해야 한다. 즉 당신의 궁극적인 이유가 훌륭한 이유라고 생각해야 한다는 것이다.

칸트는 당신 자신, 혹은 다른 사람이 과연 이와 같은 의미에서 행동하기로 결정하는지 알 수 있다고 생각하지 않는다. 그는 당신의 행동이 언제나 경쟁하는 욕구들의 맹목적인 결과일 수 있으며, 당신이 이러저러한 이유 때문에 행동하는 경우가 절대로 있을 수 없다는 가능성을 부인하지 않는다. 그럼에도 칸트에 따르면 당신은 일상적으로 '당신이 행하는 바를 당신이 행하는 이유가 있다'고 생

---

4) [역주] 칸트에 있어 도덕적 행위의 전제가 되는 것은 자유이다. 다시 말해, 어떤 행위가 '도덕적'이라는 평가를 받기 위해서는 그 행위가 자유로운 상태에서 자유의지에 의해 행해져야 한다는 것이다.

각한다. 당신이 이유들로 인해 행동한다는 가정은 칸트가 '실천적 요청'(practical postulate)이라고 부르는 바이다. 이는 증명할 수 없지만, '행위자로서의 당신 자신'이라는 개념을 확립하기 위해 필요하다.5)

마지막으로 칸트는 방금 앞에서 언급한 바가 당신이 행동할 때, 합리성의 궁극적인 평가 기준으로 도덕법을 상정해야 함을 함축하고 있다고 주장한다. 왜냐하면 당신이 행동할 때, 당신은 어떤 이유로 행동한다고 생각해야 하며, 당신의 행동 배후에 궁극적인 원리 혹은 이성이 존재한다고 생각해야 하기 때문이다. 나아가 당신은 당신의 궁극적인 원리 혹은 이성에 따라 행동하는 것이 합리적이라고도 생각해야 한다. 칸트에 따르면 이는 '당신이 당신의 궁극적인 이유가 모든 이성적 존재의 이유이기도 하다고 가정해야 한다'는 것을 의미하는 것이다. (이렇게 말하는 이유는, 만약 당신의 원리가 D를 하는 것인데, D를 행하는 것이 합리적이지 않다고 생각하는 이성적 존재자가 있다고 생각한다면, 당신의 **궁극적인 원리**는 단순히 D를 하라는 것이 아니라, 당신이 어떤 종류의 존재일 경우 D를 하라는 것이 되기 때문이다.) 그리하여 당신은 이러한 궁극적인 이유에서 당신 자신이 행동하는 것을 기꺼이 받아들여야 할 뿐만 아니라, 다른 모든 사람들 또한 그렇게 행동하는 것을 받아들

---

5) [역주] 칸트는 도덕의 성립을 위해 필연적으로 가정하지 않을 수 없는 것을 '실천 이성의 요청'(Postulate der Praktischen Vernunft)이라고 불렀다. 그는 도덕의 성립을 가능케 하는 데 절대로 필요한 조건으로 '영혼의 불멸성', '신의 존재' 외에 '의지의 자유'를 들고 있다. 이 세 가지 조건들은 이성적으로 증명될 수 없지만, 이들이 전제되지 않고서는 완전한 도덕의 성립은 불가능하다.

여야 한다. 이와 같이하여 칸트는 "당신이 행동할 때, 당신은 자신의 궁극적인 원리 혹은 이성(혹은 준칙)이 모든 이성적 존재자에게 타당한 보편 법칙이 되도록 의욕해야 한다"고 결론짓는다. 그렇게 하지 않을 경우, 당신은 비합리적인 것이다. 그런데 칸트는 바로 이것이 자신이 도덕법으로 이해하는 바에 다름 아니라고 주장한다. 이에 따라 칸트는 "당신이 행동할 때 언제나 합리성의 궁극적인 시금석으로 도덕법을 상정해야 한다"라고 결론짓고 있는 것이다.

5. 칸트에 대한 반론

칸트의 논의는 원리를 수용한다는 의미의 애매성에 근거하고 있다. 가령 당신의 궁극적인 원리가 '자신의 행복을 극대화하기 위해 노력하는 것'이라고 가정해 보자. 그렇다면 당신은 이러한 원리가 이성적인 것이라고 생각해야 한다. 달리 말해, 당신은 당신 자신의 행복을 극대화하려고 노력하는 것이 당신에게 합리적이라고 생각해야 한다는 것이다. 이것은 당신의 궁극적인 원리이기에, 당신은 모든 사람들이 자기 자신의 행복을 극대화하기 위해 노력하는 것 또한 합리적이라고 생각해야 한다. (이렇게 말하는 이유는 만약 당신이 오직 Q 유형의 사람들만 자신의 행복을 극대화하려 노력하는 것이 합리적이라고 생각할 경우, 당신의 궁극적인 원리는 단순히 당신 자신의 행복을 극대화하는 것이 아니라, 예컨대 당신이 Q 유형의 사람일 경우, 당신 자신의 행복을 극대화하기 위해 노력하라는 것이 될 것이기 때문이다.) 이에 따라 당신은 만인이 당신의 기본 원리에 의거하여 행동할 것에 동의하지 않으면 안 된다고 말할 수 있다. 왜냐하면 당신은 그들이 그렇게 하는 것이 합리적이라는 것에 동의하지 않으면 안 되기 때문이다. 하지만 설령 그렇다고 해도, 모든 사람들이 그와 같은 원리에 따라 행동할 것을 당신이 **원해야** 한다는 의미에서 당신이 그러한 원리를 수용해야 한다고 말할 수는 없다. 이렇게 보았을 때 칸트는 '모든 사람들이 각자의 행복을 극대화하기 위해 노력하는 것이 합리적이라는 데에는 동의한다. 하지만 나는 모든 사람들이 그렇게 하는 것을 원하지 않는다'는 생각에 어떤 잘못이 있다는 것을 보여주지 못했다. 따라서 칸트는 순수하게 이기적인 이유에서 행동하는 것이 불합리하다는 것을 아직까지 보여주지 못한 것이다.

이와 유사하게, 칸트의 도덕 원리에 대한 시금석 또한 앞의 내용과 유사한 결함이 있다. 먼저 당신은 모든 사람들이 당신의 원리에 따라 행위하길 진심으로 원하지 않아도 모든 사람들이 그렇게 하는 것의 합리성에는 동의할 수 있다. 때문에 당신은 당신의 원리에 기초해서 보았을 때 모든 사람들이 당신의 원리에 따라 행위하도록 하는 것이 합리적이라는 데에 굳이 동의하지 않고서도 앞의 사실에 동의할 수 있다. 여기서 한 걸음 더 나아가, 심지어 도덕 원리가 과연 이성의 법칙인가의 질문은 차치하고라도, 올바른 도덕 원리가 오직 목적의 왕국(이곳은 모든 사람들이 도덕적으로 행동했고, 아무도 한번도 잘못된 행동을 하지 않은 곳이다) 안에서 적용될 수 있는 원리들만으로 한정된다는 것은 참일 수 없다. 실제 세상에서 모든 사람들이 도덕적으로 행동하는 것은 아니며, 도덕 원리들은 이러한 점을 감안해야 한다. 완전한 평화주의는 만약 모든 사람들이 따르려 한다면, 훌륭한 원리가 될 것이다. 하지만 모든 사람이 그렇게 하진 못하며, 따라서 훌륭한 원리라 할 수 없다.

칸트는 자유롭게 행동하는 것이 무엇인가, 혹은 무엇인가를 한다고 결정한다는 것이 무엇인가에 대한 분석으로부터 도덕법(이성의 법칙으로서의)이 도출될 수 있음을 보여주려 하였으나 결국 실패하였다. 그는 당신 자신이 행위 주체라고 생각할 경우, 당신이 도덕법을 구성하는 합리성의 원리를 상정해야 함을 보여주려 노력하였다. 칸트의 실천적 추론 개념(특히 네이글이 더욱 갈고 닦음에 따라)이 욕구를 힘으로 간주하는 흄 또는 아리스토텔레스의 개념에 비해 설득력이 있는 것은 사실이다. 하지만 그와 같은 실천적 추론 개념이 칸트가 얻고자 하는 결과를 산출하지는 못한다.

이와 같이하여 도덕적 동기가 오직 이성으로부터 도출되었는지, 아니면 도덕이라는 것이 공허하면서도 터무니없는 개념인지에 관한 칸트의 앞에서의 논의는 해결되지 못한 채 우리의 곁에 남아 있게 된다. 하지만 우리가 이미 살펴본 바와 같이, 그와 같은 논의를 우회하는 방식 또한 존재한다. 우리는 그저 기본적인 도덕 원리가 모든 이성적 존재자를 구속하고 있다는 칸트의 가정을 부정할 수 있는 것이다. 이는 더욱 상대주의적인 도덕의 개념이 있음을 시사한다. 이러한 입장에서는 각각의 사람들의 도덕 원리가 자신의 것이라고 가정하면 되며, 이성적 존재자들 모두가 반드시 동일한 근본 원리를 공유한다고 가정할 필요가 없다. 우리는 그와 같은 도덕 개념을 다음 장에서 검토해 볼 것이다.

더 읽을거리

칸트의 도덕 이론이 가장 잘 소개되고 있는 책은 『도덕형이상학원론』이다. 더 읽기 용이하고 엄격하지 않은 내용은 학생들의 필기에 근거를 두고 있는 『윤리학 강의』를 볼 것. 이외에도 칸트의 『실천이성비판』과 『이성만의 한계를 넘어선 종교』도 볼 만하다.

칸트의 도덕 이론에 대한 영어 주석 중 가장 유용한 것은 *Possibility of Altruism*(Oxford: Oxford University Press, 1970)에서의 유사한 입장에 대한 Thomas Nagel의 옹호 논변이다.

제 7 장

개인적 원리

1. 개인적인 도덕 법칙

지금까지 많은 철학자들은 이성의 힘에 관한 칸트의 입장에 동의하지 않으면서도, 칸트의 도덕에 대한 설명에 커다란 영향을 받아 왔다. 그들은 모든 이성적 존재자들이 받아들여야 할 원리들이 우리가 일상적으로 도덕이라고 생각하는 바를 구성할 만큼 충분히 견고하다고 생각하지 않는다. 그럼에도 분명 그들은 칸트의 분석이 다른 측면에서는 상당히 옳다고 생각하고 있다. 가령 그들은 '당신이 행위할 때 자신이 어떠한 이유로 행위한다고 생각해야 하며, 단순히 가장 강한 욕구에 의해 추동된다고 생각해서는 안 된다'는 데에 동의한다. 그렇게 생각하지 않을 경우, 당신은 자신이 내적 강제하에서 행위한다고 생각하거나, 전혀 행위를 하지 않는다고 생각해야 할 것이다. 그들은 어떤 이유로 행위하는 것이 바로 원리에 준해서 행위하는 것이며, 오직 이성적인 원리일 경우에만 그러한 것들이 당신에게 이유를 제공할 수 있으리라는 데에 동의할 것이다.

그런데 우리가 살펴본 바와 같이, 칸트는 이상에서 언급한 바가 다음을 의미한다고 생각하였다: 적절한 원리들은 모든 이성적 행위자가 받아들일 — 따라서 그러한 원리를 받아들이지 않을 경우에는 어떠한 행위자도 합리적이라고 할 수 없는 — 원리여야 한다. 그런데 필자가 말하고 있는 칸트 이후의 철학자들은 이에 동의하지 않는다. 그들은 일관성에 대한 요구만이 원리 체계에 대한 유일한 제약(합리적인)이라고 생각한다. 따라서 그들은 상이한 사람들이 상이한 원리들을 가질 수 있다는 입장을 견지한다. 여기서 원리들은 각각의 사람들이 견지하는 원리가 내적인 일관성을 갖출 경우, 그들에게 상이하면서도 대립되는 것들(그들 중 어떤 것도 불합리하지 않으면서)을 행할 이유를 제공하는 것들이다.

이와 같은 이성의 힘에 대한 철학자들의 생각이 옳다고 가정해 보자. 만약 우리가 칸트에 동의하여 도덕 원리를 이성에 의해 요구되는 원리들이라고 한정한다면, 이때 도덕은 단순히 일관성의 문제로 축소되어야 한다. 이는 사실상 현대 프랑스의 실존주의자 사르트르(J. P. Sartre)의 견해인데, 그는 앞에서 언급한 바와 같은 이유로 도덕을 자신이 '성실'(good faith)이라고 부르는 바와 동일한 것으로 파악한다. 즉 도덕적으로 행동하는 것은 오직 위선적이지 않는 데에 있다는 것이다.[1] 한편 우리는 사람들 각각의 도덕을 이성

---

1) "Existentialism is a Humanism," in Kaufmann(ed.) *Existentialism: From*

에 의해 요구되는 원리들과 동일시하지 않고, 그 사람이 가지고 있는 전체적인 원리들의 체계와 동일시할 수 있다. 이는 대략적으로 현대 영국의 언어 철학자 헤어(R. M. Hare)의 입장(물론 우리가 앞으로 살펴볼 것이지만, 헤어가 모든 원리들을 도덕 원리라고 생각하는 것은 아니다[2])이다. 그의 생각에 따르면, 서로 다른 사람들은 서로 다른 도덕을 가질 수 있다. 이렇게 말하는 이유는 그들 각각이 도덕 원리로 받아들이는 상이한 원리들을 가질 수 있기 때문(불합리하다는 판정을 받지 않으면서)이다.

우리의 일상적인 도덕 개념과 비교해 볼 때, 사르트르의 견해는 너무 약한 듯하고, 헤어의 견해는 너무 강한 듯하다. 사르트르의 견해가 약하게 보이는 이유는 일상적으로 성실과 위선적이지 않는 것 이상의 것이 도덕에 담겨 있다고 생각하기 때문이다. 일상적으로 우리는 도덕이 도둑질, 거짓말 등에 대한 금지, 어려움을 겪고 있는 사람 돕기 등을 요구한다고 생각한다. 만약 이성의 힘에 대한 칸트의 생각이 옳지 않다면, 이와 같은 요구들은 단순히 자기 자신에게 진실되라는 것 이상을 포함하고 있어야 한다.

반면 헤어의 견해는 도덕에 내용을 부여하기는 한다. 하지만 일상적으로 우리가 적절하다고 생각하는 방식으로 부여하는 것은 아니다. 일상적으로 우리는 도덕 자체가 한 개인에게 조건을 부과한다고 생각한다. 그리고 어떤 사람이 '특정한 원리를 자기 자신의 원리로 채택하기로 결정하였다'는 사실은 그가 그러한 원리에 따르는 행동이 도덕에 의해 요구된다고 생각하기 때문에 그 원리를 채택

Dostoevsky to Sartre, New York: Meridian, 1956.

2) *The Language of Morals*, Oxford: The Clarendon Press, 1952.

하지 않는 이상, 그 원리가 자신의 도덕 원리들 중의 하나가 되게 할 수 없다. 나아가 헤어가 개인적인 도덕 원리라고 간주하는 것들은 우리가 일상적으로 도덕의 원리라고 생각하는 것과 일치할 필요가 없다. 그의 견해에 따르면 우리는 거짓말, 도둑질에 반대하고, 어려운 사람을 돕는 것에 찬성하는 원리를 채택해야 할 이유가 전혀 없다. 헤어의 견해에 따르면 개인적인 도덕 원리들은 우리가 일상적으로 생각하는 도덕 원리와는 상당히 다를 수 있는 것이다.

하지만 도덕에 대한 우리의 일상적인 개념과 대립된다는 사실 자체만을 놓고서 우리가 헤어 혹은 사르트르의 이론을 반박할 수는 없다. 그 이유는 두 철학자들이 우리의 도덕에 대한 일상적인 개념이 이성에 대한 잘못된 견해를 전제하고 있다고 주장하면서 반박할 가능성이 있기 때문이다. 만약 이성의 요구 조건들이 우리가 일상적으로 생각하는 것보다 훨씬 적다면 — 마치 헤어와 사르트르가 생각하듯이 — 우리의 도덕에 대한 일상적인 개념은 더 이상 유지될 수 없게 될 수도 있다. 어쩌면 우리가 일상적으로 생각하는 도덕은 '공허하고 터무니없는 개념', 즉 일종의 환상일지도 모른다. 그렇지만 이것이 곧 우리가 어떤 의미에서의 도덕도 없이 지내야 한다는 것을 의미하지는 않을 것이다. 그리고 만약 우리에게 선택권이 주어진다면, 우리가 사르트르의 방식으로 이야기하기로 결정했는지, 아니면 헤어의 방식으로 이야기하기로 결정할 것인가는 순전히 내용 없는 공허한 말의 문제에 불과한 것으로 판명될 수도 있을 것이다.

2. R. M. 헤어의 이론

헤어의 이론은 사르트르의 이론에 비해 정교하다. 따라서 여기에서는 헤어의 이론을 좀더 상세하게 고찰해 보도록 하자. 헤어는 한 사람의 기본적인 도덕 원리가 'P라는 사람에게 있어, P가 C라는 상황에 있는 경우에는 어떠한 경우에도, P가 D를 하게 하라!'라는 형식의 일반적인 명령문으로 표현될 수 있다고 생각한다. 가령 '어떤 것을 하기로 약속한 사람은 어떠한 경우에도 자신이 행하기로 약속한 바를 하도록 하라!'라는 식이다. 이러한 원리들은 보편적이고 예외가 없는 것으로 파악된다. 이들은 모든 사람들에게 요청된다는 측면에서 보편적이라고 파악된다. 또한 이들은 어떠한 상황(단순히 가설적 상황마저도 포함해서)에서도 타당해야 한다는 측면에서 예외가 없는 것으로 파악된다. 이에 따라 어떠한 있을 수 있는 예외도 원리들 속에 미리 '들어가' 있어야 하는 것이다. 가령 약속 지키기에 관한 우리의 원리에 있을 수 있는 예외를 포함시킨다면, 우리는 다음과 같은 원리를 산출하게 될 것이다:

도움을 필요로 하는 누군가에게 상당한 도움이 될 수 있는 어떤 것(약속을 지키는 것과 양립할 수 없는)을 할 수 있는 경우(이때에는 그가 바로 그와 같은 일을 하도록 하고)가 아니라면, 어떤 것을 하기로 약속(이 약속은 거짓된 겉치레에 의해 이루어진 것이 아니며, 강요에 의해 성립한 것도 아니다)한 사람은 자신이 행하기로 약속한 바를 행하도록 하라!

그런데 설령 이처럼 상세하게 원리를 구성한다고 할지라도, 대부분의 사람들이 받아들여야 하는 형태의 원리들과 비교해 볼 때, 이러한 원리는 턱없이 단순화된 것(만약 그들의 도덕이 실제로 이러한 종류의 원리들에 기초하고 있다면)이다. (우리는 이 점에 대해서 10장에서 다시 살펴보게 될 것이다.)

헤어에 따르면, 일반 원리를 도덕 원리로 받아들인다는 것은 (a) 자신이 그 원리를 준수하겠다는 의도를 갖는다는 것과 (b) 다른 사람들이 이 원리를 수용하게 한다는 것을 말한다. (b) 조건은 원리의 일반성 혹은 보편성을 나타내고 있다. 즉 이는 단순히 당신만의 원리가 아닌 것이다. 가령 이는 단순히 '내가 C라는 상황에 있는 경우에는 언제나 D를 하겠다!'라고 말하는 것이 아니다.

헤어가 파악하고 있듯이, 이러한 조건은 당신의 도덕 원리들에 제약을 가한다. 그러한 원리들은 당신 자신의 협소한 이익 증진을 지향할 수가 없다. 왜냐하면 당신은 단지 당신뿐만 아니라, 다른 모든 사람들 또한 당신의 원칙을 따르도록 당신의 원리들을 구성해야 하기 때문이다. 또한 현재의 상황뿐만 아니라, 당신과 여러 사람들의 입장이 바뀌는 가설적 상황에서도 그러한 원리들이 받아들여져야 하기 때문이다. 그런데 이와 같은 제약을 만족시켜 주는 오직 하나의 이성적 원리는 존재하지 않는다. 상이한 사람들은 상이하면서도 갈등을 일으키는, 그러면서도 (a)와 (b)를 모두 만족시키는 일련의 원리들을 받아들일 것이다.

어떤 사람은 (a)를 만족시키지만 (b)는 만족시키지 않는 비교적 약한 원리들을 받아들일 것이다. 그는 자신의 원리에 따르려 할 것이지만, 다른 사람들이 거기에 따르도록 하는 데에는 관심을 갖지 않을 것이다. 이와 같은 방식으로 그는 순수하게 이기주의적인 원리를 받아들일 것이다. 그러면서 그는 다른 사람이 거기에 따르기를 원하지 않는다. 그 이유는 다른 사람들이 이기주의적 원리를 따르는 것은 그 자신의 이익에 도움이 되지 않기 때문이다. 우리는 그러한 사람을 불합리한 사람이라고 말할 수 없을 것이다. 이렇게 말하는 이유는 (a)와 (b)를 동시에 만족시키는 일반 원리를 채택할 것을 이성이 요구하는 것처럼 보이지 않기 때문이다. 만약 당신이 이성에 입각하여 행동한다고 스스로 생각한다면(이와 더불어 당신이 단지 자신의 욕구의 희생양으로 생각하지 않는다면), 당신은 자신이 따라서 행동하는 이유들이 훌륭한 이유들이라고 가정해야 할 것이다. 이는 당신이 '동일한 입장에 있는 사람이면 누구라도 나처럼 행동할 동일한 훌륭한 이유를 가질 것이다'라고 가정해야 한다는 것을 함축하고 있다. 하지만 설령 그렇다고 하더라도 이것이 '다른 사람들을 유사한 이유로 유사하게 행동하게 만들 준비가 되어 있다든지, 준비가 되어 있어야 한다'는 것을 함축하지는 않는다. 가령 당신이 이기주의자라면, 당신은 자신이 생각하기에 가장 합리적인 원리(자신이 근거해서 행동할)에 따라 다른 사람들이 행동하지 못하게끔 힘써야 한다. 합리성 자체는 당신에게 (b) 조건을 만족시키는 원리에 입각해서 행동할 것을 요구하지 않는다.

하지만 만약 당신의 원리들이 오직 (a) 조건만을 만족시킬 경우, 그리고 당신이 그러한 원리들을 다른 사람들이 채택하게 하려는 의도를 갖지 않는다면, 헤어는 그러한 원리를 '도덕 원리'라고 간주하지 않을 것이다. 헤어에 따르면, '도덕 원리들을 갖는다는 것'은 '당신이 따를 의도가 있는 원리를 갖는다는 것', 그리고 '다른 사람들로 하여금 거기에 따르게 하려는 원리를 갖는다는 것'과 동일하다. 이렇게 보았을 때, 합리성 자체는 헤어가 생각하는 의미의 '도덕 원리'를 도덕 원리로 갖게 하는 데에 충분치 못하다.

이상에서와 같은 도덕 원리들에 대한 설명을 전제로 하여, 헤어는 도덕적 'ought'를 개략적으로 정의할 채비를 갖춘다. 그는 'P가 마땅히 D를 해야 한다'가 'P가 D를 행하는 것은 내가 거기에 따르기로 동의한 일반적인 도덕 원리에 따르는 것이다'와 동일한 것을 의미한다고 말한다. 이어서 그는 이것이 다음과 같은 것을 의미한다고 말한다: "내가 거기에 따르기로 동의한 일반적인 도덕 원리들, 그리고 이와 더불어 고려된 사실들은 P에게 부과되는 명령인 'D를 해라!'를 함축하고 있다."

'내가 거기에 따르기로 동의한'이라는 어구는 도덕적 견해의 불일치를 허용하기 위해 필요하다. 이렇게 말하는 이유는 다음과 같다: 가령 분석이 'P가 마땅히 D를 해야 한다'가 'P가 D를 행하는 것은 내가 동의하는 일반적인 도덕 원리에 따르는 것이다'를 의미한다고 가정해 보자. 만약 이와 같이 분석이 이루어질 경우, 내가 'P는 마땅히 D를 행해야 한다'고 말하고, 당신은 'P가 D를 해서는 안 된다'고 말한다면, 우리는 심지어 견해가 불일치하지도 않은 것이다. 그 이유는 나는 'P가 D를 행하는 것'이 곧 '내가 동의하는 일반적인 도덕 원리에 따르는 것'임을 말하는 것일 것이고, 당신은 'P가 D를 행하는 것'이 곧 '당신이 동의하는 일반적인 도덕 원리에 따르는 것'임을 말하는 것일 것이기 때문이다. 그런데 이러한 주장들은 서로 모순되지 않는다. 왜냐하면 당신과 나는 상이한 원리를 가지고 있을 수 있기 때문이다.

그렇다면 우리가 어떻게 불일치하는가? 헤어에 따르면, 우리는 태도에서 불일치한다. 이렇게 말하는 이유는 우리가 대립되는 원리들을 각각 옹호하고 있기 때문이다. 가령 나는 P가 D를 할 것을 요구할 원리들을 옹호하고 있는 것이고, 당신은 P가 D를 하지 않을 것을 요구할 원리들을 옹호하고 있는 것이다. 내가 'P가 D를 행하는 것은 내가 거기에 따르기로 동의한 일반적인 도덕 원리에 따르는 것'이라고 말할 때, '거기에'(thereby)는 내가 단순히 나의 원리들을 서술하고 있는 것이 아니라, 그와 같은 발언에서 그러한 원리에 복속한다는 것을 나타내는 표시이다. 달리 말하자면, 나는 그러한 원리들을 옹호하는 것이다. 당신과 나는 양립할 수 없는 것들을 옹호하고 있다는 측면에서 다르다.

그런데 내가 'P가 마땅히 D를 해야 한다'고 말하고, 당신은 단순히 이를 부정해 버린다면(P가 마땅히 D를 해서는 안 된다고 말하는 데에까지 이르지 않고), 우리는 여기서도 불일치하는 것이다. 이러한 경우, 우리의 불일치는 나는 P가 D를 할 것을 요구하는 원리들을 옹호함에 반해, 당신은 P가 D를 행할 것을 요구하지 않는 원리들을 옹호하는 것이 아니다. 그 이유는 앞에서와 같은 경우에는 단지 내가 당신보다 강한 원리들을 옹호하고 있다는 것을 의미하는 데 지나지 않을 수 있기 때문이다. 나의 원리들은 당신의 것과 대립되지 않으면서 당신의 것보다 강할 수 있다. 그런데 당신이 P가 마땅히 D를 행해야 한다는 것을 부정할 때, 당신은 단지 P가 D를 행할 것을 요구하지 않는 원리들을 옹호하는 것일 뿐만 아니라, P가 D를 할 것을 요구하는 어떠한 도덕 원리들도 사람들이 수용해서는 안 된다는 것을 옹호하는 것이기도 하다. 달리 말해, 당신은 사람들 각자가 P가 D 하는 것을 요구하지 않는 원리들을 전체적인 일련의 도덕 원리들로 채택해야 함을 옹호하고 있는 것이다.

따라서 헤어의 분석을 도덕적 'ought' 문장의 부정에까지 확장할 경우, 우리는 'P가 D를 해야 한다'에 대한 부정이 다음과 같은 의미를 나타내는 것으로 분석되어야 한다는 것을 알 수 있다: '나는 사람들이 자신들의 도덕 원리로 M이라는 원리들을 채택한다는 것에 따르기로 동의하며, 또한 이를 옹호한다. 이때 M에 따른다는 것은 P가 D를 행해서는 안 된다는 것이다.' 이와 유사하게, 도덕적 'ought'가 더 큰 문장의 종속절에 들어가 있을 때, 이는 다음과 같이 분석되어야 한다: 즉 '… P는 마땅히 D를 해야 한다. …'는 다음과 같은 것을 의미한다: '나는 사람들이 그들의 도덕 원리인 M이라는 원리들을 채택한다는 것에 따르기로 동의하며 또한 이를 옹호한다. 그리하여 … P가 D를 행한다는 것은 M에 따르는 것이다. …'

헤어는 또 다른 도덕적 'ought'의 용법이 있다고 말한다. 여기서의 ought는 화자가 관련 원리에 귀속되지 않는 ought이다. 그는 이를 인용 부호(inverted commas) 용례라고 부른다. 왜냐하면 그러한 원리들은 다른 사람들이 옹호하는 것이기 때문이다. 가령 '존스는 P가 마땅히 D를 해야 한다고 믿는다'라는 문장은 다음과 같이 분석되어서는 안 된다: '나는 앞의 문장을 통해 사람들이 M이라는 원리들을 자신들의 전체적인 도덕 원리로 채택하는 것에 동의하며, 또한 이를 옹호한다. 그리하여 존스는 P가 D를 행하는 것이 M에 따르는 것임을 믿는다.' 여기서 특정 원리에 동의한다고 일컬어지는 것은 화자가 아니라 존스이다. 이렇게 말하는 이유는 앞에서의 문장이 '존스는 사람들이 자신들의 전체적인 도덕 원리로 M이라는 원리들을 채택하도록 하는 데에 동의하며, 또한 이를 옹호한다. 그리하여 존스는 P가 D를 하는 것이 M에 따르는 것임을 믿는다'라고 분석되어야 하기 때문이다.

3. 헤어에 대한 실존주의자의 반론

이제 필자는 사르트르와 같은 사람의 관점이 헤어의 분석을 어떻게 비판할 수 있는가를 고찰해 보고자 한다. 사르트르는 도덕 원리들을 단순한 일관성의 원리로 한정하려 했던 철학자이다. 사르트르와 헤어는 다음과 같은 경우가 발생할 수 있음에 모두 동의한다: 비록 당신과 P 각각이 받아들이는 원리들이 철저하게 일관되다고 하더라도, 당신의 원리들은 P가 D를 해야 한다는 것을 함축함에 반해, P의 원리들은 P가 D를 해서는 안 된다는 것을 함축할 수 있다. 그런데 이와 같은 경우, 헤어의 분석은 여전히 당신이 P에 대해 말하면서 'P가 마땅히 D를 해야 한다'고 말하는 것을 허용할 것이다. 여기서의 비판은 P가 D를 해야 할 이유가 없는데도 P가 D를 해야 한다고 말하는 것은 이상한 일이라는 것이다. '오직 P가 D를 해야 할 이유가 있는 경우에만 P가 마땅히 D를 해야 한다'고 하는 것은 우리가 일상적으로 생각하는 바이다. 그런데 P가 D를 행해야 할 이유들이 P의 원리 외에 도대체 어디에서 올 수 있는지가 분명치 않다. 이렇게 말하는 이유는 만약 P가 당신의 원리를 공유하지 않을 경우, 어떻게 당신의 원리가 P에게 D를 할 이유를 제공할 수 있는지가 확실치 않기 때문이다. P가 마땅히 D를 해야 한다고 하는 것은 최소한 P가 D를 할 이유가 있다는 것이다. 하지만 헤어의 분석에 따르면 설령 당신이 P가 D를 할 아무런 이유가 없다는 데에 동의해야 한다고 해도, 당신은 P가 D를 마땅히 해야 한다고 말할 수 있다. 이렇게 보았을 때 헤어의 분석은 적절하지 못하며, 그리하여 이상에서의 비판은 설득력이 있다고 할 수 있는 것이다.

물론 당신은 (당신의 도덕 원리 중의 하나로) '무엇인가를 해야 할 이유가 있을 경우에만 마땅히 그것을 해야 한다'는 원리 (O)를 받아들일 수 있을 것이다. 이와 같은 경우, 만약 당신의 도덕 원리들이 일관성이 있다면, 그러한 원리들이 P가 D를 해야 할 아무런 이유가 없음에도 마땅히 D를 해야 한다는 의미를 함축할 수 없을 것이다. 헤어설의 난점은 당신이 (O)(무엇인가를 해야 할 이유가 있을 경우에만 마땅히 그것을 해야 한다)를 당신의 도덕 원리로 삼도록 요구하는 것이 그의 분석에는 포함되지 않는다는 데에 있다. 때문에 헤어는 당신이 (O)를 받아들이지 않을 가능성도 허용하지 않으면 안 되며, 이에 따라 당신의 도덕 원리가 '설령 P에게 D를 해야 할 아무런 이유가 없어도, P는 마땅히 D를 해야 한다'는 것을 의미할 가능성조차도 허용하지 않을 수 없다. 하지만 그런 가능성은 배제되어야 한다는 것이 반론자가 주장하고 싶은 바이다.

이러한 반박에 대해서는 두 가지 대답이 가능하다. 첫째, 어떤 사람은 P가 D를 할 이유가 있을 경우에만 P가 마땅히 D를 해야 한다는 원리 (O)를 부정한다. 둘째, 또 다른 사람은 반대로 어떤 적절한 의미에서 P는 마땅히 D를 해야 한다고 말한다. 이와 같은 답변을 각각 순서에 따라 고찰해 보도록 하자.

첫째, 'P가 마땅히 D를 해야 한다'고 말하는 것이 'P가 D를 해야 할 이유가 있다'를 함축하는 것이 사실인가? 이러한 질문에 답하기 위해, 우리는 'ought'의 의미를 구분할 필요가 있다. 우리가 앞에서 가치 평가적 의미의 'ought'라고 불렀던 것에는 이와 같은 함축이 담겨 있지 않다. 하지만 이와 같은 주장은 헤어의 분석을 적절히 파악하는 데에 전혀 도움을 주지 않는다. 왜냐하면 그의 의도는 도덕적 의미의 'ought' — 가치 평가적 의미와 동일하지 않은 — 를 분석하는 데 있기 때문이다. 그리고 'ought'가 도덕적 의미에서 파악될 경우, 우리는 'P가 마땅히 D를 해야 한다'가 'P가 D를 해야 할 이유가 있다'를 함축한다는 것을 타당하다고 할 것이다.

필자는 5장에서 최소한 네 가지 의미의 'ought'가 있다고 주장한 바 있다. 먼저 '기차가 여기에 곧 도착할 것'(ought to be here)이라고 말할 때의 기대의 'ought'가 있다. 다음으로 '세상에 더 많은 사랑이 있어야 한다'고 말할 때의 가치 평가적인 'ought'가 있다. 이 문장은 '세상에 사랑이 더 많이 있다면 좋을 텐데'라는 의미이다. 여기서 당신은 세상에 더 많은 사랑이 있을 것을 기대한다는 의미로 'ought'를 사용하고 있는 것이 아니다. 그리고 기차가 이곳에 곧 도착할 것이라고 말할 때, 당신은 기차가 이곳에 곧 도착하면 좋을 것임을 반드시 의미하는 것 또한 아니다.

이와 같은 두 가지 의미의 'ought' — 기대의 'ought'와 가치 평가적 'ought' — 는 사태를 서술하는 데에 사용된다. 다음으로 'ought'가 행위 주체를 좀더 특별하게 특징짓기 위해 사용될 수 있다. 가령 우리는 어떤 행위 주체가 마땅히 어떠한 행동을 해야 한다고 말할 수 있다. 한 걸음 나아가, 우리는 'ought'를 최소한 두 가지 상이한 의미로 사용할 수 있다. 먼저 어떤 사람이 도덕적으로 무엇인가를 마땅히 해야 한다고 말할 때 도덕적 'ought'를 사용할 수 있다. 가령 은행을 털려고 하는 강도에 대해 말하자면, 우리는 그가 마땅히 그의 계획을 포기하고 집으로 돌아가야 한다고 말할 수 있을 것이다. 또한 우리는 합리성의 의미로 'ought'를 사용할 수 있다. 가령 강도에 대해 말하면서, 우리는 그가 마땅히 후문으로 들어가야 한다고 말할 수 있을 것(앞문에 있는 감시인을 피하기 위해 그렇게 하는 것이 합리적임을 나타내면서)이다. 이처럼 강도가 집으로 돌아가야 한다고 말하는 경우와, 그가 후문을 사용해야 한다고 말하는 경우 'ought'가 의미하는 바에 차이가 있음은 분명하다.

이제 당신은 기대의 'ought', 도덕적 'ought', 그리고 합리성의 'ought'가 분명 의미상의 차이가 있다는 것에 동의할 수 있을 것이다(물론 만약 칸트가 옳다면, 도덕적 'ought'는 합리성의 'ought'와 일치할 것이다). 여기서 파악하기 어려운 차이는 가치 평가적 'ought'와 도덕적 'ought' 사이의 차이이다. '록펠러는 마땅히 자신의 돈을 가난한 자들에게 주어야 한다'라는 주장을 고찰해 보자. 이러한 주장에서의 'ought'는 가치 평가적 'ought'와 도덕적 'ought' 중 어떤 것에 해당하는지 애매하다. 가령 이는 마땅히 있어야 할 상황에 관한 주장으로 파악될 수 있다. 즉 록펠러가 돈을 가난한 자들에게 주는 것이 마땅히 있어야 할 상황이라는 것을 의미할 수 있는 것이다. 한편 이러한 주장이 행위 주체로서의 록펠러에 관한 주장으로 해석될 수도 있을 것(록펠러가 도덕적으로 행해야 하는 바가 있음을 나타내면서)이다: 즉 도덕적으로 보았을 때, 록펠러가 마땅히 자신의 돈을 빈자에게 주어야 한다는 것이다. 여기서 첫 번째 경우는 단순히 화자가 어떤 사태가 좋을 것이라고 말하고 있는 것이다. 반면 두 번째 경우는 어떠한 행동을 하지 않는 것이 록펠러가 도덕적인 잘못을 범하는 것이라고 말하고 있는 것이다. 두 번째의 주장은 첫 번째의 경우보다 강한 주장이다. 당신은 좀더 약하게 주장할 수 있는데, 그 이유는 당신이 단순히 현재와 같은 빈부의 차이가 없으면 좋을 것이라고만 생각할 수 있기 때문이다. 반면 록펠러가 빈자를 착취하여 돈을 벌었고, 따라서 그들 덕에 그렇게 돈을 벌었다고 생각한다면, 당신은 좀더 강한 주장을 할 것이다. 도덕적 'ought'를 사용하면서 좀더 강한 주장을 한다면, 당신은 록펠러가 돈을 되돌려주지 않을 경우 도덕적으로 잘못을 범하고 있다는 것을 함축하는 것이다. 이에 반해 만약 당신이 가치 평가적 'ought'를 사용하여 좀더 약한 주장을 한다면, 당신은 비록 당신의 주장을 통해 어떤 상황이 잘못임을 분명 함축하기는 하지만, 그럼에도 당신은 록펠러가 반드시 잘못했다고 말하고 있는 것은 아니다.

가치 평가적 'ought'는 어떠한 상황을 평가하기 위해 사용된다: 즉 이는 록펠러가 빈자에게 돈을 주는 상황을 평가하기 위해 사용되는 것이다. 반면 도덕적 'ought'는 문장의 주어, 앞의 경우에서는 록펠러를 판단하는 데 사용된다. 이렇게 본다면 가치 평가적 'ought to be'와 'ought to do'를 구분하는 방법이 존재한다고 할 수 있을 것이다. 만약 가치 평가적 의미로 쓰인다면, '록펠러가 자신의 돈을 빈자에게 주어야 한다'(Rockefeller ought to give his money to the poor)는 문장은 '록펠러가 자신의 돈을 빈자에게 주는 것은 마땅히 있어야 할 일이다'(It ought to be the case that Rockefeller gives his money to the poor)라는 문장과 동일하다. 그런데 도덕적 의미로 쓰인다면, 이와 같은 동일성은 유지될 수 없다. 록펠러가 자신의 돈을 빈자에게 주는 것은 빈자가 록펠러의 돈을 록펠러로부터 받는 것과 동일하다. 이렇게 보았을 때 만약 가치 평가적 의미를 염두에 둔다면, '록펠러가 자신의 돈을 빈자에게 마땅히 주어야 한다'는 문장은 '빈자들은 록펠러의 돈을 그로부터 마땅히 받아야 한다'는 문장과 동일하다. 하지만 만약 도덕적 의미를 의도하고자 할 경우, 이러한 문장들은 동일하게 파악될 수 없다. 왜냐하면 앞에서 첫 번째 문장이 록펠러가 행해야 할 바를 말하고 있는 데 반해, 두 번째 문장은 빈자들이 행해야 할 바(만약 그들이 할 수 있다면)를 말하고 있기 때문이다.[3]

헤어는 'ought'가 (기대, 가치 평가, 혹은 합리성의 의미로 쓰이지 않고) 도덕적 의미로 사용되고 있는 'P가 마땅히 D를 해야 한다'를 분석하려 하고 있다. 그런데 도덕적 의미에서 사용되는 'ought'는 'P가 마땅히 D를 해야 한다'고 말하는 것이 'P가 D를 행할 이유를 가지고 있다'는 것을 함축한다. 왜냐하면 P가 D를 행할 이유 — 심지어 도덕적 이유조차도 — 가 전혀 없음에도, P가 (도덕적으로) 마땅히 D를 해야 한다고 생각하는 것은 일관성을 결여한 것이기 때문이다.

만약 도덕적 'ought'를 가치 평가적 'ought'와 분명하게 구분하지 않을 경우, 논점이 흐려지게 될 것이다. 가령 록펠러가 마땅히 자신의 돈을 빈자에게 주어야 한다고 말할 경우, 당신은 록펠러가 자신의 돈을 빈자에게 주어야 할 이유가 있다는 것을 전혀 뜻하지 않을 수도 있다. 만약 가치 평가적 의미로 'ought'를 사용한다면, 당신은 그렇게 말하면서 록펠러가 빈자에게 자신의 돈을 주어야 할 아무런 이유가 없다는 데에 별다른 문제없이 동의할 수 있다. 록펠러가 자신의 돈을 빈자에게 주는 것이 좋은 일이라고 말할 따름이라면, 당신은 록펠러가 자신의 돈을 빈자에게 반드시 주어야 할 도

---

3) [역주] 이상을 정리하자면 다음과 같다.

(1) 가치 평가적 의미로 사용된 경우 : '록펠러가 자신의 돈을 빈자에게 마땅히 주어야 한다'와 '빈자들은 록펠러의 돈을 그로부터 마땅히 받아야 한다'가 주어인 록펠러와 빈자들이 해야 할 일에 대해서 말하고 있는 것이 아니라, 그런 경우가 발생하는 것이 좋을 것임을 나타내고 있다.

(2) 도덕적 의미로 사용된 경우 : '록펠러가 자신의 돈을 빈자에게 마땅히 주어야 한다'와 '빈자들은 록펠러의 돈을 그로부터 마땅히 받아야 한다'가 각각 주어인 록펠러와 빈자들이 마땅히 해야 할 일에 대해서 말하고 있다.

덕적 의무가 있음을 의미하는 것이 아니다. 그리고 반드시 그가 그렇게 해야 할 어떤 이유가 있음을 당신이 함축하는 것도 아니다. 그리고 설령 록펠러가 자신의 돈을 빈자에게 줄 아무런 이유 — 심지어 도덕적 이유마저도 — 가 없다고 할지라도, 여전히 그가 돈을 빈자에게 주는 것은 좋은 일이라고 생각하는 데에는 아무런 모순도 없다. 그러한 일이 실제로 발생할 경우, 세상은 더 살기 좋은 곳이 될 것이다. 반면 만약 당신이 도덕적인 의미에서 록펠러가 (가령 빈자를 착취해서 돈을 벌었기 때문에) 자신의 돈을 빈자에게 마땅히 주어야 한다는 것을 의미하고자 한다면, 이때 당신의 주장은 록펠러가 자신의 돈을 빈자에게 주어야 할 이유가 있음을 함축하고 있음에 분명하다. 즉 당신의 주장은 그가 빈자들을 착취함으로써 돈을 벌었다는 것을 함축하고 있는 것이다. 'ought to be'인 가치 평가적 'ought'는 행위자의 행동할 이유에 관한 함축을 전혀 담고 있지 않다. 반면 'ought to do'인 도덕적 'ought'는 어떤 것을 마땅히 해야 하는 사람이 그것을 해야 할 이유가 있다는 함축을 분명 담고 있다.

4. 이유들과 기본적인 원리들

우리는 사르트르의 비판에 대한 헤어의 첫 번째 대응 방식이 적절하지 못하다는 것을 확인하였다. 다음에서는 두 번째 대응 방식이 적절할 수 있는가를 살펴보도록 하자. 사르트르의 헤어 비판에 따르면, 헤어는 당신과 다른 원리들을 갖는 사람에 대해 당신이 내리는 도덕 판단를 설명할 수 없다. 당신은 이를 기억할 것이다. 그러한 사람이 무엇인가를 해야 한다고 말하는 것은 그가 그것을 해야 할 이유를 갖는다고 말하는 것과 동일하다. 하지만 헤어는 '설령 어떤 사람이 무엇인가를 해야 할 이유를 가지고 있지 않으며, 심지어 그것을 행하지 않을 구구절절한 이유를 가지고 있다고 해도, 그 사람은 그것을 해야 한다'고 당신이 말하는 것을 허용할 것이다. 이와 같은 사르트르적 유형의 비판에 대한 첫 번째 대응은 원리 (O), 즉 '도덕적인 의미에서 누군가가 무엇인가를 해야 한다'고 말하는 것이 '그가 그것을 해야 할 이유를 갖는다'고 말하는 것과 동일하다는 원리 (O)를 부정하는 것이었다. 필자는 도덕적 'ought to do'와 가치 평가적 'ought to be'를 구분하지 못할 경우에만 그와 같은 응답이 설득력을 발휘할 수 있다고 주장한 바 있다. 두 번째 대응에서는 다른 입장을 취하여, 문제의 사람이 문제가 되는 일을 행할 이유를 분명 갖는다고 주장한다. 다시 말해 그가 그것을 마땅히 해야 할 이유를 갖는다는 것이다.

먼저 상황을 상기해 보자: P의 원리는 당신의 것과 다르다. P의 원리에 의거해 볼 때 P는 D를 해서는 안 된다. 반면 당신의 원리에 의거해 볼 때 P는 D를 해야 한다. 좀더 정확히 말해, P가 D를 행하는 것은 당신의 원리에는 일치하지만, P의 원리에는 일치하지 않는 것이다. 그런데 헤어의 분석이 당신에게 허용한 바에 따라, 당신은 도덕적인 측면에서 볼 때 P가 마땅히 D를 행해야 한다고 말한다. 이러한 입장에 대한 비판은 이와 같은 주장이 P가 D를 행할 이유를 가지고 있지 않음에도 불구하고, P가 D를 행할 이유가 있다는 것을 함축한다는 것이었다. 우리가 현재 검토해 보고 있는 그에 대한 대응은 P가 D를 마땅히 해야 한다고 말할 때, 당신은 P가 D를 행할 이유를 갖는다고 분명 생각한다는 것이다. 이렇게 말하는 이유는 P가 깨닫건 그렇지 못하건, '그가 마땅히 D를 해야 한다'는 그가 D를 해야 할 이유라고 말할 수 있기 때문이다. 물론 P는 자신이 D를 해야 할 이유 — 특히 D를 해야 하는 이유 — 를 갖는다고 스스로 생각하지 않을 것이다. 하지만 'P가 D를 행할 이유가 있다'고 말한다고 해서, 그것이 'P 자신이 D를 행할 이유를 갖는다는 것을 깨닫는다'는 것을 의미하는 것은 아니다.

이러한 주장을 좀더 구체적으로 나타내기 위해, 당신이 채택하고 있는 원리 중의 하나가 고기를 먹지 않는 것이라고 가정해 보자. 이는 당신이 지키려는 의도를 갖는 원리이며, 당신은 다른 사람들도 이를 받아들이게 하려는 의도를 가지고 있다. 헤어에 따르면, 바로 이와 같은 이유로 그러한 원리는 당신의 도덕 원리 중의 하나이다. 반면 P는 다른 원리를 갖는다. 그는 끼니때마다 고기를 즐겨 먹는다. 그런데 P의 그릇 위에 있는 스테이크가 고기라는 사실을 인지한 당신은 당신의 원리에 입각하여 P가 스테이크를 먹어서는 안 될 이유를 갖는다고 결론을 내린다. 즉 그러한 스테이크가 고기이고, 우리는 어떤 고기도 먹어서는 안 된다는 것이다. 하지만 당신은 P 자신이 그러한 원리를 받아들이지 않고, 실제로는 반대의 원리를 받아들인다는 것에 동의한다. 이는 일관성이 있는 태도인가?

물론 P가 당신의 일반 원리를 받아들였다면, 스테이크가 고기라는 사실은 P가 그것을 먹지 않을 이유가 된다. 하지만 P가 당신의 원리를 받아들이지 않는데, 어떻게 그러한 사실이 P에게 고기를 먹지 않을 이유가 된다고 생각할 수 있는가? 분명 당신은 오직 'P가 자신의 원리보다는 나의 원리를 받아들여야 한다'고 생각할 경우에만 그러한 원리가 P에게 이유를 제공한다고 생각할 수 있다. 이에 따라 당신은 P가 당신의 원리를 받아들일 이유가 있다고 생각해야 하는 것이다. 이렇게 말하는 이유는 만약 P가 당신의 원리를 받아들일 이유가 있다면, 설령 P가 사실상 당신의 원리를 받아들이지 않아도, 스테이크가 고기라는 사실이 P가 스테이크를 먹지 않을 이유가 될 수 있기 때문이다. 하지만 만약 P가 당신의 원리 혹은 그것과 유사한 원리를 받아들일 이유가 없다면, 스테이크가 고기라는 사실이 과연 어떠한 의미에서 그에게 스테이크를 먹지 말아야 할 이유가 되는지 분명치 않다.

이렇게 보았을 때 P가 스테이크를 먹어서는 안 된다고 말할 경우, 당신은 P가 당신의 원리, 혹은 그와 유사한 원리를 받아들일 이유가 있음을 함축하고 있는 것이다. 하지만 헤어가 언제나 그와 같이 가정할 수 있는 것은 아니다. 칸트의 입장을 계승하고 있는 철학자인 헤어는 칸트가 말한 바의 상당 부분에 동의하고 있다. 하지만 그는 다른 다양한 선택지를 제쳐두고 특정한 원리를 선택하는 단순한 일관성을 넘어선 이유가 있다고 생각하지 않는다. 이성 자체는 당신의 원리에 그처럼 강한 제약을 가하지 않는다. 때문에 칸트의 입장을 계승한 철학자로서의 헤어는 '고기를 먹지 말라'는 원리를 받아들이지 않는 P가 그것을 필연적으로 받아들여야 할 이유가 있다고 말할 수 없는 것이다. 그런데 헤어의 입장을 기준으로 따져보았을 때, 만약 P가 그러한 원리를 받아들일 어떠한 이유도 없다면(이는 어느 정도 가능하다), P가 그러한 원리를 받아들여야 한다고 말할 수 없다. 왜냐하면 P가 어떠한 원리를 받아들일 이유가 없을 때, P가 마땅히 그러한 원리를 받아들여야 한다고 말하는 것은 일관성이 없는 것이기 때문이다. 이 경우 만약 P의 원리가 스테이크를 먹지 말아야 할 아무런 이유를 제공하지 않고, 현재 채택하고 있는 원리와 다른 어떠한 원리들을 P가 받아들일 아무런 이유 또한 없다면, P가 스테이크를 먹어서는 안 된다고 말할 수 없다.

헤어는 화자가 갖는 기본적인 원리가 행위 주체의 것과 대립되는 경우가 있을 수 있다는 것을 허용해야 한다. 그와 같은 경우, 헤어의 이론은 화자가 다음과 같이 말하는 것을 허용할 수 있게 된다: '설령 어떤 것을 하는 것이 행위 주체 자신의 원리에는 일치하지 않아도, 그럼에도 행위 주체는 마땅히 그러한 것을 해야 한다.' 이러한 판단은 행위 주체가 그러한 일을 할 이유가 있음을 함축하고 있다. 그리고 이와 같은 상황에서 방금 언급한 바가 가능할 수 있는 경우는, 오직 행위 주체가 화자가 호소하고 있는 원리와 유사한 원리를 채택할 이유를 갖는 경우에 한정된다. 그런데 헤어의 변형된 칸트 이론의 핵심은 만약 행위자 자신의 원리에 어떤 형태의 비일관성 혹은 비합리성이 없지 않는 이상, 행위 주체는 다른 원리를 채택할 이유가 없다는 것이다. 하지만 행위자의 원리에 그와 같은 비일관성 혹은 비합리성이 있어야 할 이유가 없으며, 이로 인해 행위 주체가 행할 이유가 없는 행위까지 행해야 한다는 주장을 용인하는 헤어의 이론은 '~해야 한다'고 말하는 화자를 모순으로 몰아갈 수 있다. 이와 같이 말하는 이유는 다음과 같다: 헤어의 이론은 행위 주체가 자신이 실질적으로 받아들이는 원리들과 상이한 원리들을 받아들일 아무런 이유가 없는 것이 당연하다는 것을 핵심으로 하고 있다. 그럼에도 헤어의 이론은 화자가 자신의 원리들에 기반을 두고 행위 주체를 판단할 수 있다고(여기서의 판단은 행위자가 화자의 원리를 받아들일 이유가 있음을 함축하고 있다) 화자에게 말해 주고 있다. 때문에 그의 이론은 화자를 모순으로 몰아가는 것이다.

그런데 헤어는 다음과 같은 방식으로 자신의 분석을 수정함으로써 이와 같은 비판에 쉽사리 대응할 수 있다: 즉 그는 'P가 마땅히 D를 해야 한다'가 'P가 D를 하는 것은 내가 거기에 동의하며, P 또한 받아들이거나 최소한 받아들일 좋은 이유가 있는 일반적인 도덕 원리에 따르는 것이다'를 의미한다고 생각할 수 있는 것이다. 하지만 이는 관련된 원리를 받아들이지 않고, 그것을 받아들일 아무런 이유가 없는 누군가에 대해 당신이 도덕적 'ought'를 사용하여 도덕 판단을 내릴 수 없음을 의미할 것이다. 그런데 이 또한 잘못인 것처럼 보인다. 이렇게 말하는 이유는, 칸트가 밝히고 있는 바와 같이, 사람들의 도덕 원리가 무엇인가와 무관하게, 우리는 어떠한 사람에 대해서나 그와 같은 도덕 판단을 내릴 수 있는 것처럼 보이기 때문이다.

그렇다면 이제 두 가지 가능성이 남아 있다. 하나는 헤어의 이론이 설령 앞에서 제시한 방식으로 수정되었다고 하더라도 옳지 않으며, 이에 따라 도덕이 성실과 일관성 이상의 것이 아니라는 사르트르의 견해만 남게 된다는 것이다. 또 다른 가능성은 누구를 막론하고(다른 사람들의 원리가 어떤 것인가와 무관하게) 우리가 그를 대상으로 도덕적 'ought' 판단을 내릴 수 있다는 일상적인 견해가 잘못되었다는 것이다. 우리는 지난 장에서 우리의 도덕 원리가 모든 이성적 존재자를 구속한다는 생각을 포기해야 할지도 모른다는 생각을 이미 고찰해 보았다. 거기서 살펴본 바와 같이, 도덕 원리가 모든 이성적 존재자를 구속한다는 생각은 그 자체가 칸트가 서술한 바 있는, 우리의 일상적인 도덕적 견해가 반영된 것이고, 칸트의 입장을 계승한 철학자들이 우리가 포기해야 할 것이라고 말하는 바를 반영하는 것이다. 우리는 일상적으로 생각되는 도덕을 가질 수 없다. 우리가 가질 수 있는 것이라고는 헤어가 제안한 대체 이론(그의 이론이 수정되었다는 것이 감안된)일지도 모른다. 이 때 도덕은 일군의 사람들이 받아들이는 원리라는 특성을 갖게 된다. 우리의 도덕 원리들은 오직 그러한 원리들을 공유하는 사람들만을 구속하거나, 혹은 그러한 원리들이 그러한 원리들을 수용하는 이유를 제공하는 사람들만을 구속한다.

더 읽을거리

R. M. Hare의 이론은 *The Language of Morals*(Oxford: Oxford University Press, 1952)에서 제시되고 있다.

J. P. Sartre 입장에 대한 대중적인 설명을 살펴보고자 한다면, "Existentialism is a Humanism" in Walter Kaufmann, *Existentialism from Dostoevsky to Sartre*(New York: Meridian, 1956)을 볼 것.

제 8 장
관습과 상대성

1. 내재주의와 외재주의

　도덕은 사람들에게 행동할 이유를 제공한다. 그런데 어떤 윤리
이론이 적절하려면 도덕이 왜 사람들에게 행동하는 이유를 제공하
는가를 설명할 수 있어야 한다. 이렇게 보았을 때, 가령 이상적 관
찰자 이론은 어떤 사람이 어떠한 이유로 도덕적으로 해야 할 바를
행할 이유를 갖는가에 대해서 아무런 언급이 없다는 측면에서 문
제점을 갖는다. 이상적 관찰자 이론에 의하면, 이상적인 공평무사
한 관찰자가 행위자의 그 행위를 승인할 때, 또 그때에 한해서 행
위자는 도덕적으로 그것을 행해야 한다. 그런데 이상적 관찰자 이
론은 그와 같은 가설적인 공평무사한 이상적 관찰자의 반응이 어
떻게 편견에 사로잡힌 사람에게 무엇인가를 행할 이유를 제공하는

지에 대해 아무런 말이 없다. 이렇게 말하는 이유는 이상적 관찰자 이론이 그와 같은 가상적인 인물의 반응에 대해 사람들이 관심을 가져야 할 이유에 대해 아무런 언급이 없기 때문이다.

이상적 관찰자 이론에 대한 이와 같은 비판은 2장에서 검토한 미결 문제 논증의 한 가지 사례이다. 이상적 관찰자 이론은 윤리적 자연주의의 한 형태이다. 모든 자연주의 이론은 'P는 도덕적으로 D를 해야 한다'라는 주장을 'P가 D를 하는 것은 C라는 자연적 특성을 가질 것이다'라는 주장과 동일시한다. 그런데 만약 우리가 어떤 행동이 C라는 것에 대해 그다지 관심을 갖지 않는다면, 우리로서는 어떤 사람이 C라는 특성을 갖는 무엇인가를 행해야 할 것인가가 미결 문제가 될 것이다. 왜냐하면 우리는 분명 사람들이 도덕적으로 행해야 하는 것이 무엇인가에 대해 관심을 갖기 때문이다.

우리가 항상 옳다고 생각하는 바를 행하려는 동기를 갖는 것은 아니다. 간혹 우리는 다른 것을 하고 싶다는 생각을 갖기도 하고, 아예 신경을 쓰지 않기도 한다. 하지만 일반적으로 우리는 옳고 그름에 대해 분명 관심을 가지고 있으며, 어떠한 윤리 이론은 어떤 방식으로든 우리의 이러한 관심을 설명할 수 있어야 한다. 서로 다른 각각의 윤리 이론들은 이를 상이한 방식으로 설명하며, 이러한 설명 방식을 기준으로 서로 구분이 된다. 일부 이론들은 도덕에 대한 관심이 철저하게 우리의 도덕적 믿음에 내재하고 있다고 주장함에 반해, 다른 이론들은 우리의 도덕에 대한 관심이 외재하는 제재(sanction)에 어느 정도 의존하고 있다고 주장한다. 가령 신법 이론(divine law theory)은 옳고 그름이 신적인 제재를 통해 신이 강제하는 신법에서 유래한다고 말한다. 이러한 입장에서는 우리가 천국으로 갈 것인지, 아니면 지옥으로 갈 것인지에 대해서 관심을 가지기 때문에 옳고 그름에 대해 관심을 갖는 것이다. 반면 이모티비즘은 어떤 것이 옳다는 생각을 어떤 형태의 관심과 동일시하고, 어떤 것이 나쁘다는 생각을 반대 유형의 관심과 동일시함으로써 우리의 옳고 그름에 대한 관심을 설명하고자 한다. 이모티비즘은 도덕적 관심이 순전히 우리의 도덕적 믿음에 내재한다고 생각함에 반해, 신법 이론은 도덕적 관심이 외적 제재로부터 어느 정도 도출된다는 입장을 견지한다. 이모티비즘은 일종의 **내재주의**(internalism)이다. 반면 신법 이론은 일종의 **외재주의**(externalism)이다.

우리가 이미 살펴본 바와 같이, 내재주의의 중요한 문제점은 인간 심리의 분명한 사실들, 그리고 합리성의 분명한 한계를 감안할 때, 그것이 주관주의적 경향을 나타낼 수 있다는 것이다. 이러한 입장에 따르면 서로 다른 사람들은 불합리해지지 않으면서 서로 다른 도덕 원리들을 채택할 수 있는 것처럼 보인다. 물론 여기에는 일관성을 갖추어야 한다는 제약이 가해진다. 그리고 헤어에 따르면, 최소한 당신이 채택하는 모든 원칙들이 도덕 원리로 간주되지는 않을 것이다. 왜냐하면 당신은 단지 당신 자신뿐만 아니라 다른 사람들 또한 그러한 원리들을 따르게 하려고 해야 하기 때문이다. 하지만 심지어 헤어의 입장에서 보았을 때에도, 상이한 일련의 도덕 원리가 있을 수 있다. 그리고 한 사람의 도덕 원리들이 다른 사람들의 것들과 다르다면, (내적인 모순성 및 비일관성과는 별개로) 화자가 다른 쪽의 도덕 원리들에 동의하지 않으면서 한쪽의 도덕 원리들에는 동의를 나타낼 수 있다는 의미를 제외하고는, 한 사람이 취하는 도덕 원리들이 옳고, 다른 사람의 것들이 그르다고 말하는 것은 별다른 의미가 없다.

이와 같은 주관주의는 반-직관적이다. 왜냐하면 우리는 흔히 한 사람의 의도, 목적, 계획, 그리고 예정 등은 같은 종류의 것이고, 도덕은 또 다른 종류라고 생각하려는 경향이 있기 때문이다. 일상적으로 우리는 특정한 개인들의 결정과 원리를 통해 옳고 그름이 결정된다고 생각하지 않는다. 우리는 도덕이 내재적 원천을 갖는 것이 아니라, 외재적 원천을 갖는다고 생각하려는 경향이 있다.

한편 외재주의는 '우리의 옳고 그름에 대한 관심은 최소한 부분적으로라도 어떤 외적인 제재로부터 도출되어야 한다'는 주장을 우리의 옳고 그름에 대한 관심에서 핵심적인 요소로 간주한다. 신법 이론은 이러한 제재가 신의 사랑의 철회와 지옥에서의 벌을 포함한다고 말한다. 심지어 혹자는 '만약 어떤 사람이 신의 처벌과 보상을 믿지 않는다면, 그는 객관적인 도덕법을 전혀 믿지 않을 것'이라고까지 말하기도 한다. 여기서 한 걸음 나아가, 설령 그가 자기 자신에게 부과하는 주관적인 법칙을 믿는다고 해도, 그와 같은 주관적인 법칙은 일상적인 의미에서의 도덕법으로 간주될 수 없다. 왜냐하면 그러한 사람은 자신에 대한 객관적인 도덕적 제약 없이 자유롭게 행동할 수 있다고 생각할 수 있기 때문이다. '만약 신이 죽었다면 모든 것이 허용된다.' 이러한 사유 방식은 너무 섣불리 도덕법에 대한 유일한 외재적 제재가 신의 징벌이라고 추정하고 있다. 오히려 이상에서의 논의는 신법 이론보다는 외재주의를 옹호하는 논의로 간주되어야 할 것이다. 순수한 내재주의는 도덕을 지나치게 주관적인 것으로 만든다. 그런데 우리가 생각하는 일상적인 도덕의 개념은 좀더 객관적인 특성을 갖는다. 일반적으로 우리는 도덕을 우연히 채택하는 원리를 넘어서는 것이라고 생각한다. 만약 우리가 헤어의 입장이 진정으로 옳다고 믿게 되고, 또한 도덕이 특정한 개인적 원리를 넘어서는 것이 아니라고 생각하게 된다면, 우리는 우리가 생각하고 있는 유형의 도덕적 제약이 존재하지 않는다고 결론 내려야 할지도 모른다. '만약 외재주의가 폐기되어 버린다면 모든 것이 허용된다.'

2. 사회 관습적 규약과 도덕

그렇다면 최소한 부분적이나마 도덕이 외적인 제재에 의거한다고 가정해 보도록 하자. 만약 이들 제재들이 신적인 것이 아니라면, 그것들은 인간적인 것임에 틀림없다. 바꾸어 말한다면 그것들은 사회적인 것임에 틀림없다는 것이다. 이렇게 본다면 도덕은 근본적으로 관습 및 사회적 압력이 강제하는 일종의 사회적인 법에 의거해야 할 것이다. 물론 도덕은 적법성(legality)과 동일할 수 없다. 우리는 도덕법이 **정부**가 강제하는 법과 동일하다고 말해선 안 된다. 하지만 우리가 도덕과 민법 및 형법 간의 구분선이 분명하다고 생각할 필요도 없다. 법과 도덕 간의 관계가 정확히 무엇인가라는 질문은 사회 관습을 통해 도덕을 설명하려는 모든 이론이 답해야 할 매우 중요한 질문이다. 하지만 이는 당분간 미루어 놓아도 무방한 질문이다. 우리는 사회 관습 이론들을 다음과 같이 느슨하게 정의할 수 있을 것이다: 사회 관습 이론들이란 사회가 특정한 방식으로 강제하는 규칙과 관습으로부터 도덕이 도출된다는 이론들이다. 여기서 강제하는 방식은 서로 다른 이론에서 서로 다르게 정해질 수 있다.

언뜻 보았을 때, 이와 같은 의미의 설득력 있는 사회 관습 이론은 순수한 내재주의에 비해 분명한 장점을 두 가지 가지고 있다.

첫째, 이는 도덕이 특정한 개인이 우연적으로 채택한 원리에 외재한다는 우리의 즉각적인 느낌을 설명할 수 있을 것이다. 이때 옳고 그름은 개인의 선택 문제가 아니라는 것이 밝혀질 것이다. 둘째, 사회 관습 이론은 흔히 도덕이 가지고 있는 것으로 파악되는 특정한 내용을 도덕이 가지고 있는 이유가 무엇인가를 설명할 수 있을 것이다. 가령 일상적으로 우리는 도둑질, 거짓말, 그리고 사기 등에 대한 도덕적인 제약들이 있다고 생각하며, 솔직함, 이웃돕기, 그리고 도움을 받았을 때의 답례에 대한 도덕적 의무가 있다고 생각한다. 사회가 그와 같은 제약과 의무에 관심을 갖는다는 것은 명백한 사실이다. 도둑질, 거짓말, 그리고 사기를 방지하는 규칙과 이웃돕기, 솔직함 등을 권장하는 규칙은 모든 사람들에게 두루 도움이 된다. 선행(先行) 도덕을 가정하고 있는지와 다소 무관하게, 우리는 이러한 규칙에 따라 행동하게 하려는 사회적 압력이 있는 이유를 이해할 수 있다. 이렇게 말하는 이유는 그러한 압력이 사회적 기능을 충족시키기 때문이다. 만약 도덕이 특정한 관습이 갖는 사회적 강제로부터 유래되는 것이라고 추정할 수 있다면, 우리는 도덕 원리들(우리가 존재하고 있다고 생각하는)이 있는 이유를 설명하기 위한 실마리를 얻을 수 있다. 반면 도덕이 단순히 개인적인 결정을 반영하는 데에 지나지 않는다고 생각할 경우, 우리는 그와 같은 설명을 제시할 수 없다. (그와 같은 경우에 대해서 진화적 설명을 제시할 수 있긴 하다 — 사회적 가치를 발달시키려는 성향은 그와 같은 성향을 가지고 태어난 사람들의 생존을 증진시킨다.)

이렇게 보았을 때 사회적 관습을 통해 도덕을 설명하려는 이론에서는 관습을 강제하는 것이 도덕의 기본이 된다. 도덕은 그것이 무엇이건 사회가 강제하는 규칙들로 구성된다. 이에 우선하는 도덕은 존재하지 않는다. 만약 사회가 다른 규칙들을 강제하려 하면 옳고 그름 또한 함께 변할 것이다.

그런데 우리가 이론을 지나치게 단순화해서는 안 된다. 사회적 관습 이론은 단순하게 무엇인가가 잘못이라는 것과, 그러한 것에 반대하는 사회적 압력이 존재한다는 것을 동일시하지 않는다. 그러한 생각은 분명 적절치 못하다. '사회적으로 강제된 법칙들로부터 도덕이 도출된다'는 주장이 '관습적인 것은 무엇이건 옳다'는 것을 의미하는 것은 아니다. 가령 노예제도가 관습적이고, 거기에 대해 아무런 사회적 압력이 가해지지 않는다고 해도, 노예제도는 사회적 관습 이론에 입각해서 생각할 때 잘못일 수 있다. 이렇게 말하는 이유는 설령 노예제도 그 자체가 관습적이라 할지라도, 그것이 사회적으로 강제된 다른 관습들과 대립될 수 있기 때문이다. 물론 사실에 대한 무지, 우매함, 자기 기만 등으로 인해 사회 구성원들이 이와 같은 대립을 인식하지 못할 수도 있다. 사회 관습 이론에 따르면, 만약 사회 안에서 노예 제도가 잘못되었다는 평가를 받는다면, 그 이유는 노예 아닌 사람들에 대하여 사회적으로 강제된 규칙들을 기준으로 보았을 때 그것이 잘못이기 때문이다. 설령 사회 구성원들이 적절하게 깨닫고 있지 못하다고 할지라도(그 이유는 사회 구성원들이 노예와 다른 사람들간에 중요한 차이가 있다고 잘못 생각하고 있으며, 따라서 노예들을 인간이라고 생각하기보다는 예컨대 짐을 나르는 짐승이라고 생각하고 있기 때문이다), 그러한 규칙들은 단지 노예 아닌 사람들뿐만 아니라, 모든 사람들에게 적용될 수 있다.

개인적인 규칙의 경우와 유사하게, 사회적인 규칙의 경우에도 더욱 근본적인 원리 및 그보다 근본적이지 못한 원리가 있을 수 있다. 사회적으로 강제된 근본 원리, 그리고 어떠한 사실적 믿음들을 가지고 있는 사회의 구성원들은 근본 원리 및 사실에 대한 가정들로부터 다른 원리들을 도출하여 그러한 원리들을 강제할 것이다. 만약 그들의 사실에 대한 가정이 잘못되어 있다면, 심지어 그들 자신의 관점에서도 자신들이 도출해 낸 원리들은 틀린 것이 될 것이다. 이와 같은 방법으로 도덕에 대한 사회적 관습 이론은 사회적으로 강제된 바가 언제나 옳다고 주장하지 않으면서도 도덕이 사회적으로 강제된 원리로부터 도출된다고 가정할 수 있게 된다. 그와 같은 도덕 이론은 만약 노예 제도라는 관습이 있다면 노예 제도가 옳을 수밖에 없다고 말하지 않는다. 사회적 관습 이론은 단지 노예 제도가 잘못이라면 사회적으로 강제된 이런저런 관습에 비추어서 잘못이라고 말하고 있을 따름이다.

이상에서의 논의는 만약 사회적 제약이 존재하지 않을 경우 노예 제도가 전혀 잘못이 아닐 수 있다는 것을 뜻한다. 이렇게 말하는 이유는 사회적 관습 이론에 따르면 사회적 제약이 없는 경우에는 그 무엇도 잘못된 바가 없기 때문이다. '자연 상태'에서는 그 무엇도 옳거나 그르지 않다. 왜냐하면 어떠한 법칙도 사회적으로 강제되지 않았을 것이기 때문이다. 이제 우리는 이와 같은 생각이 얼마만큼 설득력이 있는가를 고찰해 보아야 한다. 우리는 상당히 격리된 삶을 살아가는 사람들을 상상해 볼 필요가 있다. 그들은 거의 서로 협력을 하지 않으며, 이에 따라 사회(심지어 소규모로도)라는 것 자체가 존재하지 않는다. 우리는 그와 같은 자연 상태에서도 여전히 옳고 그름이 존재할 것인가를 자문해 볼 필요가 있다.

그런데 이와 같은 문제를 주의 깊게 고찰해 볼 때, 많은 사람들은 자신들이 분명 나음과 같이 생각하고 있음을 알게 된다: 심지어 자연 상태에서도, 어떠한 방식으로든 다른 사람을 죽이거나 그들에게 상해를 입혀서는 안 될 것이다(자기 방어 등의 경우를 제외하고서는). 또한 다른 사람의 물건을 훔쳐서는 안 되고, 그들을 오도하려 해서도 안 되며, 그들이 필요로 할 때 그들을 도와야 할 것이다. 반면 다른 어떤 사람들은 자연 상태가 도덕적 제약이 아무런 실질적인 역할을 하지 못하는 만인에 대한 만인의 투쟁 상태에 더 가까울 것이라고 생각한다. 만약 첫 번째 집단의 사람들이 옳다면 도덕에 대한 사회 관습 이론은 그 어떠한 유형이라도 우리의 일상적인 도덕 개념에 부합되지 못할 것이다. 하지만 자연 상태가 어떠할 것이라는 데에 대한 명확한 이미지를 갖는다는 것은 쉬운 일이 아니다. 따라서 그러한 상태에서 도덕적 제약이 적용될 것인가를 분명히 가늠하는 것은 어려운 일이다. 더욱이 우리가 일상적으로 생각하는 도덕의 개념 속에 '자연 상태에서도 도덕적 제약이 적용되어야 한다'는 생각이 반드시 포함되어야 하는지도 그다지 확실하지 않다. 이렇게 보았을 때, 우리는 도덕에 대한 사회적 관습 이론들을 적절하게 평가할 수 있는 다른 고찰 방식이 있는가를 생각해 볼 필요가 있다.

3. 다시 상대주의에 대하여

사회 관습 이론이 갖는 한 가지 어려움은 그것이 상대주의적 특성을 가질 수 있다는 점이다. 한 사회에서 사회적으로 강제된 기본적인 규칙들은 또 다른 사회에서 강제된 기본적인 규칙들과 다를 수 있다. 이처럼 사회 관습 이론은 사회가 다를 경우 무엇이 옳고 그른지가 항상 같은 것은 아니라고 주장한다. 하지만 우리의 일상적인 도덕 개념은 이러한 종류의 상대성을 허용하지 않는 것처럼 보인다.

상이한 사회에서의 도덕적 규범의 차이를 고찰해 보고자 할 경우, 다음과 같이 세 가지 서로 다른 경우를 구분해 보는 것이 유익할 것이다: (a) '로마에서는 로마인들이 행하는 것처럼 행동하라'고 말하는 경우, (b) 노예 제도의 경우처럼 사회 구성원들이 습관적으로 행하듯이 행동해서는 안 된다고 생각하는 경우(심지어 그들 자신의 도덕에 비추어 보았을 때에도), (c) (a)와 (b) 둘 중의 어느 하나에도 속하지 않는 경우.

첫 번째 경우에는 공손함, 복종, 예절 등의 사회의 관습적 규약(convention)들이 속한다. 이러한 관습적 규약들은 사회마다 각기 매우 다양한 양태를 나타낸다. 하지만 그것이 우리를 특별히 혼란스럽게 하지는 않는다. 이러한 관습적 규약들은 적어도 한 가지 사회적 기능을 갖는다. 즉 이로 인해 우리는 다른 사람과의 관계를 원만하게 유지할 수 있게 되는 것(관습적 규약으로 인해 일정한 행동을 더욱 잘 예측할 수 있게 되고, 그러한 행동에 더욱 용이하게 참여할 수 있게 되면서)이다. 또한 이들은 다양한 사회적 상황 속에서 사람들의 긴장을 완화시킨다. 그리고 이들은 혼란을 감소시키기도 한다. 어찌되었건 몇 가지 규칙(rule)이 있는 한, 관습적 규칙이 정확히 무엇인가는 그다지 중요하지 않다. 이러한 규칙들은 언어적 규약이나 도로 법규와 매우 유사하다고 할 수 있을 것이다.

두 번째 범주에 속하는 것으로는 성도착으로 간주되는 것에는 무엇이 있는가와 관련한 관습적 규약이 포함되며, 그 외에 동성 연애나 혼선 성관계 등에 관한 석절한 태도가 무엇인가에 관한 관습적 규약, 결혼과 가족에 관한 관습적 규약 등이 포함된다. 낙태, 유아 살해, 그리고 동물 학대에 관한 문제 또한 이와 같은 범주에 속한다. 우리는 한 사회의 관습적 규약이 이러한 문제들에 대해 무엇이 옳고 그른지(최소한 어떤 단순한 방식으로)를 결정할 수 있다고 생각하는 것 같지 않다. 마치 노예제도가 노예들에게 정의롭지 못한 것과 마찬가지로, 특정 사회의 결혼 및 가족과 관련한 사회 제도 또한 그 사회의 여성들에게 공정하지 못할 수 있다. 우리는 성 도착, 동성애, 유아살해, 낙태, 그리고 동물 학대에 관한 그 사회의 관습적 규약에 대해서도 마찬가지로 이야기할 수 있을 것이다. 이러한 경우에 대해 우리는 '로마에서는 로마인들이 행하는 것처럼 행동하라'라고 생각하지 않는다. 가령 아랍 국가들을 여행하는 결혼한 미국인 부부의 경우, 남편이 그 지역의 관습적 규약에 따라 부인을 대해야 한다고 생각하지 않을 것이다.

이러한 사례들은 노예 제도의 사례와 유사하다. 이에 따라 우리는 이들을 동일한 유형으로 묶을 수 있을 것이다. 마치 노예 아닌 사람들에게 부과되는 규칙들이 노예 제도가 잘못되었음을 이야기하는 근거로 사용되는 규칙들이 될 수 있듯이, 사회적으로 부과되는 남성들간의 관계에 관한 규칙들은 사회에서의 여성 처우가 잘못되었음을 이야기하는 근거로 사용되는 규칙이 될 수 있다. 이렇게 말하는 이유는 여성에 대한 처우가 남녀의 차이와 관련한 잘못된 가정에 기초하고 있을 가능성이 있기 때문이다. 이와 유사하게, 동성애에 대한 사회적 제약은 동성애에 관한 잘못된 믿음으로부터 도출되었을 수 있다. 또 다른 예를 들자면, 우리의 동물에 대한 처우는 인간과 동물간의 차이에 관한 잘못된 믿음에 근거하고 있을 수 있다.

필자가 여기서 사회 관습 이론이 이러한 사례들에 대한 우리의 도덕적 견해를 아무런 문제없이 설명할 수 있다고 주장하려는 것은 아니다. 하지만 그러한 이론이 우리의 견해를 설명할 수 없다고 분명하게 말할 수도 없다. 이에 따라 우리는 세 번째 범주에 속하는 사례들을 우선 검토해 볼 필요가 있다. 이러한 범주의 사례들은 반대할 만한 사회적 관행들이 사실에 관한 실수에 근거하고 있지 않은 것처럼 보인다.

식인 풍습이 허용되는 한 사회를 고찰해 보도록 하자. 우리 사회와는 달리, 그러한 사회에서는 인육을 먹는 데에 반대하는 아무런 규칙이 존재하지 않는다. 문제를 단순화시키기 위해, 그들이 인육을 먹을 목적으로 인간을 노골적으로 사육한다(마치 우리가 특정한 동물들을 사육하듯이)고 생각하지 않도록 하자. 또한 그들이 우리 조상들이 동물을 사냥하는 방식으로 사람들을 사냥한다고 생각하지 않도록 하자. 먹혀진 사람들은 자연적으로 혹은 사고로 죽음을 맞이한 사람들, 범죄자로 합법적으로 처형된 사람들, 그리고 전쟁에서 살해된 사람들이다. 우리 사회에서는 이러한 인육을 먹는 것 또한 잘못이라고 생각한다. 문제는 식인 사회에서 그렇게 하는 것이 잘못인지의 여부이다.

여기에서 또다시 우리는 직관적으로 명확한 판단을 내리지 못한 채, 혼란의 상태에 놓이게 된다. 먼저 우리는 식인 풍습이 한 사회의 규약일 경우, 인육을 먹는 그 사회의 구성원들이 그런 행동을 한다고 해서 그들을 비난할 수 없다고 생각한다. 우리는 '그들이 인육을 먹는다는 것이 도덕적인 잘못이다'라는 주장이 무엇인가 잘못되었다고 생각한다. 반면 우리는 그들의 관행에 반대할 수 있다고 생각하기도 한다. 그래서 우리 중의 누군가가 그러한 사회를 방문해서 그러한 관행에 동참할 경우, 우리는 그가 나쁜 행동을 하였다고 생각할 것이다. 이와 같은 사실로 미루어볼 때, 우리는 이 경우가 '로마에서는 로마인이 행하는 것처럼 행동하라'의 사례가 아님을 분명하게 알 수 있다.

또 다른 예를 들어보도록 하자. 사람들이 '서로에게 상해를 입히지 말라'는 의무를 잘 파악하고 있지만, '도움이 필요할 때 서로 돕는 것이 의무는 아니다'라고 생각하는 또 다른 사회가 있다고 가정해 보자. 누군가가 사고를 당했거나 아플 경우, 이러한 두 번째 사회에 살고 있는 사람들은 아무도 그 사람을 의사에게 데려가는 데에 도움을 주어야 한다고 생각하지 않는다. 또한 그들은 햄버거 위에 말벌이 앉아 있어도 절대로 그것을 경고해 주는 법이 없다. 여기서 질문은 다음과 같다: '이처럼 사회적으로 강제된 규칙이 없음에도 불구하고, 그 사회의 구성원들이 거의 혹은 전혀 대가를 치르지 않고서 다른 사람을 도울 수 있을 때 그렇게 해야 한다는 것이 과연 도덕적인 의무인가?' 앞에서와 마찬가지로 이는 즉각적으로 답하기에 어려운 질문이다. 우선 우리는 그러한 사회의 규칙이 무엇인가 잘못되었다고 생각하려는 경향이 있다. 왜냐하면 우리는 사회적으로 부과되는 상호 부조의 규칙이 있어야 한다고 생각하기 때문이다. 하지만 이렇게 말한다고 해서 '그와 같은 규칙이 없는 상황에서도 우리가 여전히 그러한 사회의 구성원이 곤경에 처한 누군가를 도와야 할 도덕적 의무가 있다'고 생각하는 것은 아니다. 그리고 만약 상호 부조의 규칙이 없는 관행이 사회로부터 주어졌을 때, 과연 그 안에 있는 사람이 다른 사람을 돕지 않았다는 이유로 비난받을 수 있는가 또한 확실하지 않다.

여기서 한 걸음 나아가, 우리가 그러한 사회를 방문하여 도움을 필요로 하는 사람(당신 아닌 그 누구도 도움을 줄 수 없는 상황이다)을 보았을 경우, 당신에게 그를 도와야 할 의무가 있는지도 분명하지 않다. 그 이유는 상황이 바뀔 경우에도 그가 당신을 도와야 한다고 생각하지 않을 것이기 때문이다. 그리고 상황이 바뀔 경우 당신이 아는 누군가가 당신을 돕지 않을 것이 분명한데도 당신이 그를 도와야 하는가는 확실치 않다. 물론 그를 돕는 것이 잘못은 아닐 것이다. 사실상 당신이 그렇게 하는 것은 잘하는 일이며, 좋은 일이다. 하지만 이렇게 말한다고 해서 당신이 그를 도와야 할 도덕적 의무 혹은 책임을 갖는다는 것을 의미하는 것은 아니다.

이처럼 도덕에 대한 사회 관습 이론이 적절한가를 판가름할 수 있는 중요한 사례들을 고찰해 보았을 때, 우리는 그러한 이론이 우리의 직관과 일치하는지 아니면 상반되는지를 결정하기가 어렵다는 점을 알게 된다. 이는 한편으로는 그와 같은 이론(우리가 지금까지 서술한 것으로서의)이 갖는 모호성 때문이고, 다른 한편으로는 우리의 반응 양태가 복잡하기 때문이다. 다음 장에서 우리는 도덕이 사회 구성원들 간의 암묵적 규약에 근거하고 있다고 가정하는 더욱 정치한 이론을 고찰해 보게 될 것이다. 이와 더불어 우리는 앞에서 언급한 사례들에 대한 직관들의 서로 다른 측면들을 일일이 구분해 보게 될 것이다.

더 읽을거리

William Frankena는 "Obligation and Motivation in Recent Moral Philosophy" in A. I. Melden, *Essays in Moral Philosophy*(Seattle: University of Washington Press, 1956)에서 내재주의를 외재주의와 대비시키고 있다.

관련 논의에 대해서는 John Ladd가 편집한 *Relativism*(Belmont, Calif.: Wadsworth, 1973)이라는 유익한 논문집이 있다.

제 4 부

이유와 관습적 규약

제 9 장
관습적 규약

1. 도덕적인 관습적 규약

흄이 말하길, 도덕의 일부 측면(전부가 아닌)은 '관습적 규약'에 의거한다. 한 무리의 사람들이 각자 일정한 원칙에 따르고, 이에 따라 그 이외의 사람들도 각자 그러한 원칙에 따르려 하게 될 때, 흄이 말하는 의미에서의 관습적 규약이 존재하게 된다. 내가 다른 사람을 대할 때 원칙에 따르는 이유는 첫째, 그들이 나를 대할 때 그러한 원리들에 따름으로써 내가 혜택을 얻기 때문이고, 둘째, 내가 그들을 대할 때 그러한 원리를 계속 따르지 않는 한, 그들이 나를 대할 때 그러한 원리들에 더 이상 따르지 않을 것이라고 생각하기 때문이다. 가령 두 명의 농부가 자신들의 밭 경작을 서로 돕기로 하는 규약을 맺었다고 가정해 보자. 만약 A라는 농부가 B라는 농부의 밭을 경작하는 데 도움을 주었다면, 농부 A의 밭을 경작할 시기가 되었을 때, 농부 B는 농부 A를 도울 것이다. 각각의 농부는 이러한 관행을 통해 이득을 얻을 것인데, 이들이 이득을 얻는 것은 상대방이 계속 그러한 관행을 유지하리라는 기대 때문이다.

흄은 이와 같은 유형의 다른 관습적 규약, 예컨대 화폐 제도를 탄생시키게 된 관습적 규약에 대하여 언급한다. 특정한 종이들이 재화와 교환될 수 있는 이유는 다른 사람들 또한 그러한 관행을 받아들일 것이기 때문이다. 언어에 관한 관습적 규약은 이에 대한 또 다른 사례이다. 언어에 관한 관습적 규약은 '관습적 규약'이라는 것이 정확하고도 분명한 방식으로 일상인들이 서술하기에는 지나칠 정도로 미묘하며, 심지어 그렇게 서술한다는 것 자체가 불가능하다는 사실을 보여준다.

관습적 규약은 암묵적 흥정(implicit bargaining)과 상호 조정 과정을 통해 맺어진다. 노를 저어가고 있는 두 사람은 노를 동시에 젓기 위해 서로 간의 행동을 조정할 것이다. 가령 두 사람이 동일한 속도로 노를 젓는다면, 그들의 속도는 그다지 중요하지 않다. 하지만 만약 한 명이 빨리 노를 저으려하고, 다른 한 명이 서서히 노를 저으려 한다면, 일종의 타협이 이루어져야 할 것이다.

흄에 따르면, 재산에 관한 관습적 규약은 가장 중요한 규약 중의 하나다. 각각의 사람들에게는 소유와 관련한 안전 장치가 마련되어야 한다. 그런데 이러한 장치는 전적으로 규약적이다. 그리고 그러한 규약이 발달되기까지는 재산이라는 것 자체가 존재하지 않았다. 또 다른 중요한 관습적 규약은 명시적인 계약과 약속을 가능하게 하는 것이다. 이러한 관습적 규약은 어떤 사람이 특정 형태의 단어들(혹은 다른 신호)을 사용하여 자신이 행할 것이라고 말한 바를 행하도록 자신을 구속하는 규약이다. 이렇게 보았을 때 약속을 지켜야 하는 의무는 그 자체가 선행 관습적 규약으로부터 도출되는 것이라고 흄은 말한다.

흄에 따르면 관습적 규약을 준수하려는 본래적인 동기는 도덕적이기보다는 '자연스러운' 것이다. 흄은 이러한 주장을 통해 그와 같은 동기가 사실상 이기적인 것임을 말하고자 한다. 먼저 사람들은 자신들이 다른 사람을 대할 때 규약적 원리들을 계속 따름으로써 다른 사람이 자신들을 대할 때에도 그와 같이 대해 주길 바란다. 이러한 과정을 거쳐 마침내 습관(habit)이 형성되며, 규약적 원리들에 따르는 행동은 비교적 자동적이 된다. 다시 말해 그와 같은 행동은 바꾸기 어려운 것이 되는 것이다. 이때 그와 같은 원리들에 기초한 의무들은 자연스럽고 확실한 것처럼 보이게 된다. 흄은 인간 사회에서의 관습적 규약의 유용성을 공감적으로 고찰해 볼 경우, 즉각적으로 그와 같은 '자연스러운' 의무가 도덕적인 것이라고 느끼게 될 것이라고 말한다. 이렇게 말하는 이유는 당신이 기억하고 있겠지만, 흄은 일종의 이상적 관찰자 이론을 받아들이고 있기 때문이다. 그의 입장에 따르면 도덕 판단은 공감에 기초한 느낌을 표현하는 것이다.

흄 자신은 도덕에 관한 모든 것들이 관습적 규약이라고 생각(물론 상당수가 그러하다고 생각하긴 하지만)하지 않는다. 그는 선행 관습적 규약이 있는지와는 무관하게, 공감(sympathy)이 무엇인가를 승인하거나 부인하게 할 수 있다는 입장을 견지한다. 가령 우리는 자연 상태에서도 타인에 대해 친절해야 한다고 생각할 것이다. 그리고 흄의 관점에서 보았을 때, 이것은 도덕적 승인이다. 그럼에도 그는 도덕적 의무와 책무가 관습적 규약에 의거한다는 데에 동의할 것이다. 여하튼 필자는 이하에서 이것이 흄의 이론 중 일부라고 가정할 것이다.

흄의 이론보다 더욱 극단적인 것은 도덕의 모든 측면들이 관습적 규약이라고 주장하는 이론일 것이다. 흄이 타인에 대한 약한 동정심이 인간에게 내재되어 있다고 믿는 반면, 이러한 이론에서는 동정심 자체가 관습적 규약에서 도출되었다고 가정한다. 사람들은 이를 통해 적어도 타인에 대한 동정심을 느끼려고 하는 정도까지 서로를 존중하기로 암묵적으로 합의를 한다. 그런데 우리가 이와 같은 형태의 더 극단적인 이론과 흄의 이론 중에서 한 가지를 선택할 필요는 없다.

흄의 도덕에 대한 암묵적(tacit) 규약 이론은 사회 관습 이론을 좀더 구체화한 것이다. 이는 여러 장점을 가지고 있다. 우선 이는 도덕이 사회적 효용을 포함하고 있는 방식을 구체적으로 설명해 준다. 가령 어떤 규칙들은 사람들이 거기에 따라 행동했을 때 각각의 개인들이 이득을 얻기 때문에 인습적으로 채택된다. 우리는 어떠한 규칙들이 사회적 효용을 증진(모든 사람에게 유익하다는 의미에서의)시킬 경우, 그러한 규칙들이 채택되길 바란다.

또 다른 예를 들자면, 지난 장에서 살펴본 바와 같이, 일반적으로 우리는 상황이 바뀌었을 경우 상대방이 자신을 돕지 않을 것임을 알았을 때, 자신이 그를 도와야 할 의무가 있다고 생각하지 않는다. 우리는 그와 같은 사람을 돕는다는 것이 의무의 요구를 넘어선 것이라고 느낄 것이며, 그러한 행동이 관대한(generous) 행동(해야 할 무엇이라고 생각하기보다는)이라고 생각할 것이다. 그런데 이는 흄의 이론이 옳다고 생각할 경우 충분히 예측할 수 있는 바이다. 예컨대 사람들에게는 **상호 부조**의 관습적 규약을 채택할 이기적인 이유들이 있다. 하지만 이기적인 측면에서 보았을 때, 이러한 규약을 따르지 않는 사람들에게까지 도움을 주기 위해 적용 대상을 확장해야 할 이유는 없다. 따라서 흄의 이론에서는 우리가 자신을 도우려 하지 않는 사람을 도울 당위 또는 의무가 있다고 생각하지 않는다. 한편 관찰자는 자신이 느끼는 공감으로 인해 당신이 그러한 사람을 돕는 것에 찬동할 것이다. 이렇게 보았을 때, 흄의 이론에서는 설령 그를 도울 의무가 없다고 하더라도, 당신이 그렇게 하는 것이 좋은 일이라고 할 수는 있을 것이다.

앞장에서 우리는 식인종들이 인육을 먹는 것을 우리가 몹시 싫어함에도 불구하고, 그리고 식인이 관행인 사회를 방문하는 동안 우리 중 누군가가 인육을 먹는 것이 잘못이라는 관점을 가지고 있음에도 불구하고, 과연 식인종들이 인육을 먹는 것을 비난할 수 있는지 결정을 내릴 수가 없었음을 살펴보았다. 그런데 흄의 이론이 옳다고 하였을 때, 우리는 다음과 같은 방식으로 인육을 먹는 것에 대한 혐오감을 설명할 수 있을 것이다: 우리 사회는 인격체로서 서로를 존중하는 암묵적인 규약을 가지고 있다. 우리는 사람들이 신성하며, 특별한 위엄을 소유하고 있기나 한 것처럼 (칸트의 말을 빌자면) 그들의 "인격을 목적으로 대한다." 여기서 한 걸음 나아가, 타인에 대한 존중이 표출되는 다양한 형태의 관습적 규약이 존재한다. 그리하여 우리는 사람들이 그러한 관습적 규약에 따라 처우받지 못할 경우에는 인간의 품위가 떨어지게 된다고 생각한다. 가령 누군가가 죽을 경우, 우리는 장례를 치르고 시신을 매장하거나 화장하는 방법이 적절한 예를 갖추는 것이라고 생각한다. 그리고 현재 우리가 따르는 관습적 규약에 따라 우리는 시신을 먹지 않을 것이다. 우리는 시신을 먹는다는 것이 죽은 사람을 추모하지 않는 것이라고 생각한다. 이는 인격을 인격으로 존중하지 않는다는 것을 의미하기도 한다. 사람들에 대한 우리의 존중, 그리고 이러한 존중을 표현하는 우리의 규약적 습관으로 인해 우리는 인육을 먹을 수 있다는 생각을 자동적으로 부정하게 된다. 실제로 우리는 그와 같은 생각에 혐오감을 나타낼 것이다.

하지만 우리의 식인 풍습에 대한 반응은 복잡하게 얽혀 있다. 이렇게 말하는 이유는 두 가지의 도덕, 즉 그들의 것과 우리의 것 모두 잘못이라고 할 수 없기 때문이다. 우리는 상황을 판단할 때 우리 자신의 도덕에 호소하면 그만이다: '인간을 먹는 것은 잘못이다!' 하지만 식인종을 판단할 때, 우리는 그들의 도덕을 고려의 대상으로 삼아야 한다. 우리는 그들이 하는 바를 단순히 비난만 할 수는 없다. 왜냐하면 그들의 도덕적 이해는 우리와 동일하지 않기 때문이다. 그들은 사람을 먹는 것에 대해 아무런 잘못이 없다고 생각한다. 그리고 실제로 그들이 인육을 먹지 말아야 한다고 생각해야 할 뚜렷한 이유가 없다. 이로 인해 우리는 인육을 먹는 것은 그들이 잘못하는 것(wrong of them)이라고 판단하기가 어렵게 되는 것이다. 우리는 식인종들 자체가 잘못하였다고 판단을 하면서 무엇인가 석연치 않은 기분을 지울 수 없다. 즉 도덕적으로 보았을 때, 그들 각자가 인육을 먹어서는 안 된다든지, 인육을 먹어서는 안 될 도덕적 의무 또는 당위를 갖는다고 말하는 것이 옳은 것 같지 않은 것이다. 기껏해야 우리는 그들이 인육을 먹는 것이 좋은 일이 아니라고 말할 수 있을 따름이다. 그런데 우리가 이미 살펴본 바와 같이, 방금 언급한 두 가지의 판단은 동일한 형태의 판단이 아니다. 우리들 자신의 관점에서 보면, 우리는 그들의 행동과 상황을, 나아가 그들의 사회와 도덕까지 판단할 수 있다. 하지만 우리가 **그들을**

판단할 수는 없는 듯하다.

이러한 설명은 7장에서 언급한 논점과 관련된다. 우리는 '어떠한 사람이 어떠한 것을 행하지 말아야 할 이유가 있다'고 생각할 수 있을 경우에만 그 사람이 그것을 도덕적으로 행해서는 안 된다고 생각하려는 경향이 있다. 가령 우리 또한 식인종들이 인육을 먹지 않을 이유가 있다고 생각하지 않는 이상, 우리는 그들이 도덕적인 측면에서 인육을 마땅히 먹지 말아야 한다고 생각할 수 없다. 여기서 문제는 우리가 식인종들이 그와 같은 이유를 가지고 있지 않다고 생각한다는 것인데, 그 이유는 그들의 도덕이 우리의 것과 동일하지 않기 때문이다. 만약 이러한 생각이 옳다고 한다면, 우리가 식인종들에 대한 어떤 도의적 또는 가치 평가적(evaluative) 판단은 할 수 있을 것이다. 가령 우리는 그들을 '무지한 미개인'이라고 부를 수 있을 것이다. 하지만 우리가 '그들이 인육을 먹는 것은 도덕적인 잘못이다'라고 말하거나, '도덕적인 측면에서 보았을 때 그러한 행동을 해서는 안 된다'고 말할 수는 없다.

2. 외부인에 대한 판단

그런데 이상에서와 같은 사례들을 정확하게 집어내기란 상당히 어렵다. 왜냐하면 어떤 사람이 무엇인가를 해야 할 이유가 있는 경우가 언제이며, 그렇지 않은 경우가 언제인가가 항상 분명한 것은 아니기 때문이다. 서로 아주 다른 사례를 들어보도록 하자. 수백만 명을 학살한 히틀러는 극악무도한(evil) 사람이었다. 어떤 의미에서 보았을 때, 우리는 그가 마땅히 사람들을 죽이지 말았어야 했다고 말할 수 있으며, 그가 했던 행동(what he did)이 잘못이라고 말할 수 있을 것이다. 하지만 다음과 같은 주장은 약하며, 심지어 어떤 의미에서 상식을 벗어나는 듯하다: '유태인 학살 명령을 내린 것은 히틀러가 잘못한 것이다.'(It was wrong of Hitler to have ordered the extermination of the Jews.) '도덕적인 측면에서 보았을 때, 히틀러는 유태인 학살 명령을 내리지 말았어야 했다.'(Hitler ought morally not to have ordered the extermination of the Jews.)

우리는 히틀러의 반인륜적 범죄가 어마어마했다(enormity)는 것이 앞에서의 주장을 너무 약하게 만든다고 생각해 볼 수 있다. 그는 많은 사람들을 죽였다. 그런데 오직 한 명만을 죽였을 경우에도 우리는 '그가 잘못한 것'(wrong of him)이라고 말한다. 이렇게 보았을 때, 유태인 학살 명령을 내린 것이 '그가 잘못한 것'이라고 말하는 것은 히틀러가 수많은 사람들을 살상하였음에도 그것이 그저 잘못되었을 뿐이라고 말하는 것과 다를 바 없다— 즉 한 사람을 살해하는 것이 잘못되었다고 하는 경우와 같은 정도로 잘못되었을 따름이라는 것이다. 그런데 히틀러가 한 행동을 감안한다면 그렇게 말하는 것은 마치 '히틀러가 유태인 학살 명령을 내린 것은 못된(naughty) 것'이라고 말하는 것과 다를 바 없다.

하지만 이러한 설명이 충분히 만족스러운 것은 아니다. 우선 앞의 경우와 동일한 방식으로 이상하게 여겨지지 않지만, 그럼에도 히틀러에 대해 말할 수 있는 것들이 있다. 가령 '히틀러가 행한 바처럼 행동한 것은 히틀러가 잘못한 것(wrong of Hitler)'이라고 말하는 것은 이상하게 생각될지 몰라도, '히틀러가 행한 바가 잘못이다'(what Hitler did was wrong)라고 말하는 것은 동일한 방식으로 이상하지는 않다. 이와 유사하게, '히틀러가 행한 바는 절대 일어나서는 안 되는 것이었다'라는 주장은 전혀 어색하지 않다. 이러한 주장은 '도덕적인 측면에서 보았을 때, 히틀러가 유태인 학살을 명령하지 말았어야 했다'(Hitler ought morally not to have ordered the extermination of the Jews)라는 주장이 어색한 것과 동일한 방식으로 어색하지는 않다. 그런데 만약 그가 범한 죄의 어마어마함이 '도덕적인 측면에서 보았을 때 히틀러가 유태인 학살을 명령하지 말았어야 했다'(Hitler ought morally not to have ordered the extermination of the Jews)라는 주장을 어색하게 만든다면, 그러한 어마어마함이 '히틀러가 행한 바는 잘못이다'(what Hitler did was wrong)라는 주장을 어색하게 만들지 않는 이유는 무엇인가?

'죄의 어마어마함 자체가 이러한 판단을 어느 정도 어색하게 만드는 이유가 된다'는 주장을 의심케 하는 또 다른 이유는, (최소한 어마어마함이 죽인 사람의 수로 측정된다면) 우리가 동일하게 엄청난 범죄를 범한 사람에 대하여 다른 판단을 내릴 수 있다는 것 때문이다. 예를 들어 스탈린은 1930년대에 수백만이 목숨을 잃는다는 것을 알면서도 숙청을 명령했던 대량 학살자이다. 그럼에도 우리는 다음과 같이 생각할 수 있다: '사실상 스탈린은 올바른 일을 행하려 했을 따름이고, 숙청이 초래할 결과를 유감으로 생각했음에도 혁명이 실패로 돌아갈 것 또한 두려워했기 때문에 그렇게 한 것일 따름(숙청을 명하지 않았을 경우에 초래될 수 있는 결과를 경계하여)이다.' 우리는 그가 가혹한 선택에 직면해 있는 자신을 발견하고, 두 가지 악 중에 악함의 정도가 낮다고 생각하는 것을 선택했다고 생각해 볼 수 있다. 물론 필자가 방금 언급한 내용이 스탈린에 관한 있는 그대로의 이야기라고 말하려는 것은 아니다. 아마도 이는 사실이 아닐 가능성이 높다. 필자는 단순히 이것이 스탈린에 대해 취할 수 있는 가능한 견해임을 의미하고자 할 따름이다. 심지어 스탈린에 대해 방금과 같이 동정적인 견해를 갖는 사람마저도, 스탈린이 엄청나게 실수한 것이라고 생각할 수 있다. 물론 스탈린에 대해 이와 같이 동정적인 입장을 취한다는 것이 그의 행동을 용서하는 것과 동일한 것은 아니다. 당신이 무엇을 얻고자 하든, 그와 같이 수백만 명의 죽음을 명령한 것은 절대로 옳을 수 없다. 그런데 스탈린에 대하여 이와 같은 입장을 취하면서도 '그러한 숙청을 명령한 것은 스탈린이 잘못한 것(wrong of Stalin)이다'라고 말하는 것은 전혀 어색하지 않다. 즉 우리는 도덕적인 측면에서 보았을 때, 스탈린이 그렇게 한 것을 잘못이라고 말할 수 있는 것이다. 여기서 흥미로운 문제는 히틀러에 대해서 동일한 이야기를 했을 때에는 어색했지만, 스탈린에 대해서 그렇게 말할 경우에는 어색하지 않은 이유가 무엇이냐는 점이다. 여기서 죽은 사람의 엄청난 숫자는 차이가 될 수 없다. 왜냐하면 두 사람 모두 대량학살을 자행했기 때문이다. 그리고 '숙청을 명령한 것은 스탈린이 잘못한 것이다'라는 판단은 '그렇게 한 것은 그가 못된 것이다'(it was naughty of him to have done so)라는 판단과 동일하지 않다. 그런데 '히틀러가 행한 바처럼 행동한 것은 히틀러가 잘못한 것(wrong of Hitler)이다'라고 말할 때, 그 말은 마치 '히틀러가 행한 바처럼 행동한 것은 히틀러가 못된(naughty of Hitler) 것이다'라고 말한 것과 유사하게 이상하고 우스꽝스럽게 보인다. 그 이유는 도대체 무엇일까?

이에 대한 답변은 자신들이 범한 죄에 대한 히틀러와 스탈린의 태도(우리가 생각하고 있는)와 어느 정도 관련이 있다. 또한 이에 대한 답변은 (우리가 생각하는) 그들이 받아들이는 도덕 원리, 그리고 그들이 행동을 하는 데에서 파악하고 있는 이유와 관련이 있기도 하다. 이들을 기준으로 보았을 때, 히틀러의 태도는 스탈린의 것에 비해 훨씬 극단적이었다. 히틀러는 스탈린보다 우리로부터 훨씬 멀리 떨어져 있다. 반면 스탈린과는 달리, 히틀러는 도덕의 경계를 벗어난다. 히틀러는 부도덕했을 뿐만이 아니라, 도덕과 무관하였으며, 사악하기까지 하였다. 스탈린은 흉악했고, 어쩌면 사악하기도 하였다. 하지만 필자가 생각하기에 스탈린은 도덕의 경계를 완전히 넘어서지는 않았다. 반면 히틀러는 도덕의 범위를 넘어섰다고 생각하지 않을 수 없으며, 최소한 우리가 그를 사악한 인간이라고 판단하기 위해 호소하는 도덕을 어느 정도 넘어섰다고 말하지 않을 수 없다.

'히틀러가 유태인 학살 명령을 내린 것은 잘못한 것'이라고 말할 때, 우리는 사실상 히틀러가 자신이 행한 바를 행해서는 안 될 이유를 가지고 있다고 말하고 있는 것이다. 하지만 히틀러가 실제로 행한 것 같은 행위를 행한 사람이 소름끼치는(horrible) 것은 그가 그와 같은 이유를 가질 수 없었다는 점이다. 가령 그가 모든 사람들을 죽이려 하였을 때, 그에게는 그렇게 하지 말아야 할 하등의 이유가 없었던 것이다. 이것이 바로 그가 끔찍한(terrible) 이유이다. 그리고 바로 이것이 '그가 행한 바를 행한 것은 그가 잘못한 것이다'라고 말하는 것이 너무 약하게 들리는 이유이기도 하다. 그렇게 말하는 것은 그가 자신이 행한 것처럼 행동해서는 안 되는 이유를 가지고 있었음을 시사한다. 또한 그렇게 말하는 것은 우리가 히틀러가 행한 바를 실행할 수 있는 사람이라면 그런 행동을 하지 말아야 할 이유를 갖지 못한 사람임에 틀림없다고 생각한다는 것을 시사하기도 한다. 그러한 사람은 잘못된(wrong) 사람이기보다는 사악한(evil) 사람이다.

이것이 바로 '자신이 행한 바와 같은 행위를 한 것은 히틀러의 잘못이다'라고 말하는 것은 어색하지만, '히틀러의 행동이 잘못되었다'고 말하는 것은 어색하지 않은 이유이다. '히틀러의 행동이 잘못이다'라는 판단과, '그런 일이 절대 일어나서는 안 되었다'는 판단은 히틀러가 자신이 행한 바를 행하지 않을 이유를 가지고 있었음을 함축하지 않는다. 우리는 히틀러가 그와 같은 이유를 가질 수 있는 사람이 아니었다고 느끼고 있다. 그리고 이러한 사실로 인해 그에 대한 (도덕적) 판단을 할 수가 없는 것이다. 하지만 그렇다고 해서 그의 **행위**에 대한 판단까지 할 수 없는 것은 아니다.

이 모든 것은 흄의 암묵적 규약 이론으로 설명이 가능하다. 비록 다른 방향이긴 하지만, 히틀러는 식인종들과 다를 바 없이 도덕의 한계를 넘어서 있다. 우리는 '그의 행동'을 우리의 도덕에 견주어서 판단할 수 있다. 하지만 우리는 우리의 도덕을 통해 '히틀러 자체'를 판단할 수 없다. 왜냐하면 그렇게 한다는 것은 우리가 히틀러를 판단할 때 사용하는 도덕적 기준을 히틀러가 받아들인 사람이라는 의미를 함축할 것이기 때문이다. '히틀러의 잘못이다' 혹은 '도덕적인 측면에서 보았을 때, 히틀러가 그렇게 해서는 안 되었다'라고 말하는 것은 히틀러가 우리의 도덕적 규약을 받아들였음을 함축할 것이다. 하지만 히틀러의 행동은 히틀러가 그와 같은 규약을 받아들이지 않았음을 보여주고 있다. 따라서 히틀러는 우리의 도덕의 영역을 벗어나 있는 것이며, 인류의 적(敵)이라고 말할 수 있는 것이다.

동일한 논지를 강화하는 또 다른 사례가 있다. 우리에게 전혀 관심을 갖지 않는 화성인에 대한 우리의 판단을 고찰해 보자. 그와 같은 화성인들은 자신들의 행동 방침이 일부 인간들을 해롭게 할 것이라는 고찰만으로는 자신들의 행동 방침을 철회하지 않을 것이다. 화성인들은 그와 같은 고찰을 어떤 형태의 이유라고 생각하지 않는다. 그들에게는 그러한 고찰이 전혀 자신들의 행동을 제지하는 근거가 될 수 없다. 이때 우리는 화성인이 우리에게 해악을 가하는 것이 도덕적으로 잘못되었다고 말할 수 없을 것이다.

이렇게 말하는 것은 사실상 칸트의 입장에 반대하는 것이다. 칸트는 다음과 같이 말할 것이다: "화성인은 이성적 존재자이다. 때문에 화성인은 우리에게 해를 입히지 않을 이유를 가지고 있다. 그 이유는 우리들 또한 이성적 존재자이기 때문이다." "화성인들은 우리가 자신들에게 해를 입히는 데 동의하지 않을 것이다. 그런데 어떻게 화성인이 우리에게 해를 입히는 데 동의할 수 있을 것인가?" 칸트는 이와 같은 방식의 고찰이 화성인에게 우리를 해하지 않을 동기를 제공할 수 있다고 생각한다. 만약 칸트가 옳다면 도덕적 규약이 있을 이유가 없어진다. 다시 말해 순수 실천 이성만으로도 충분한 것이다.

그런데 흄의 암묵적 규약 이론을 옹호하는 사람은 아마도 칸트가 순수 실천 이성의 힘을 오인하고 있다고 주장할 것이다. 그들에 따르면 화성인들이 최초로 우리를 마주하게 되었을 때, 그들이 우리에게 관심을 가질 이유가 전혀 없다. 그리고 바로 그러한 경우, 그들에게 우리를 대할 때의 도덕적 제약은 전혀 존재하지 않는다. 만약 그들이 우리에게 해를 입힌다면, 설령 그것이 행성간의 전쟁의 문제일 수는 있어도, 최소한 그것이 도덕과 부도덕의 문제는 아니다. 만약 우리가 화성인들을 해하지 않을 수 없게 된다면, 그리하여 이기적인 이유로도 우리에게 화성인들이 관심을 가질 이유가 없다면, 우리와 그들을 한데 묶을 수 있는 도덕은 절대 탄생하지 못할 것이다.

반면 그들과 우리 모두에게 이익이 되지 않는 어떤 갈등이 발생한다면, 우리와 그들은 그와 같은 갈등을 축소하거나 제거할 수 있는 규약에 도달하고자 노력할 것이다. 가령 우리와 그들은 이성적 존재자로서의 서로를 존중하는 규약을 채택하게 될 것이다. 거기에는 다른 무엇보다도 다른 이성적 존재자에게 해가 될 수 있는 행동을 회피하자는 내용이 담겨 있을 것이다. 그와 같은 경우, 우리와 그들을 한데 묶을 수 있는 도덕이 탄생하게 될 것이다.

바로 이것이 암묵적 규약 이론에 따라 도덕이 자연 상태에서 발달해 가는 방식이다. 어떠한 규약이 확립되기 전에는, 옳고 그름이라는 것이 존재하지 않았을 것이다. 사람들이 도덕적으로 해야 할 것인가를 판단하는 것은 별다른 의미가 없었을 것이다. 하지만 일단 어떤 인간 집단이 서로간의 갈등을 회피하기 위해 규약적인 행동을 개발해 내게 되면, 그들의 행동은 그와 같은 규약을 기준으로 판단할 수 있게 된다. 하지만 그 집단을 벗어나 여전히 자연 상태에 있는 사람들은 그와 같은 방식으로 판단할 수 없다.

3. 도덕의 규약적 측면

도덕이 이와 같은 방법(규약의 결과)으로 탄생하게 되었다고 생각하는 한 가지 이유는, 우리가 취하는 현실적인 도덕적 관점 중 일부가 상이한 권력과 재원을 가진 사람들끼리의 암묵적인 상호 교환 및 상호 조정의 결과처럼 보이는 바를 반영하는 듯하기 때문이다. 가령 필자가 여러 번 시사했던 한 가지 논점을 고찰해 보자. 우리의 도덕에서는 누군가에게 해를 입히는 것이 누군가를 돕지 않는 것보다 훨씬 나쁘다는 평가를 받는다. 이것이 바로 의사가 5명의 환자를 구하기 위해 필요에 따라 환자 1명의 신체를 절단해서 장기를 배분해서는 안 된다고 생각하는 이유이다. 그런데 언뜻 보기에 이와 같은 해치기 및 돕지 않기에 관한 일반적인 원리는 불합리하고 정당한 이유가 없는 것처럼 보인다. 하지만 만약 상이한 부, 지위, 그리고 권력의 사람들 사이에서 탄생한 암묵적 규약으로부터 우리의 도덕적 견해가 도출된다고 가정한다면, 우리는 그러한 원리를 충분히 이해할 수 있게 된다. 이렇게 말하는 이유는 서로에게 해를 끼치지 않으려는 규약에 따라 행동할 경우 모든 사람들이 동등하게 이익을 얻을 수 있음에 반해, 도움이 필요한 사람들을 돕는 규약의 경우 일부 사람들이 다른 사람들에 비해 훨씬 많은 혜택을 얻게 되기 때문이다. 부자와 권력가들은 많은 도움이 필요치 않으며, 일반적으로 도움을 주기에 가장 적절한 위치에 놓여 있다. 따라서 강한 의미에서의 상호 부조에 관한 원리가 채택된다면 그들은 그다지 얻는 바가 많지 않을 것이며, 오히려 많은 것을 잃게 될 것이다. 왜냐하면 그들은 상당한 도움을 주고, 그 보상으로 조금밖에 얻지 못할 것이기 때문이다. 반면 상호 부조에 관한 어떤 합의에 도달하지 못할 경우, 빈자와 약자들은 비간섭 혹은 비상해 원리에 동의하지 않을 것이다. 이에 따라 마치 노를 젓는 두 사람 각각이 노 젓는 속도에 대한 합의에 이르는 경우에서 살펴볼 수 있는 바와 같이, 여기에서도 우리는 약자와 강자가 어떤 타협점에 도달할 것이라고 생각해 볼 수 있을 것이다. 지금 검토하고 있는 사데에 포함될 것이라 생각되는 나열에는 강한 비(非)상해 원리, 그리고 그보다 훨씬 약한 상호 부조에의 원리 — 이들은 현재 우리 사회에서 살펴볼 수 있는 원리들이다 — 가 있을 것이다. 우리의 도덕 원리들이 이처럼 거래 및 조정의 결과로 나타난 것이 아니라면, 해를 가하는 것과 돕지 않는 것 사이에 어떤 도덕적 차이가 있다고 생각하는 이유를 파악하기가 힘들어질 것이다. 그리고 도덕 원리들이 흄이 말하는 의미에서의 어떤 관습적 규약에서 유래된 것이 아니라면, 우리의 도덕 원리들이 어떻게 이와 같은 방식으로 거래 및 조정의 결과일 수 있는가를 파악하기가 힘들어질 것이다. 이렇게 보았을 때, 우리가 취한 앞에서와 같은 도덕적 관점은 흄의 암묵적 규약 이론을 옹호하는 증거라 할 수 있다.

그런데 여기서 흄의 이론이 **실질적인(actual)** 규약 이론이라는 것이 중요하다.[1] 의무와 당위는 가설적인 규약이 아닌 어떤 실질적인 규약으로부터 도출되는 것처럼 보인다. 이렇게 보았을 때 흄의 이론은 '올바른 도덕 규칙이란 사람들이 어떤 평등한 조건하에서 동의할 규칙이다'라고 주장하는 가설적(hypothetical) 합의 이론과는 구분된다. 도덕적 동기에 대한 흄의 설명에 대해서는 실질적인 규약 이론이 필요하며, 어떤 형태의 가설적 합의 이론을 통해서는 설명력을 발휘하기 어렵다. 흄에 따르면 처음에 우리는 이기적인 이유로 도덕적으로 행동하며, 그 다음에는 어떠한 규약적 규칙을 따르려는 습관으로부터 행동한다. 설령 모든 사람들이 평등한 입장에 있을 경우 그 원리에 따르는 것에 모두가 동의했을 것이라고 말할 수 있는 원리가 있다고 해도, 사람들이 그 원리에 따르도록 동

---

1) [역주] 홉스나 롤즈(J. Rawls)에서와는 달리, 하만은 가상적인 계약이 아니라, 실질적인 계약을 근거로 자신의 상대주의 이론을 제시하고 있다.

기 부여가 되는 이유를 가설적 합의 이론을 통해서는 설명하지 못한다.

여기서 한 걸음 나아가, 앞서 제시한 '해악을 가하는 것'과 '도움을 주지 않는 것' 사이의 도덕적 차이에 대한 설명은 우리의 도덕이 상이한 권력 및 재원을 갖춘 사람들 사이의 실질적인 규약에 근거하고 있다는 가정에 의거하고 있다. 그런데 만약 우리가 '의무란 평등한 입장에서 동의하는 바에 의거하여 발생한다'고 가정한다면, 앞에서 언급한 우리의 도덕적 관점을 어떻게 설명할 수 있는가를 파악하기가 쉽지 않다. 그 이유는 그와 같은 가상적인 상황에서는 우리가 채택하고 있는 현재의 도덕 원리에 우리가 동의할 것 같지 않기 때문이다.

4. 암묵적 규약 이론과 칸트의 이론

마지막으로 설령 칸트 이론의 핵심적인 생각을 한 가지 거부하고 있긴 해도, 우리는 암묵적 규약 이론이 칸트 이론의 중요한 측면을 따르고 있다는 사실을 분명하게 파악할 수 있어야 한다. 칸트는 도덕의 원리를 "우리 모두가 자기 자신과 다른 사람에 대해 입법한 원리로 생각해야 한다"고 주장하였다. 여기서 다른 사람들은 우리와 동일한 원리를 입법하는 자들로 파악된다. 바로 이와 같은 부분이 칸트의 이론과 헤어의 이론이 구분되는 지점이다. 헤어는 도덕의 원리란 "각각의 사람들이 자신에 대하여, 그리고 다른 사람들에 대하여 입법한 원리"라고 말한다. 하지만 헤어는 특정한 사람이 자신과 다른 사람들이 동일한 원리들을 입법하는 것으로 생각해야 한다고 가정하지 않는다. 그런데 이러한 가정은 우리와 특정한 원리를 공유하지 않는 누군가를 판단할 때 헤어를 곤경에 빠트린다(필자가 주장한 바와 같이). 칸트의 이론과 마찬가지로, 암묵적 규약 이론은 도덕 원리들의 원천이 내재적인 동시에 외재적이라고 파악한다. 그러한 원리들은 타인과 당신 자신이 제정한 것이다. 이들 원리들은 일반 의지(general will)²)의 원리들을 나타내고 있다. 그런데 칸트는 이러한 원리들이 오직 이성에 의해서만 결정된다고 생각했으며, 이에 따라 그러한 원리들이 보편적이라고 생각하는 잘못을 범했다. 그럼에도 그는 이러한 원리들의 객관성, 그리고 간(間)인격적 특성을 강조한다는 측면에서 옳았다. 어떤 개인의 사적인 원리(그 사람은 이것이 타인과 공유하는 원리가 아니라고 생각한다)는 정상적인 의미에서의 도덕 원리가 아니다. 기껏해야 그러한 사적인 원리들은 제한적인 도덕을 나타내고 있을 따름이다. 도덕은 본질적으로 사회적인 것이다.

이렇게 보았을 때, 도덕에 대한 암묵적 규약 이론은 순수한 외재주의가 아니다. 이는 조합형이다: 즉 내재주의와 외재주의의 결합인 것이다. 이러한 이론에 따르면, 당신에게 적용되는 원리들은 단순히 주변 집단이 관습적 규약으로 받아들인 모든 것을 의미하는 것이 아니다. 즉 당신 또한 관습적 규약들을 수용해야 하는 것이다. 그렇지 않을 경우 관습적 규약들은 무엇인가를 행할 이유를 제공

---

2) [역주] 루소가 말하는 일반 의지란 개인의 자유로운 계약으로 성립하는 국가가 갖는 단일한 의지로, 온갖 현실적인 의지 결정의 준거가 되는 올바른 입법의 의지 이념이다. 이러한 의지는 특수한 이해에 입각한 개개인의 의지(특수 의지)의 총합에 불과한 '전체 의지'와는 구별된다. 여기서 하만이 루소의 일반 의지를 염두에 두고 있는지는 분명하지 않다.

할 수 없을 것이고, 당신이 그와 같은 관습적 규약을 기준으로 도덕적으로 무엇을 해야 할 것인가를 판단할 수도, 당신이 행하는 것 중 옳고 그른 것이 무엇인가를 판단할 수도 없을 것이다. 도덕과 무관한(amoral) 사람이 공통의 도덕을 공유하는 우리들 사이에 섞여 있을 수 있다. 하지만 그와 같은 사람은 다른 사람들의 원리에 의거하여 판단될 수 없다. 그렇게 할 수 없는 것은 히틀러나 식인종이 다른 사람들의 원리에 따라 판단될 수 없는 것과 다를 바 없다. 만약 인간의 목숨을 그다지 중요하지 않게 여기는 화성인이 우리들과 함께 살기로 결정했는데 그가 우리의 관습적 규약을 받아들일 별다른 이유를 발견하지 못했다면, 도덕적인 측면에서 보았을 때 우리는 화성인이 우리에게 해악을 가해서는 안 된다고 말할 수 없다(비록 화성인이 우리에게 해를 가하려는 것을 나쁘다고 판단할 수 있긴 해도). 이와 유사하게, 상습적인 전문 범죄인들이 다른 사람들의 물건을 훔치는 것을 도덕적으로 잘못되었다고 말하거나, 도덕적인 측면에서 보았을 때 사람들을 죽여서는 안 된다고 말하는 것은 언어를 오용한 것이라 말할 수 있다. 그 이유는 그들이 우리의 규약을 공유하고 있지 않으며, 이에 따라 그들이 우리의 물건을 훔치거나 우리를 살해하지 말아야 할 아무런 도덕적 이유가 없기 때문이다. (반면 우리가 그들을 사회의 적으로 간주하고, 그들을 추적하여 감옥에 가두어야 한다고 말할 수는 있을 것이다.)

도덕은 사회적인 것이다. 도덕은 집단이 수용하는 규약의 제약을 받는다. 그런데 당신은 한 집단 이상의 집단에 속해 있으며, 상이한 집단은 상이한 관습적 규약을 가지고 있다. 이때 당신의 도덕적 의무를 결정하는 관습적 규약은 무엇인가? 이들 모두일 것이다. 그 이유는 당신이 여러 상이한 집단에 속해 있으며, 그리하여 당신은 여러 상이한 도덕에 속해 있기 때문이다. 이러한 도덕에는 당신 가족의 도덕, 어쩌면 당신이 다니는 학교의 도덕, 직업에 관한 도덕 (당신의 '직업 윤리'), 당신의 이웃과 관련한 도덕, 다양한 친구 집단마다의 다양한 도덕, 국가의 도덕, 그리고 최종적으로 대부분의 인류와 당신이 공유하는 도덕이 포함될 것이다. 이러한 도덕들은 대립되는 경우가 있으며, 비극적인 상황(당신이 어떤 것을 고수할 것인가 고민하게 되는)을 초래하기도 할 것이다. 이때 당신의 문제에 대한 명쾌한 도덕적인 해결책은 존재하지 않는다. 당신은 자신에게 가장 중요한 집단이 무엇인가를 선택해야 하며, 그 집단의 관습적 규약에 따라 행동해야 할 것이다.

'집단'에 오직 한 사람만이 소속되어 있는 도덕이 있을 수가 있다. 이때 그 사람은 자신의 사적인 원리로부터 도출해 낸 특정한 도덕적 의무를 갖는다고 말할 수 있을 것이다. 그는 자신의 원리를 기준으로 삼고 있을 것이며, 다른 사람들이 자신과 유사한 의무를 갖는다고 판단하지 않을 것이다.

가령 어떤 평화론자는 설령 타인에 대해 동일한 판단을 내리지 않는다고 하더라도, 자신은 도덕적으로 전쟁에 참전해서는 안 된다고 생각할 수 있을 것이다. 물론 그가 모든 사람들이 전쟁에 참여하는 것이 나쁘다고 생각할 수 있다. 그럼에도 그는 그들의 참전을 잘못이라고 말하지는 않을 것이다. 이와 다른 사례들은 여럿 있을 수 있다. 즉 다른 사람들은 자신과 유사한 의무를 갖지 않는다고 생각하면서, 자기 자신에게는 도덕적 의무와 책무를 부과하는 여러 사례들이 있을 수 있는 것이다.

그런데 평화론자는 도덕적 문제의 핵심 사례이기보다는 특수 사례(설령 일상적일 수는 있어도)이다. 이렇게 말하는 이유는 일상적으로 우리가 도덕을 한 사람 이상을 판단하는 데 사용되는 일련의 원리들이라고 생각하기 때문이며, 8장에서 살펴본 바와 같이, 우리가 누군가에게 외적인 제약을 가하는 것이 도덕이라고 생각하기 때문이다. 만약 객관적인 외적인 제약이 없다면, 설령 사람들이 자신들의 사적인 원리를 고수한다고 해도, 일상적으로 생각하는 도덕과 같은 것은 존재하지 않게 될 것이다. 만약 사적인 도덕만이 존재한다면, 다시 말해 일련의 개인적 원리만이 존재하고 집단적 규약은 존재하지 않는다면, 우리가 일상적으로 생각하는 도덕은 지금까지 존재하지 않았을지도 모른다.

더 읽을거리

규약에 대한 Hume의 설명은 그의 책 *Treatise on Human Nature*, 3권, 2장, 2절에 나온다.

규약 개념 및 이에 대한 철저한 고찰은 David Lewis의 *Convention* (Cambridge, Mass.: Harvard University Press, 1969)을 볼 것.

더욱 상세한 논의를 살펴보려면 Gilbert Harman, "Moral Relativism Defended," in *Philosophical Review*, Vol. 74(1975)를 볼 것.

제 10 장
이 유

1. 논리와 이유

비록 윤리 이론(ethical theories)들이 무엇을 적절한 원리(prin-ciples)들로 간주하는가에 대해서 서로 다른 입장을 취하긴 하지만, 우리가 살펴본 바와 같이 많은 윤리 이론들은 도덕적 'ought' 판단 (moral 'ought' judgment)이 올바른지의 여부가 그러한 판단이 특정한 실천 원리들과 어떻게 연결되는가에 따라 결정되는 것으로 파악한다.[1] 가령 칸트는 적절한 원리들이 순수 실천 이성이 명령하는 보편 원리들이라고 주장한다. 헤어는 'ought' 판단을 내리는 사

---

[1] [역주] 예를 들어 '아무런 이유 없이 고양이에게 불을 붙여서는 안 된다'라는 도덕적 판단은 '아무런 이유 없이 고통을 주는 것은 잘못이다'라는 실천 원리에 견주어서 옳고 그름이 가려지게 된다.

람이 동의하는 모든 보편화 가능한 원리가 그와 같은 원리라고 말한다. 사르트르는 'ought' 판단의 대상인 사람이 받아들이는 원리가 적절한 원리라고 말한다. 규약 이론에서 말하는 적절한 원리란 판단의 대상이 되는 사람과 판단을 내리는 사람 모두를 포함하는 어떤 집단(맥락적으로 드러나는)의 구성원이 규약적으로 받아들이는 원리를 말한다.

윤리 이론들은 실천 원리들과 도덕 판단 사이에서 요구되는 관계를 어떻게 설명하는가에 따라 차이가 있기도 하다. 가령 헤어의 이론에서는 그러한 관계가 명령의 논리 내에서 설명되어야 할 논리적 관계이다. 이를 대체할 만한 좀더 설득력 있는 생각에 따르면, 양자의 관계는 더 약한 유형의 '논리와 무관한'(nonlogical) 관계이며, 이는 '이유'와 '그 이유에 의해 뒷받침되는 판단' 사이에 성립하는 유형의 관계이다.

헤어에 따르면 적절한 실천 원리들은 일반적인 명령(general imperatives)들로 정식화될 수 있다. 그리고 만약 '참인 사실적 가정들'과 '일련의 일반 명령들'로부터 그에 대응하는 명령이 논리적으로 도출될 경우, 'ought' 판단은 일련의 일반 명령들에 상관적으로 옳다고 할 수 있다. 예를 들어 판단을 내리는 사람이 다음과 같은 명령을 받아들인다고 가정해 보자. '누구든 빚을 갚을 능력이 되고, 채무자가 빚을 갚을 것을 요구할 경우, 그 빚을 갚아라!' 다음으로 사실에는 다음과 같은 것들이 포함된다고 가정해 보자. (a) 존스가 스미스에게 10달러를 빌렸다. (b) 스미스가 돈을 갚으라고 요구했다. 그리고 (c) 존스가 이제 돈을 갚을 수 있다. 헤어는 이와 같은 가정들로부터 '존스, 스미스에게 빚진 10달러를 갚아라!'라는 명령을 도출해 낼 수 있다고 생각한다. 이렇게 보았을 때, 헤어의 입장에서는 '존스가 스미스에게 빚진 10달러를 갚아야 한다'는 판단은 앞에서 언급한 일반 원리, 그리고 방금 언급한 주어진 사실들에 상관적으로 옳다. 이러한 생각, 다시 말해 특정한 'ought' 판단과 일반 원리 사이에 요구되는 관계에 대한 생각은 도덕에 대한 칸트, 사르트르, 혹은 관습 이론에서도 수용할 수 있는 바이다. 이들 이론은 모두 '도덕적 'ought' 판단은 적절한 실천 원리, 그리고 그 상황에서의 사실로부터 논리적으로 도출된 결과인 경우에, 그리고 오직 그러한 경우에만 타당하다'고 말할 수 있을 것이다. 그렇다면 이론들 간의 차이는 적절한 원리가 무엇인가와 관련되는 것이지, 원리와 특정한 'ought' 판단 사이에서 요구되는 관계와 관련되는 것은 아니다.

하지만 원리들과 특정한 판단 사이에 이러한 종류의 논리적 관계가 있어야 한다는 생각은 아주 훌륭한 생각이라고 할 수는 없다. 우선 그와 같은 생각은 적절한 원리들이 매우 세부적이어야 하며, 그것들이 모든 가능한 상황에서 우리들이 무엇을 해야 하는지를 논리적으로 정확하게 결정해야 한다는 것을 함축한다. 그런데 도덕 원리가 그와 같은 정확성을 가져야 한다는 생각은 어느 정도 비현실적이라 할 수 있다.

더욱이 'ought' 판단에는 앞에서의 생각이 담아낼 수 없는 느슨함이 존재한다. 우리가 적절한 실천 원리와 상관적으로 내리고 싶은 판단이 반드시 'P가 마땅히 D를 해야 한다'(P ought to do D)인 것만은 아니다. 가령 우리는 'P가 D를 하면 좋을 텐데'(It would be good of P to do D), 'P가 D를 하지 않는다면 잘못일 텐데'(It would be wrong of P not to do D), 'P가 D를 하면 좋겠다'(P might do D), 'P는 D를 하지 않으면 안 된다'(P must do D)와 같은 판단들을 내리길 원하기도 한다. 그런데 이러한 판단들이 모두 동일한 의미를 갖는 것은 아니다. 즉 어떤 상황에서 일부 판단들은 적절하지만 다른 판단들은 적절하지 않을 수 있는 것이다. 표면적으로 보았을 때 헤어의 이론은 'P는 마땅히 D를 해야 한다'보다는 'P는 D를 하지 않으면 안 된다'에 더 적절한 듯이 보인다. 왜냐하면 'P가 마땅히 D를 해야 한다'고 말하는 것은 P가 D를 하는 것이 반드시 요구된다고 말하는 것은 아니기 때문이다. 만약 'P가 D를 하지 않으면 안 된다'가 말하고자 하는 바라면, 'P가 D를 해야만 한다'(P has to do D)고 말하거나, 'P가 D를 하지 않는 것은 잘못일 것이다'라고 말하는 것이 나을 것이다. 우리는 'P가 D를 절대적으로 해야만 한다'거나, '그가 D를 하지 않는 것은 잘못일 것'이라고 가정하지 않고서도 'P가 D를 마땅히 해야 한다'고 말할 수 있다. 반면 'P가 D를 마땅히 해야만 한다'고 말하는 것은 단순히 'P가 D를 한다면 좋을 것'이라고 말하는 것보다 강하다.

2. 정당한 이유 분석

이상에서의 설명은 대안적 이론을 머릿속에 떠올리게 한다. 그와 같은 이론에서는 관련된 실천 원리들이 헤어의 이론이 작동하기 위해 필요로 했던 엄밀성을 갖지 않는다. 이와 같은 대안적인 이론에서는 적절한 원리들이 특정한 상황에서 특정한 행동을 하도록 하기보다는, 우리로 하여금 어떤 일반적인 목적 및 목표에 따르게 한다. 가령 '다른 사람들을 존중해야 한다', '다른 사람들에게 해를 주지 않기 위해 노력해야 한다', '부담이 지나치게 크지 않는 이상

도움을 필요로 하는 사람들을 도와야 한다' 등이 그 예이다. 또한 가족 내에서의 의무 및 책임 분담과 관련한 원리들도 존재한다. 가령 '부모들은 자녀 교육과 복리에 대해 책임을 져야 한다'는 등의 원리가 그 예이다. 만약 무엇을 해야 할 것인가가 헤어가 제시한 방식으로 논리적으로 결정되어야 하는 것이라면, 이러한 대안 이론은 적절한 도덕 원리가 무엇을 해야 할 것인가를 결정할 만큼 철저한 엄밀성을 갖는다고 말할 수 없다. 이렇게 말하는 이유는 사실이 주어진 상태에서 우리는 그러한 도덕 원리로부터 무엇을 해야 할 것인가를 연역(deduce)할 수 없기 때문이다.

그럼에도 헤어 이론에서와 마찬가지로, 이와 같은 대안 이론에서는 '원리들을 실천 원리로 받아들인다'는 것이 '특정 방식으로 행동하도록 동기 지워졌다'는 것을 말한다. 어떤 원리를 받아들인다는 것은 당신이 그와 같은 원리들을 받아들이지 않았을 경우에 가졌을 목표와 목적 외에 당신이 어떤 목표와 목적을 갖는다는 것을 말한다. 그리고 특정 원리를 받아들이기 전의 당신의 다른 목표, 목적, 욕구 그리고 계획이 당신에게 무엇인가를 행할 이유를 부과하는 것과 마찬가지로, 가령 사회의 관습을 받아들이는 결과로서 당신이 갖게 되는 목표와 목적 또한 당신에게 무엇인가를 행할 이유를 부과할 수 있다. 하지만 '이러한 원리들이 무엇인가를 행할 이유를 부과한다'고 말하는 것이 '이러한 원리들이 논리적으로 특정한 명령들을 함축하고 있다'는 것을 말하는 것은 아니다. 이유들간의 관계들(relation of reasons)은 명령의 논리를 거치는 논리적 함축의 관계보다 약하거나, 최소한 다르다. 이러한 대안 이론에 따르면, 적절한 실천 원리와 특정한 'ought' 판단 간의 관계를 적절하게 담고 있는 것은 바로 이와 같은 그다지 엄밀하지 않은 이유들간의 관계

(사실이 주어진 상태에서, 특정한 'ought' 판단이 적절한 실천적 원리와 상관적으로 옳을 경우)이다.

대안 이론에서는 'P가 D를 마땅히 해야 한다'고 말하는 것이 'P가 D를 행할 충분한 이유가 있으며, 이는 다른 것을 해야 하는 이유보다 더 강한 이유이다'라고 말하는 것과 동일하다. 그리하여 만약 당신이 P가 도덕적으로 D를 마땅히 해야 하는 것을 의미한다면, 당신은 P가 D를 행할 충분한 도덕적 이유가 있으며, 이것이 다른 것을 해야 할 이유보다 강한 이유라는 것을 의미한다. 바꾸어 말하자면 적절한 실천 원리들, 가령 P가 사회의 관습적 규약으로 받아들이는 원리들이 주어졌을 경우, P는 그와 같은 원리들로부터 도출되는 D를 행할 충분한 이유를 갖게 된다.

행위와 관련된 이유들은 힘이 다를 수 있는데, 이는 다음과 같은 다양한 판단들, 예컨대 'P는 마땅히 D를 해야 한다', 'D는 P가 할 수 있는 최선의 것이다', 'P는 D를 해야 한다', 'P는 D를 하는 것이 좋다' 등과 같은 판단들을 설명해 주고 있다. 예를 들어 P가 특정한 원리를 고수하려 하고, 사실들이 주어졌을 경우, 우리는 P가 D를 행할 좋은 이유가 있다고 말할 수 있을 것이다. 그럼에도 P가 D를 행하지 않는 것이 전혀 실수는 아닐 것이다. 그와 같은 경우 P가 D를 행하는 것이 좋을 수 있다. 하지만 P가 D를 마땅히 해야 한다는 것은 참이 아닐 수 있다. 반면 만약 P가 그러한 원리들을 고수하려는 의도를 가지고 있고, 사실이 주어졌을 경우, P가 D를 하지 않는 것이 실수라면, P는 마땅히 D를 행해야 한다. 그리고 P가 정말로 그러한 원리들을 고수하려는 의도를 가지고 있다면, 설령 P가 D를 행하지 않는 것이 합리적이지 못하다 하더라도, P는 D를 행해야 한다. 그와 같은 경우에 D를 행하지 않는 것은 그와 같은 원리를 고수하려는 의도를 계속 갖는다는 것과 양립할 수 없을 것이다. '어떤 원리에 근거하여 P가 D를 행해야 한다'고 말하는 것은 '만약 P가 D를 행하지 않는다면 그것이 사실상 그가 진지하게 그와 같은 원리들을 고수하려는 의도를 갖지 않음을 보여주는 것'이라고 말할 수 있을 것이다. 마지막으로 '특정한 실천 원리에 근거하여 P가 D를 해도 좋다, 또는 P가 D를 할 것이다'라고 말하는 것은 'P가 그와 같은 원리들을 수용한 것이 그가 D를 행하는 것을 불합리한 것으로 만들지 않는다'고 말하는 것이다.

이러한 유형의 이론은 도덕적 'ought' 판단, 그리고 관련 도덕 판단들에 대한 '정당한 이유 분석'(good-reasons analysis)이라고 불리기도 한다. 이와 같은 이론에 따르면 도덕적 'ought' 판단, 그리고 관련 도덕 판단은 어떤 사람이 어떤 행위를 수행하는 도덕적 이유에 대해서 무엇인가를 말하고 있다. 이와 유사한 분석은 다른 범주의 도덕 판단에 대해서는 적절치 못할 것이다. 가령 이러한 분석은 'P가 D를 행하는 것은 도덕적으로 사악한 것이다'(P is morally evil in doing D)라는 판단에서는 적절치 못하다. 왜냐하면 도덕적 'ought' 판단, 그리고 관련 도덕 판단들과는 달리, 그와 같은 판단은 무엇을 행할 P의 이유에 관한 가정에 의존하고 있지 않기 때문이다.[1]

정당한 이유 분석은 다른 의미의 'ought', 그리고 'may'와 'must'

---

1) [역주] 소위 도덕적 'ought' 판단은 화자나 판단의 대상이 되는 사람이 도덕적으로 무엇인가를 행할 이유를 공유하고 있다고 전제하였을 때 이루어지는 판단임에 반해, 다른 도덕 판단은 그러한 이유를 공유한다는 전제를 하지 않는다. 이에 따라 전자는 판단의 대상 또한 무엇인가를 행하지 않으면 도덕적인 비난의 대상이 되지만, 후자는 그렇지 않다.

같은 관련 단어들을 대상으로도 이루어질 수 있다. 우선 'ought'가 최소한 네 가지 상이한 의미를 갖는다는 주장을 상기해 보자. 지금까지 우리가 논의해 온 도덕적 'ought' 외에 합리성(rationality)의 'ought'가 있다. 가령 우리는 '은행 강도가 후문을 이용해야 한다' (the bank robber ought to use the rear door)고 말할 때 이와 같은 의미로 'ought'를 사용하고 있는 것이다. 다음으로 '세상에는 더 많은 사랑이 있어야 한다'(there ought to be more love in the world) 고 할 때의 가치 평가적인(evaluative) 'ought'가 있다. 그리고 기대 (expectation)의 'ought'가 있다. 관련 용례는 '기차가 3분 내에 이곳에 도착할 것이다'(the train ought to be here in three minutes)에서 찾아볼 수 있다. 'ought'의 의미가 이처럼 경우에 따라 다른 의미로 사용될 수 있는 것에 대응하여 'must'와 'may'의 의미 또한 경우에 따라 다르게 사용될 수 있다. 가령 '기차는 지금쯤 도착했어야 한다'라고 할 때처럼 기대의 'must'가 있다. 또한 '기차가 수분 내로 도착할 것이다' 또는 '잘 모르겠지만 기차가 정오에 도착했을 것이다'라고 할 때처럼 기대의 'may' 혹은 'might'가 있다. 이와 유사하게 가치 평가 및 단순한 합리성의 'must', 'may', 'might'가 있다. 예를 들어 우리는 '태풍이 마이애미를 강타해선 안 된다'(the hurricane mustn't hit Miami), 혹은 '은행 강도는 발각되지 않기 위해 경보선을 절단하지 않으면 안 된다'(the bank robber must cut the alarm wires if he is to escape detection)라고 말한다.

만약 정당한 이유 분석을 적절히 변경시킨다면 우리는 다음과 같은 상이한 경우에 이를 적절하게 사용할 수 있을 것이다. 먼저 기대의 'ought', 'must', 'may'는 믿음의 이유를 말할 때 적절하게 활용할 수 있다. '기차가 이곳에 곧 도착할 것이나'라고 말하는 것

은 '기차가 이곳에 도착할 것이라고 생각할 정당한 이유들이 있다'
고 말하는 것과 동일하다. '기차가 정오에 도착했어야만 한다'고 말
하는 것은 그렇게 생각하는 이유가 결정적임을 말하는 것이다. '기
차가 아직까지 도착하지 않았을지도 모른다'고 말하는 것은 그렇게
생각하는 것이 '기차가 지금까지 도착하지 않았다고 현재 우리가
가정해야 할 이유들과 모순되지 않는다'라고 말하는 것과 같다. 이
와 유사하게, '태풍이 마이애미를 강타해선 안 된다'고 말하는 것은
'태풍이 마이애미를 강타하지 말길 희망하는 커다란 이유가 있다'
고 말하는 것과 동일하다. '이 세상에 더 많은 사랑이 있어야 한다'
고 말하는 것은 '세상에 더 많은 사랑이 있길 바라는 이유가 있다'
고 말하는 것과 동일하다. '은행 강도가 후문을 이용해야 한다'고
말하는 것은 '그가 후문을 이용해야 하는 훌륭한 이유가 있다'고 말
하는 것과 동일하다. '그가 경보선을 절단하지 않으면 안 된다'고
말하는 것은 '그의 목표 및 주어진 사실들을 감안할 때, 그가 그렇게
하지 않는다는 것은 불합리하다'고 말하는 것과 동일하다.

3. 조건부 'ought'[2]

이와 같은 정당한 이유 분석의 한 가지 장점으로 들 수 있는 것

---

2) [역주] 의무론적 윤리 이론에서 절대적이고 무조건적인 의무론을 완화하
여 의무들간의 상충문제를 해결하기 위해 로스(W. D. Ross)가 고안해
낸 조어이다. 그에 따르면 우리의 의무는 예외 없이 행해야 하는 절대적
이고 무조건적 의무가 아니라, 그보다 도덕적으로 비중이 더 큰 다른 의
무와 상충하지 않는 한, 즉 조건부로 우리의 실제적 의무가 되는, 그런
의미에서 절대적 의무가 될 수 있는 경향을 갖는 상대적 의무이다.

은 이를 통해 다양한 용도의 'ought', 'may', 그리고 'must'를 설명할 수 있게 된다는 것이다. 또 다른 장점은 정당한 이유 분석이 영국의 철학자 로스(W. D. Ross, 1877-1970)가 강조한 'ought'에 대한 우리의 활용 방식 중 한 가지를 설명하는 데 도움을 준다는 것이다. 로스는 도덕적 'ought'에는 두 가지가 있다고 주장하였다. 그중 한 가지는 조건부(prima facie) 'ought'이고, 나머지 하나는 모든 것을 감안한(all things considered) 'ought'이다. 로스는 만약 'ought'라는 단어를 사용해 도덕 원리들에 대해 말하고자 한다면, 우리는 소위 조건부 'ought'를 사용해야 한다고 주장하였다. 가령 우리는 '약속을 지켜야 한다', '진실을 말해야 한다', '다른 사람에게 해를 입히지 말아야 한다', '도움이 필요한 사람을 도와야 한다'라고 말한다. 하지만 우리는 이와 같은 원리들이 절대적이라고 생각하지 않는다. 우리는 모든 약속을 지켜야 한다고 생각하지 않는다. 우리는 약속을 어길 수 있는 여지를 남겨둔다. 실제로 우리가 약속을 어겨야 할 상황이 분명 있다. 이는 다른 도덕 원리들도 마찬가지다. 이처럼 '모든 도덕 원리들은 예외가 있는 것'이다.

헤어는 이 점을 감안하여 우리의 도덕 원리들이 생각보다 훨씬 복잡하다고 가정하고 있다. 헤어의 생각에 예외들은 도덕 원리에 내재되어 있다. 그런데 로스는 헤어와는 다른 접근법을 활용하였다. 그에 따르면 '약속을 지켜야 한다'와 같은 원리들은 그 자체로 보았을 때에는 참이다. 하지만 그러한 원리가 약속을 어길 수 있는 상황이 전혀 없다는 것을 의미하는 것은 아니다. 로스에 따르면, 이와 같은 원리를 언급하고자 할 때 사용되는 'ought'가 바로 조건부 'ought'이다. 이러한 원리가 의미하는 바는 당신이 조건부로 약속을 지켜야 한다는 것이다. 좀더 정확하게 말한다면, 이는 '만약 당신이 무엇을 행할 약속을 하였다면, 바로 그것이 당신이 약속한 바를 행해야 하는 도덕적 이유를 부과한다'는 것을 의미한다. 만약 다른 이유가 없다면, 당신은 자신이 행하기로 약속한 바를 행해야 한다. 만약 당신에게 다른 이유가 있다면, 그때에는 모든 것을 고려해서 당신이 무엇을 해야 할 것인가를 결정하기 위해 다양한 이유들간의 비중을 가늠해 보아야 한다.

가령 당신이 회합에 참석하기로 약속했다. 하지만 당신의 아주머니가 방금 돌아가셨고, 이에 따라 당신 또한 아주머니의 장례식에 참석해야 할 의무를 갖게 되었다. 여기서 당신은 서로 대립되는 의무를 갖게 된다. 당신이 회합에 가기로 약속하였다면, 당신은 (조건부로) 회합에 참석해야 한다. 그런데 당신의 아주머니가 돌아가셨다면 당신의 부모는 당신이 장례식에 참석하길 바랄 것이며, 당신은 (조건부로) 장례식에도 참여해야 한다. 그런데 이러한 'ought' 언명들은 서로 모순을 일으키지 않는다. 왜냐하면 그들은 각각 조건부 'ought' 언명들이기 때문이다. 여기서 두 가지 약속 모두 '모든 것을 고려해 보았을 때 당신이 해야 할 바'를 말해 주지 않는다. 당신이 해야 할 바는 오직 이유의 비중을 측정하고, 어떤 것이 더욱 중요한가를 판단함으로써 결정될 수 있다.

로스의 조건부 'ought' 이론은 정당한 이유 분석의 관점에서 보았을 때 많은 것들을 시사하고 있다. 그의 생각에 도덕 원리들은 당신이 무엇을 해야 할 것인가에 대한 도덕적 이유를 제시하고 있다. 당신이 행해야 하는 것(모든 것을 고려하였을 때)은 어떤 상위 단계의 원리에 의해 결정되는 것이 아니다. 당신이 행해야 하는 것은 그것들이 도덕적 이유이든 혹은 다른 유형의 이유이든, 상호 대립되는 이유들의 비중을 측정해 봄으로써 결정되는 것이다.

달리 표현하자면, 우리는 로스의 이론을 'ought' 언명의 논리적 형식에 관한 언급이라고도 말할 수 있을 것이다. 엄격하게 말하자면 우리는 'ought' 언명이 'C를 감안하였을 때, P는 마땅히 D를 해야 한다'라는 형식을 갖추고 있다고 말할 수 있을 것이다. 가령, '당신이 어떤 것을 한다고 약속을 한 것을 감안하였을 때, 당신은 그것을 해야 한다.' 그렇다면 모든 것을 고려한 'ought' 판단은 '모든 것을 감안하였을 때, P는 마땅히 D를 해야 한다'라는 형식을 가질 것이다. 달리 말해, '모든 것을 고려한 것을 감안하였을 때, P는 마땅히 D를 해야 한다'라는 형식을 가질 것이다. 이는 조건부 'ought'가 기본적인 것이고, 모든 것을 고려한 'ought'는 조건부 'ought'에 의해 정의되어야 한다고 말하는 것과 사실상 마찬가지다. 그렇다면 우리는 기본적이고, 조건부적인 'ought'를 다음과 같이 정의 내릴 수 있을 것이다: 'C를 감안하였을 때, P가 D를 마땅히 해야 한다'는 'C가 P에게 D를 할 이유를 제공한다'와 동일한 의미이다.

우리는 이와 유사한 생각을 기대의 'ought'에 대해서도 적용해 볼 수 있을 것이다. 즉 기대에 관한 조건부적 'ought'와 기대에 관한 모든 것을 고려한 'ought'가 있다는 것이다. 우리는 다음과 같이 말한다: '열차 시간표에 따르면, 기차는 5분 이내에 이곳에 도착해야 한다. 하지만 기관사가 새로 일을 시작했다는 것을 감안해 보았을 때, 기차가 그것보다 다소 늦을 것이라고 예측해 볼 수 있다.' 우리는 기본적 형태의 기대의 'ought'를 다음과 같이 정의할 수 있을 것이다: 'C를 감안할 때, S이어야 한다'는 'C는 S임을 믿는 이유이다'와 동일한 의미이다. 이와 유사하게, 우리는 기본적인 형태의 가치 평가적 'ought'를 다음과 같이 정의할 수 있을 것이다: 'C를 감안할 때 S이어야 한다'는 'C는 S를 원하거나 바라는 이유이다'와 동일한 의미이다.

마지막으로 합리성의 'ought'를 고찰해 보자. 칸트는 도덕적 요구가 오직 이성으로부터 도출된다는 입장을 견지한다. 그에 따르면 도덕적으로 행위하지 않는 것은 곧 비이성적인 것이다. 만약 이것이 사실이라면, 도덕적 'ought'와 합리성의 'ought'를 구분할 이유가 없을 것이다. 그런데 설령 칸트가 이성의 능력에 대해 잘못 생각하고 있다고 가정해도, 우리는 여전히 도덕적 'ought'가 합리성의 'ought'의 특별한 용례라고 생각해 볼 수 있을 것이다. 즉 도덕법에 따라 행동하지 못하는 것을 비이성적인 것이라고 생각할 것이 아니라, 도덕적 'ought' 판단을 합리성의 'ought'를 활용한 판단으로 간주하여, 이를 공통적인 도덕 원리를 따르려는 의도를 가지고 있다고 생각되는 행위 주체를 대상으로 내리는 판단이라고 가정해 볼 수 있다는 것이다.

합리성의 'ought'를 사용한 'ought' 언명의 기본적인 논리적 형식은 다음과 같다: 'C를 감안하였을 때, P는 마땅히 D를 해야 한다.' 여기서 주장하는 바는, 만약 적절한 원리를 고수하려는 P의 의도가 C라는 조건에 포함되어 있다면, 방금 언급한 형식이 바로 도덕적 'ought'가 된다는 것이다. 이러한 경우, 만약 우리가 'C1을 감안하였을 때, P가 마땅히 D를 도덕적으로 해야 한다'라고 말한다면, 우리는 'C1이라는 사실을 감안하였을 때, 그리고 P가 적절한 원리를 고수하려는 의사를 가지고 있을 때, P는 마땅히 D를 해야 한다'는 것을 말하는 것이다. 이러한 제안에 따르면, 은행 강도가 자신의 직업을 포기해야 한다는 판단과 은행 강도가 후문을 이용해야 한다는 판단 사이의 차이는 다음과 같다: 전자의 판단(후자의 판단은 아니고)에서는 우리가 적절한 조건 C에 은행 강도가 특정한 원리들을 수용한다는 것을 포함시킨다는 것이다. 우리가 의미하고자 하는 바는 그가 그와 같은 원리를 받아들인다는 것을 감안하였을 때, 그가 은행에 들어가서 강도 짓을 하기보다는 집에 돌아갈 이유가 있다는 것이다.

이는 도덕적 'ought'를 합리성의 'ought'로 환원하려는 것이다. 다른 'ought'들에 대해서도 유사한 환원이 가능하다. 가령 'C를 감안하였을 때 마땅히 S이어야 한다'에서의 기대와 관련한 'ought'는 'C를 감안하였을 때 우리는 S임을 마땅히 믿어야 한다'가 된다. 또한 'C를 감안하였을 때 S이어야 한다'에서의 가치 평가적 'ought'는 'C를 감안하였을 때 S를 희망하거나 원해야 한다'가 된다.

여기서 'ought'라는 단어가 네 가지 서로 다른 의미를 갖는다고 말하는 것은 여전히 의미가 있다. 왜냐하면 이상에서와 같은 환원들은 각각의 경우가 서로 다르기 때문이다. 'C를 감안하였을 때, P는 마땅히 D를 해야 한다'라는 형식의 문장은 다음에서 말하는 네 가지 서로 다른 경우 중에 하나를 의미하게 될 것이다. 그것들은 다음과 같이 합리성의 'ought'를 사용하여 나타낼 수 있을 것이다: 'C를 감안하였을 때, P는 마땅히 D를 해야 한다', 'C를 감안하였을 때, 그리고 우리가 받아들이는 도덕적 규약을 P가 받아들이면, P는 마땅히 D를 해야 한다', 'C를 감안하였을 때, P가 D를 한다고 믿어야 한다', 'C를 감안하였을 때, P가 D를 한다고 바라거나 희망해야 한다.' 이들 네 가지 경우는 서로 동일한 것을 의미하지 않는다. 한편 도덕적 'ought'가 단순히 합리성의 'ought'의 특별한 경우라고 말하는 것도 그다지 정확한 것은 아니다. 그 차이란 다음과 같다: 가령 우리가 합리성의 'ought'를 사용해서 P가 마땅히 D를 해야 한다고 말한다고 했을 때, 우리는 P가 D를 하는 것에 반드시 찬동하는 것은 아니다. 하지만 도덕적 'ought'를 사용하여 P가 마땅히 D를 해야 한다고 말하는 경우에는 우리가 (일반적으로) P가 D를 하는 것에 찬동한다. 가령 내가 은행 강도가 후문을 이용해야 한다고 할 때, 나는 그가 그렇게 하는 것에 찬동하는 것은 아니다. 다시 말해 그가 그렇게 한다는 것을 내가 좋아한다는 것을 의미하는 것은 아닌 것이다. 반면 은행 강도가 그의 직업을 포기해야 한다고 말할 때, 나는 그가 그렇게 하는 것에 찬동하는 것이다. 여기서 나는 그가 그렇게 하는 것을 내가 좋아한다는 것을 의미한다. 따라서 도덕적 'ought'는 합리성의 'ought'에 무엇인가를 덧붙인 것이다. 도덕적 'ought'를 사용할 때, 나는 행위자와 나의 말을 듣는 사람들이 나 또한 받아들이는 특정한 실천 원리들을 받아들이고 있음을 전제하고 있다. 그리고 나는 그와 같은 원리들을 감안하여 판단을 내린다.

어떤 행위자가 가지고 있다고 생각했던 목표를 사실상 그가 가지고 있지 않았음을 알고 난 후 우리가 나타내는 반응 방식들을 고찰해 보자. 나는 은행 강도가 마땅히 후문을 이용해야 한다고 판단한다. 왜냐하면 나는 그의 목표가 은행을 터는 것이고, 목격되지 않고 도망치는 것이라고 생각하고 있기 때문이다. 반면 만약 그의 의도가 은행을 털려는 것이 아니라, 단지 예금을 하는 것임을 알게 되었다면, 나는 그가 후문을 이용해야 한다는 판단을 철회하고 실수를 범했다고 말한다. 다음으로 은행 강도가 직업을 포기해야 한다고 말하기 위해 도덕적 'ought'를 사용한다고 가정해 보자. 이때 나는 은행 강도가 받아들이는 특정 원리들이 그에게 은행 강도가 되길 중단할 이유를 제공한다고 전제하고 있는 것이다. 하지만 만약 은행 강도가 완전히 도덕과 무관한 사람이고, 그의 목표 및 계획으로 미루어볼 때 그가 은행 강도로 계속 남아 있지 않을 이유가 전혀 없음을 알았을 때, 나는 나의 판단을 철회한다. 그럼에도 나는 내가 실수를 했다고 말하면서 그렇게 하지는 않을 것이다. 이러한 차이는 두 가지 판단이 동일한 유형의 판단이 아님을 시사하고 있다. 두 가지 판단이 밀접하게 관련되어 있긴 해도, 도덕적 의미의 'ought'는 합리성을 나타내는 'ought'와는 구분된다.

4. 약간의 복잡한 문제들

그런데 **도덕적 'ought'**에 대해 말하는 것이 지나친 단순화라고도 말할 수 있다. 이렇게 말하는 이유는 법률의 규칙, 클럽의 규칙, 에티켓에 관한 규약, 게임의 규칙 등(이들은 화자가 행위자가 받아들이고 있다고 생각하는 것들이다)에서 무엇인가를 해야 할 이유가 있다고 말할 때에도, 동일한 의미의 단어가 사용되기 때문이다. 가령 행위 주체가 방금 언급한 것들에 관한 규칙 혹은 규약들을 받아들이지 않는다는 사실이 밝혀진다고 하더라도, 화자는 원래의 언명을 자신이 실수했다고 말하면서 철회하지는 않을 것이다. 그런데 'ought'가 이 모든 경우에 동일한 의미를 갖는다는 사실은 도덕에 대한 사회적 규약 이론을 지지하는 또 다른 증거가 된다. 만약 이와 같은 이론이 적절하다면, 우리는 법률의 규칙, 클럽의 규칙, 혹은 에티켓에 관한 규약을 받아들이는 사람들이 도덕적 규약을 받아들이는 방식으로 그러한 규칙이나 규약들을 받아들인다고 말해도 무리가 없을 것이다.

또 다른 성가신 문제는 화자가 공유하지 않는 도덕을 기준으로 도덕적 'ought'가 사용될 수 있다는 점이다. 이와 같은 경우 'P가 마땅히 D를 해야 한다'라는 화자의 판단이 P가 D를 행하는 것에 찬동한다는 의미를 함축하고 있는 것이 아니다. 다음과 같은 판단을 고찰해 보자: '기독교인으로서의 당신은 다른 뺨을 들이대야 한다. 하지만 나는 맞받아 치라고 제안한다.' 친구에게 발각된 스파이는 다음과 같이 말할 것이다: '신실한 시민으로서 신고를 해야 한다는 것을 잘 알고 있지만, 나는 네가 그렇게 하질 않길 바란다.' 이러한 사례에서 만약 행위 주체가 기독교인이 아님이 밝혀지거나, 혹은 신실한 시민이 아님이 밝혀진다면, 화자는 자신이 잘못 생각했다고 말하면서 자신의 원래 판단을 철회할 수 있다. 이와 같은 사례에서는 도덕적 'ought'와 합리성의 'ought' 간의 차이가 드러나지 않는다. 양자의 차이는 화자가 적절한 원리들을 P와 공유하면서, P가 D를 행하는 것에 찬동하는 더욱 일상적인 경우에서만 드러난다.

더 읽을거리

R. M. Hare의 이론은 *The Language of Morals*(Oxford: Oxford University Press, 1952)와 *Practical Inferences*(Oxford: Oxford University Press, 1971)에서 설명되고 있다.

Kurt Baier는 정당한 이유 분석을 *The Moral Point of View*(Ithaca, N.Y.: Cornell University Press, 1958), 3장 "The Best Thing To Do"에서 옹호하고 있다.

W. D. Ross는 조건부적 의무 개념을 *The Right and the Good*(Oxford: Clarendon Press, 1930), 2장에서 논의하고 있다.

Donald Davidson은 Ross의 생각을 "How Is Weakness of the Will Possible?" in Joel Feinberg(ed.), *Moral Concepts*(Oxford: Oxford University Press, 1969)에서 논리 형식에 관한 통찰로 다루고 있다.

Philippa Foot는 도덕적 'ought'와 에티켓 등에서 사용되는 'ought'의 유사성을 "Morality as a System of Hypothetical Imperatives," *Philosophical Review*, Vol. 81(1972)에서 지적하고 있다.

제 11 장

이유에 대한 자연주의적 이론

1. 이유와 추론

앞장에서 서술한 정당한 이유 분석이 성공적이었다면, 우리는 도덕적 'ought' 판단을 합리성의 'ought'를 사용한 판단을 통해 설명할 수 있을 것이며, 그러한 판단들을 이유들에 대한 의견들이라고 설명할 수 있을 것이다. 하지만 이렇게 할 수 있다는 것 자체가 도덕 판단들이 자연적 사실에 관한 판단으로 환원될 수 있음을 보여주는 것은 아니다. 이렇게 말하는 이유는, 우선 'ought' 판단 및 이와 관련된 'may'와 'must'를 사용한 판단 외에 다른 도덕 판단이 있기 때문이다. 가령 '히틀러는 사악한 사람이었다'(Hitler was an evil man)는 판단이 있으며, 우리는 이와 같은 판단이 어떻게 분석될 수 있는가에 대해서 지금까지 언급한 바가 없다(이하에서도 이에 대한 언급은 없을 것이다). 여기서 한 걸음 나아가, 설령 정당한 이유 분석이 '도덕적 'ought' 판단'을 '이유에 대한 판단'으로 환원시킨다고 해도, 그와 같은 이유에 관한 판단들은 그 자체가 규범적인 판단이며, 따라서 자연적 사실에 관한 판단이라고 분명하게 말할 수 없다. 그럼에도 만약 정당한 이유 분석이 성공적이었다면, 우리는 어느 정도의 발전이 이루어졌다고 생각해 볼 수 있을 것이다.

아마도 이유(reason)들은 어떤 사람의 가능한 추론(reasoning)과 어느 정도 관련되어 있을 것이다. 우리는 '어떤 사람이 무엇인가를 행할 (훌륭한) 이유가 있다'가 '어떤 사람이 그러한 것을 하도록 결정하게 하는, 사용할 수 있는 (훌륭한) 추론이 있다'와 동일하다고 말할 수 있을 것이다. 이하에서는 바로 이와 같은 제안을 검토해 보도록 하자. 우선 '어떤 사람이 무엇을 할 어떤 이유를 갖는다'는 것이 무엇인가를 말하려면, 우리는 그가 '사용할 수 있는' 특정한 추론이 과연 무엇인가부터 말할 수 있어야 할 것이다. 이는 추론이 무엇인가를 알아야 한다는 것을 의미하며, 적절한 방식으로 추론을 '이용할 수 있다'는 것이 무엇을 말하는가를 알아야 한다는 것을 의미한다. 우선 이들 문제에 대한 적절치 못한 설명을 고찰해 보는 데에서 시작하고, 그리고 나서 더욱 적절한 설명을 고찰해 보도록 하자.

2. 증명 혹은 논증으로서의 추론

적절치 못한 설명에서는 추론을 증명(proof) 또는 논증(argument), 즉 전제와 추론 단계, 그리고 결론을 갖춘 논증과 유사하다고 생각한다. 추론이란 결론을 도출해 내는 힘에 차이가 있으며, 따라서 우리는 다양한 힘의 논증이 존재한다고 생각해야 한다. 가장 강한 힘을 갖춘 형식의 논증은 연역(deductive) 논증이다. 이와 같은 형식의 논증에서는 전제들이 진리임이 알려졌거나, 또는 선행 단계(각각의 단계가 연역 논리의 원리에 의해 도출된)에서 진리가 확보되었을 경우, 다음에 이어지는 각각의 단계에서의 진리가 보증된다. 이와 같은 원리 중 하나는 ~S 그리고 S∨T는 논리적으로 T를 함축한다는 것이다. 바꾸어 말한다면 ~S의 진리와 S∨T의 진리는 T의 진리를 보증한다. 구체적인 예를 든다면 만약 '앨버트가 파티에 오지 않는다'가 참이고, '앨버트 혹은 마벨 중 한 사람이 파티에 온다' 또한 참이라면, '마벨이 파티에 온다'는 참임이 보증된다.

그런데 모든 추론이 이와 같은 방식으로 결정적인 것은 아니다. 다시 말해 모든 추론이 연역적인 것은 아니라는 것이다. 따라서 어떤 추론 사례가 증명 혹은 논증의 형식을 닮으려면 비연역적 혹은 **귀납적 논증**이 있어야 한다. 이런 논증에는 전제 혹은 이전 단계(다음 단계들은 이로부터 도출된다)로부터 지지를 받지만(supported) 보증되지는 않는(not guaranteed) 단계들이 포함된다. 이와 같은 각각의 단계는 **귀납 논리**의 원리에 의해 도출되어야 할 것이다. 하지만 귀납 논리의 원리에 대해서는 일반적인 합의가 이루어져 있지 않다. 때문에 필자는 그와 같은 원리의 분명한 사례를 제시할 수가 없다. 나중에 필자는 이러한 점으로 인해 제기되는 문제로 다시 돌아올 것이다.

앞에서 우리는 어떤 믿음(belief)을 받아들이도록 당신을 이끌어 가는 추론만을 고찰하였다. 그런데 이외에도 실천적인 추론(practical reasoning)이라는 것이 있다. 이는 무엇을 할 것인가를 결정하는 데로 당신을 이끌어간다. 이에 따라 (이와 같은 견해에서는) 결론이 의도의 언명 혹은 명령인 다양한 세기의 실천적인 논증 또한 존재해야 한다.

우리는 지금까지의 논의를 다음과 같이 요약할 수 있을 것이다: 앞에서와 같은 추론 개념에 따르면, 추론에는 단지 연역 논증뿐만 아니라, 이보다 약한 힘을 갖는 귀납 논증, 그리고 어떤 것을 행할 결정으로서의 결론을 갖는 다양한 세기의 실천적 논증이 있다. 이러한 견해에서는 연역 논리가 곧 연역적인 추론 이론이다. 이외에도 귀납적인 추론 이론으로 사용되는 귀납 논리가 있으며, 실천적인 추론에 대한 설명을 제공하기 위한 하나 혹은 그 이상의 실천 논리 또한 존재한다. 가령 헤어의 이론에서의 '명령의 논리'는 일종의 실천적인 추론 이론이다. 이와 같은 이론에서는 당신이 그러한 추론의 전제들을 수용하기만 한다면 그러한 추론을 활용할 수 있다. 이렇게 말하는 이유는 그와 같은 경우, 당신이 그와 같은 추론의 결론을 받아들이는 것 또한 정당화되기 때문 — 만약 당신이 적절한 논증이나 증명의 절차를 밟아서 그와 같은 전제들로부터의 추론에 의해 결론을 받아들인다면 — 이다.

그런데 추론에 대한 앞에서와 같은 설명은 적절치 못하다고 말할 수 있다. 그 이유는 앞에서의 설명이 추론과 논리 사이의 관계를 오해하고 있기 때문이다. 가령 연역 논증과 증명은 있지만, 연역 추론이라는 것은 존재하지 않는다. 적어도 논리학자가 말하는 '연역'이라는 의미에서의 연역적인 추론이란 존재하지 않는 것이다. 논리적 함의와 관련된 연역 원리는 추론(reasoning) 혹은 추리(inference)의 원리와 혼동되어서는 안 된다. 앞에서 우리는 ~S 그리고 S∨T가 논리적으로 T를 함축한다는 논리 원리를 검토한 바 있다. 그런데 이것이 '만약 당신이 ~S를 믿고, 또한 S∨T를 믿기도 하다면, T를 믿는 것이 정당화된다'는 것을 의미하는 것은 아니다. 그 대신 당신은 경우에 따라 당신의 논증의 여러 전제들 중 어느 하나를 포기하지 않으면 안 된다. 이와 유사하게, 표준적인 연역 논리의 원리에 따르면 모순되는 전제들은 무엇이든, 그리고 모든 것을 논리적으로 함축한다. 그런데 이와 같은 주장이 옳다고 해서 '만약 당신이 당신의 믿음이 조화를 이루지 못한다는 사실을 발견할 경우, 당신이 무엇이든, 그리고 모든 것을 믿음으로써 거기에 대응할 수 있다'는 것을 의미하는 것은 아니다.

당신은 추론을 통해 새로운 믿음, 목표, 욕구, 계획 등을 수용하게 된다. 뿐만 아니라 추론은 당신이 가지고 있던 이전의 믿음, 목표, 계획, 그리고 욕구를 거부하게 할 수도 있다. 이렇게 보았을 때, 우리는 추론을 전제, 추론 단계, 그리고 결론을 갖는 논증 혹은 증명으로 파악하지 않는 것이 좋다. 오히려 당신은 일련의 믿음, 계획, 목표, 욕구, 그리고 의도를 가지고 출발한다. 당신은 이들을 추론의 결과로 수정한다. 당신이 가지고 있는 이유들에 대해서 언급하는 것은 곧 당신이 할 수 있는 추론에 대해 말하는 것이다. 이와 같은 추론을 통해 당신은 일련의 총체적인 믿음, 계획, 목표, 욕구, 그리고 의도를 수정하게 된다.

논리는 논증 및 증명과 관련되는 것이지, 추론과 직접적으로 관련되는 것은 아니다. 물론 논리가 추론에 활용되는 경우도 있긴 하다. 왜냐하면 논증과 증명이 간혹 추론에 활용되기도 하기 때문이다. 하지만 논증과 증명은 추론과 동일한 것이 아니다. 논증 혹은 증명은 추리(inference)보다는 설명(explanation)과 유사하다. 물론 논증이 추론에 활용될 수도 있다. 이렇게 말하는 이유는 논증이 설명적 기능을 가질 수 있기 때문이며, 설명이 흔히 추론에 활용될 수 있기 때문이다. 당신은 추론을 하면서 흔히 총체적 견해의 설명적 정합성을 개선하고자 한다.

연역 논증과 증명이 있긴 하지만, 연역 추론과 같은 것은 존재하지 않는다. 반면 귀납 추론이 있긴 하지만, 어떤 특별한 귀납 논리가 필요한 것은 아니다. 왜냐하면 연역 논증과 같은 방식의 귀납 논증들은 존재하지 않기 때문이다. 귀납 추론에서 적절하게 활용되는 논리는 오직 연역 논리뿐이다. 엄격하게 말해, 이는 귀납 추론에서 활용되는 유일한 형식의 논리이다. 연역 논리는 귀납 추론에서 적절하게 활용된다. 그 이유는 귀납 추론이 흔히 최선의 설명에로의 추리이며, 설명은 흔히 연역적인 형식을 취하기 때문이다.

우리는 아리스토텔레스를 따라 귀납 추론을 '이론적 추론'이라고 부를 수 있을 것이다. 이론적 추론은 믿음에 관한 추론이다. 이에 반해 아리스토텔레스가 '실천적 추론'이라고 부른 것은 욕구 혹은 의도와 관련된다. 누군가가 '무엇인가를 할 어떤 이유가 있다'고 말하는 것은 곧 '그가 그것을 하기로 결정하도록 그를 이끌 수 있는, 그가 활용할 수 있는 실천적 추론 방식을 가지고 있다'는 것을 말한다. 그럼에도 귀납 추론과 마찬가지로 오래된 연역 논리는 귀납 혹은 이론적 추론뿐만 아니라 실천적 추론에도 적절히 활용될 수 있다. 특별한 실천 논리, 명령 논리, 실천적 삼단 논법이란 존재하지 않는다. 논리는 설명적 정합성이 있는 정도만큼 실천적 추론에 적절히 활용할 수 있다. 당신은 실천적 추론을 통해 자신의 계획이 더욱 내적인 정합성을 갖게 하고자 노력하며, 당신의 목표 및 욕구와 더욱 정합성을 갖게 하고자 노력한다. 이러한 정합성은 최소한 어느 정도 설명력을 갖는다. 그 이유는 무엇보다도 당신의 계획이 당신이 어떻게 일들을 행하려고 하는가를 구체적으로 나타내고 있기 때문이며, 이는 당신이 어떻게 그러한 일들을 하려고 하는가를 설명하고 있기 때문이다. 이와 같은 설명들은 연역적 형식을 취할 수 있다.

3. 추론에 대한 나은 설명

이상과 같은 설명으로 미루어보았을 때, 우리는 추론에 대한 이론을 논리학과 동일시해서는 안 된다. 추론 이론은 (적어도 그와 같은 이론이 가능하다면) 규범적인 분야이다. 동일한 측면에서 보았을 때, 논리학은 규범적인 분야가 아니다. 설령 필자가 이미 시사한 바와 같이 논리학이 어떤 일정한 방식으로 추론에 대한 규범적 이론에 활용될 수 있다고 할지라도 말이다.

한 추론의 단계는 이전의 믿음, 계획, 목표, 욕구, 그리고 의도로부터 그것이 결과하는 일련의 수정된 내용으로의 이행으로 규정할 수 있다. 일반적으로 보았을 때, 어떤 주어진 상황에서 합리성에 의해 필연적으로 요구되는 특정한 추론은 존재하지 않는다. 대체적으로 당신이 이전에 갖고 있던 관점은 다양하게 변할 수 있으며, 그러한 변화는 그 어떠한 것이라도 받아들여질 수 있을 것이다. 당신이 오직 한 가지 방식으로만 추론해야 할 필요는 없다. 당신은 이러저러한 방식, 또는 그와는 또 다른 방식으로 추론할 수 있는 것이다.

이처럼 선택의 가능성이 열려 있다는 사실은 'may', 'ought', 그리고 'must'와 같은 단어의 실제적인 쓰임을 설명해 준다. 그리하여 만약 당신이 D를 하기로 결정하게 된 것(혹은 D를 계속하려는 것)을 포함한 앞에서와 같은 유형의 견해에서 납득할 만한 변화가 있다면, 당신은 D를 할 충분한 이유가 있다고 말할 수 있다. 최소한 이와 같은 경우에 당신은 D를 해도 무방한 것이다(may 혹은 might). 어떤 경우에는 당신이 D를 하기로 결정하는(또는 D를 계속하려는) 것이 포함된 추론이 당신이 활용할 수 있는 다른 추론보다 분명 낫다(그러한 다른 추론이 실질적으로 불합리하지 않으면서 동시에 가능하다고 해도). 그러한 경우, 당신이 D를 할 필요는 없지만(do not have to), 그럼에도 마땅히 D를 해야 한다(ought to). 반면 당신이 D를 하기로 결정하는(혹은 D를 계속 하려는) 방식으로 추론하지 않는 것이 불합리하다면, 당신은 D를 하지 않으면 안 된다(must) — 당신은 반드시 그것을 해야만 하는 것이다(have to).[3]

어떤 추론이 받아들일 만한 추론이기 위해서는 무엇이 요구되는가? 이러한 질문에 답하기 위해, 우리는 마치 연역 논리의 일반 원리를 명백히 밝힐 수 있는 것과 마찬가지로, 추론의 일반 원리 또한 명백히 밝힐 수 있다고 생각해 볼 수 있을 것이다. 그리고 그렇게 함으로써 추론에 대한 엄격한 규범적인 이론을 개발할 수 있으리라고 생각해 볼 수 있을 것이다. 하지만 그와 같은 이론이 실제로 가능한지에 대해서는 그다지 자신할 수가 없다. 심미적인 이해에 관한 명확한 일반 원리가 존재하지 않는 것과 마찬가지로, 추론에 대한 명확한 일반 원리가 있다는 증거 또한 존재하지 않는다.

---

3) [역주] '~을 해야 한다'와 관련된 강도의 차이는 다음과 같이 나타낼 수 있을 것이다. may < ought < must.

4. 이상적 추론자

앞에서 우리는 색깔에 대한 언명이 이상적 관찰자에 관한 언명으로 환원되거나, 혹은 평균적인 시민에 관한 언명이 시민 일반에 관한 언명으로 환원될 수 있음을 살펴보았다. 그런데 우리는 바로 그와 같은 방식의 '이유와 추론 언명에 대한 자연주의적 환원'을 생각해 볼 수 있을 것이다. 아마도 우리는 '이상적으로 직분을 다하는 추론자의 추론이라면, 그러한 추론을 수용할 만하다'고 말할 수 있을 것이다. 여기서 이상적으로 직분을 다하는 추론자란 추론이 이러저러한 방식으로 왜곡되지 않으면서 제대로 기능하는 사람을 말한다. 어떤 의미에서 보았을 때, 이는 '도덕에 대한 이상적 관찰자 이론'과, '역할, 기능, 그리고 이익을 통해 'ought'와 'good'을 분석하는 이론'(2장에서 검토한 바와 같이)의 중간 정도에 해당하는 이론이라고 말할 수 있을 것이다. 그런데 도덕 판단에 대한 이상적 관찰자 이론에 제기되는 한 가지 비판은 추론에 대한 이와 같은 이상적 추론자 이론에 적용되지 않을 것이다. 여기서 비판이란 '도덕이 원리에 대한 호소를 포함하고 있는 방식을 이상적 관찰자 이론은 보여주지 않는다'는 비판이다. 우리는 '이상적 관찰자 이론'에 적용되는 것과 동일한 비판을 '추론에 관한 이상적 추론자 이론'에 대하여 제기할 수 없다. 왜냐하면 추론에서는 도덕이 도덕 원리에 호소하는 방식으로 추론 원리에 호소하지 않기 때문이다. (물론 추론은 흔히 원리에 호소한다 — 즉 논리학, 과학, 도덕 등의 원리에 호소하는 것이다. 하지만 우리가 분명히 알아야 할 것은 이들은 추론 원리들이 아니라는 점이다.) 반면 이상적 추론자 이론을 제대로 작동하게 하려면, 왜곡 혹은 잘못 기능하지 않고 추론하는 것이 무엇인가에 대한 더욱 심층적인 분석이 이루어져야 할 것처럼 보인다. 그리고 현재의 상황에서 그와 같은 분석을 어떻게 제시할 수 있는가는 분명하지 않다. 때문에 그와 같은 자연주의적 환원이 가능한지가 확실치 않은 것처럼 보일 수 있는 것이다.

하지만 우리가 왜곡이나 잘못 추론하는 것이 무엇인가를 더욱 심층적으로 분석할 수 있어야 할 필요는 없다. 어떤 사람이 특정한 관찰을 하는 이유를 설명하는 데에서 우리가 존재한다고 가정해 볼 수 있는 도덕적 사실이 별다른 역할을 하지 않는 듯하며, 이 때문에 윤리학이 난점을 갖는다고 한 말을 상기해 보라. 도덕에 대한 관찰은 옳거나 그른 것에 관한 사실보다는, 관찰자의 도덕 원리와 도덕적 감수성에 호소함으로써 더욱 적절하게 설명할 수 있는 것처럼 보인다. 가령 A가 옳기 때문에 A를 행하는 사람은 A의 실질적인 옳음보다는, A가 옳다는 믿음으로 인해 A를 행하는 것이다. 반면 이유들에 대한 판단은 도덕 판단에서 제기되는 방식의 난점을 갖지 않는다. 흔히 우리는 자신들이 행하는 바를 사람들이 하는 이유가 무엇이며, 자신들이 믿는 바를 믿는 이유가 무엇인가를 설명할 때, 이유에 관한 사실이라고 일컬어지는 데에 호소한다. 우리는 타인이 가지고 있을 것이라고 생각되는 이유를 제시함으로써 그 사람이 어떤 행위를 하는 이유가 무엇이며, 어떤 믿음을 갖는 이유가 무엇인가를 설명한다.

개인들이 가지고 있는 이유를 이용한 이와 같은 설명은 앞서 언급한 '이유나 추론에 관한 소야한 이론'과 같은 것을 전제로 하고 있다. 그러한 이론에 따르면 추론 과정 — 가령 특정한 이유로 무엇인가를 믿게 되었다거나, 특정한 이유로 무엇인가를 하려 하게 되었다는 등의 — 이라고 부를 수 있는 어떤 종류의 심리적 과정이 존재한다. 그런데 이러한 이론 속에는 추론에 관한 명확한 일반 원리가 포함되어 있지 않다. 또한 우리가 조만간에 그러한 원리를 발견할 것 같지도 않다. 이렇게 보았을 때, 어떤 이유 혹은 추론이 특정한 사람의 믿음 혹은 행동을 설명할 수 있는가를 파악하려면, 우리는 그가 가지고 있던 이전의 믿음, 욕구, 도덕 원리 등과 더불어, 그의 입장에 서서 상상해 보려는 노력도 해야 할 것이다. 이는 '우리가 그의 입장으로부터의 추론에 의해 어떠한 종류의 결론을 도출할 수 있을까?'에 대해 상상할 수 있는가를 파악하기 위해서이다. 이와 같은 공감적 상상에 호소해 볼 필요가 있는 이유는 우리가 추론 이론의 명확한 원리에 호소하여 어떠한 추론이 가능하며, 또한 어떤 것이 가능하지 않는가를 파악할 수가 없기 때문이다. 하지만 우리는 다른 사람들의 추론이 진행되는 것과 동일한 방식으로 우리의 추론 또한 진행된다고 가정할 수 있어야만 앞에서와 같은 방식으로 우리의 상상력의 도움을 받을 수 있다. 이에 따라 우리는 어떤 종류의 이상적 추론자 이론을 상정해야 한다. 이유 및 추론에 관한 우리의 이론은 추론 과정이 어떠한 방식으로 왜곡되거나 잘못 작동하는 경우를 제외하고는 보편적이며, 모든 사람에게 언제나 동일하다는 주장을 포함하고 있어야 한다. 물론 이는 경험적인 가설이다. 다시 말해 이는 도전받을 수 있는 가설인 것이다. 하지만 어떤 형태의 이상적 추론자 이론을 옳다고 가정할 수 없을 경우, 우리는 어떻게 이유를 활용하여 사람들이 왜 그렇게 믿으며, 왜 그렇게 행동하는지를 설명할 수 있는지 이해하기 어렵게 된다. 어찌 되었건 이유에 관한 이론은 경험적인 이론이다. 우리는 이를 간과해서는 안 된다.

5. 도덕적 사실

물론 소위 이유들에 대한 사실이라고 불리는 것에 대해서는 궁극적인 과학적 지위와 관련된 문제가 남아 있다. 이는 마치 심리학적 사실의 궁극적인 지위가 문제가 되는 것과 마찬가지다. 우리는 어떻게 이유에 대한 추정된 사실이 물리학, 화학, 그리고 생물학적 사실과 관계되는가에 대해 의문을 가질 수 있다. 하지만 여기에 어떤 특별한 문제가 있는 것은 아니다. 단지 심리 상태와 자연과학의 관계에 관한 일반적인 문제만이 있을 따름이다.

이렇게 보았을 때 이유 및 추론에 관한 이론에 특별히 문제가 있는 것은 아니다. 최소한 다른 심리 상태 이상의 문제가 있는 것은 아닌 것이다. 그리고 이는 윤리학 또한 그다지 문제를 갖는 것이 아닐 수 있다는 것을 — 일단 도덕적 상대주의를 어느 정도 인정한다면 — 의미하기도 한다. 이렇게 말하는 이유는 다음과 같다: 도덕에 대한 규약 이론 및 정당한 이유 분석이 모두 옳다고 가정해 보자. 이것이 사실이라면 설령 옳고 그름에 관한 절대적인 사실(이러저러한 일련의 규약과는 별개의)이 존재하지 않는다고 할지라도, 적어도 옳고 그름에 대한 상대적인 사실(이러저러한 일련의 규약들과 결부된)은 존재한다는 증거가 확보된다. 이렇게 말하는 이유는 이러한 사실들이 '일정한 관습적인 관행을 받아들이는 사람들이 이러저러한 것들을 행할 이유를 갖는지의 여부와 관련된 사실들'일 것이기 때문이다. 그리고 이유들에 관한 이와 같은 사실들이 있다는 경험적 증거가 있다. 이렇게 말하는 이유는 사람들이 행하는 바처럼 행하는 이유가 무엇이며, 그들이 믿는 바처럼 믿는 이유가 무엇인가를 설명하기 위해, 우리는 흔히 이유에 대한 사실에 호소해야 하기 때문이다. 이와 같이 보았을 때, 우리는 (상관적) 도덕적 사실([relational] moral facts)이 존재한다는 경험적 증거가 있다고 말할 수 있을 것이다.

　도덕적 사실이 이유에 관한 상관적 사실이라는 생각은 그러한 사실이 이유에 관한 비상관적 사실(nonrelational facts)이라는 칸트의 입장에 비해 설득력이 있어 보인다 (비록 우리가 칸트를 반박하지 못했지만). 칸트에 따르면, 도덕적 사실은 사람들이 무엇인가를 할 때 사람들이 갖는 이유에 관한 사실들이다. 여기서 이유란 그들이 특정한 규약을 받아들일지의 여부와 무관하게 갖는 것이다. 물론 칸트는 어떤 규약을 받아들이는 것이 당신이 가지고 있는 이유에 영향을 준다는 데에 동의할 수 있다. 또한 그는 당신이 속한 공동체의 수많은 규약(다른 모든 상황이 동등할 때, 당신은 다른 사람과 협력해야 한다는 등의)을 고수할 도덕적인 이유가 있다고도 말할 것이다. 심지어 칸트는 해를 주는 것과 돕지 않는 것 사이의 직관적인 도덕적 차이와 관련한 사회적 규약 이론이 제시하는 설명까지도 받아들일 것이다. 칸트는 우리의 규약이 상이한 권력과 재원을 갖는 사람들 사이에서 암묵적으로 맺어진 타협이라는 사실로부터 이러한 직관적인 차이가 결과하였다는 데에도 동의할 수 있다. 그는 단지 양자의 차이가 갖는 진정한 도덕적 의의가 우리가 우리 사회의 규약을 준수하려 할 때 갖는 우리들의 도덕적 이유로부터 도출된다는 것만을 덧붙이려 할 것이다.

　칸트는 이유에 대한 이상적 추론자 이론 또한 받아들일 수 있었을 것이다. 그와 사회적 규약 이론의 차이는 사실상 이성 능력에 대한 의견의 차이라 할 수 있다. 칸트는 어떠한 이성적 존재자라도 다른 사람들을 해롭게 하지 말아야 하고, 솔직하고 진실해야 하며,

도움을 필요로 하는 자들을 도와야 하는 등의 이유를 가지고 있다는 입장을 견지한다. 칸트에 따르면, 심지어 화성인이나 히틀러 혹은 도덕과 무관한 살인 집단의 성원들마저도 그와 같은 이유를 가지고 있다(만약 그가 이성적 존재자라면). 반면 사회 규약 이론에 따르면 이는 사실이 아니다.

이렇게 본다면 두 가지 입장은 도덕적 이유들의 원천과 관련해서 의견의 차이가 있다고 할 수 있을 것이다. 칸트는 도덕적 이유들의 원천을 이성 자체의 본성에서 찾는다 — 다시 말해, 추론 과정의 본성에서 찾는 것이다. 반면 사회 규약 이론에서는 추론 자체가 그와 같은 힘을 갖는다고 생각하지 않는다. 사회 규약 이론에서는 관련된 사람들의 목적과 목표가 도덕적 이유들의 원천이다. 필자가 생각하기에, 최소한 필자가 느끼기에, 우리는 이성의 힘을 설명하는 데에서 두 가지 이론 중 사회적 규약 이론이 분명 옳다고 생각한다. 칸트는 이성에 대하여 너무나도 많은 것을 요구한다. 이성이 어떻게 칸트가 거기에 귀속시키는 힘을 가질 수 있는가를 보여주는 입증의 부담은 칸트에게 있다. 하지만 지금까지 칸트를 포함해 그 누구도 이를 보여줄 수가 없었다. 물론 이것이 곧 칸트가 잘못임을 의미하는 것은 아니다. 하지만 그가 옳다고도 말할 수 없는 듯하다. 어찌되었건, 이제 우리는 도덕적 이유의 가능한 원천을 좀 더 상세히 검토해 보아야 한다. 다음 장에서 이기주의를 고찰하는 데에서부터 시작해 보도록 하자.

더 읽을거리

좀더 많은 논의를 살펴보고자 한다면, Gilbert Harman의 *Thought* (Princeton, N.J.: Princeton University Press, 1973), 특히 10장을 볼 것. 이외에 "Practical Reasoning," *Review of Metaphysics*, Vol. 29(1975-76) 도 볼 것.

R. M. Hare는 '명령의 논리'를 자신의 *Practical Inferences*(Oxford: Oxford University Press, 1971)에서 일종의 추론 이론으로 다루고 있다.

제 5 부

자기와 타인

제 12 장

이기주의

1. 자기 이익

앞에서 우리는 일부 도덕 판단이 도덕적 이유들에 관한 판단으로 적절하게 해석된다는 것을 살펴보았다. 이번 장에서는 이와 같은 도덕적 이유들의 가능한 원천에 대해서 살펴보도록 하자. 먼저 이기주의라 불리는 이론을 어느 정도 상세히 고찰하는 데에서 시작해 보도록 하자. 이기주의는 도덕적 이유를 포함한 모든 종류의 실천적 이유들이 궁극적으로 자기 이익에 대한 관심으로부터 도출된다는 입장을 견지한다. 이러한 이론에 따르면 당신은 정직함이 최선의 방책이라고 합당하게 생각할 수 있는 경우에만 진실을 말하거나 약속을 지킬 이유를 갖는다. 당신은 신, 사회 혹은 당신 자신의 양심이 정직함을 보상하고, 정직하지 못함을 벌한다고 생각할 수 있어야 한다. 가령 당신은 오직 당신이 다른 사람들을 진실하게 대할 경우에만 다른 사람들 또한 당신에게 이익이 돌아가는 방식으로 협조하고자 할 것이라고 생각할 어떤 이유를 가질 수 있을 것이다.

언뜻 보기에 이기주의는 비교적 명쾌하고 엄밀한 이론으로 생각될 수가 있다. 하지만 자기 이익이라는 개념의 모호성으로 인해 무엇을 이기주의로 간주해야 할 것인가가 모호해질 수가 있다. 가령 단순히 당신의 욕구를 좌절시키기보다는 만족시키는 것만을 당신에게 이익이 되는 것이라고 말하는 것만으로는 충분치 않다. '당신이 무엇인가를 욕구한다'는 그 자체만으로는 '그것을 갖는다는 것이 당신에게 이익이 될 것'이라는 점을 보여주지 않는다. 가령 당신은 당신의 이익과 무관한 무엇을 부지불식간에 욕구할 수 있다. 이와 같이 말하는 이유는 그것이 어떠한 효과를 발휘하게 될 것인가에 대해 당신이 잘못 생각할 수 있기 때문이다. 이렇게 보았을 때 당신은 어떤 것이 자신의 **본래적인**(intrinsic) 욕구를 좌절시키기보다는 만족시켜 주는 한에서 당신에게 이익이 된다고 말해야 할 것이다. 여기서 만약 무엇인가를 그것이 초래하리라고 생각하는 어떤 결과 때문(잘못 생각할 수도 있을)이 아니라, 그 자체로 욕구한다면, 당신은 무엇인가를 본래적으로 욕구하는 것이다.

하지만 심지어 이것마저도 필자가 논의하고자 하는 유형의 이기주의로 간주되기에 충분치 않다. 당신은 분명 쾌락을 얻고자 하는 본래적인 욕구를 가지고 있을 수 있다. 그리고 일부 사람들은 오직 쾌락만이 본래적으로 욕구될 수 있다고 말할 것이다. 여기서 문제는 당신이 자신의 쾌락 외의 다른 여러 가지 것들에 대한 본래적인 욕구 또한 가질 수 있다고 생각하는 사람들이 있다는 것이다. 가령 그들은 만약 당신이 누군가와 사랑에 빠져 있다면, 당신은 그 사람의 행복에 대한 본래적인 욕구를 가질 것이라고 말할 것이다. 당신은 그의 행복이 당신에게 미칠 영향과는 상관없이 그 사람이 행복해지길 바랄 것이다. 앞에서 제시된 자기 이익에 관한 정의에 따르자면 이는 다음과 같은 사실을 의미할 것이다: 그 사람의 행복을 증진하는 것은 무엇이건, 설령 그것이 당신에게 아무런 영향을 미치지 못한다고 하더라도 당신에게 '이익'이 될 것(설령 그렇게 된다는 것을 당신이 절대 알지 못한다고 해도)이다. 그런데 필자의 목적을 기준으로 생각해 본다면 이는 자기 이익에 대한 지나치게 느슨한 해석이다. 자기 이익을 그와 같이 정의할 경우, 이기주의는 너무 넓은 범위의 견해가 되어 버릴 것이다. 만약 당신이 다른 사람들을 기쁘게 하고자 하는 본래적인 욕구를 가지고 있다면, 그와 같은 유형의 '이기주의'는 매우 관대한 이타성과도 양립이 가능하다. 만약 그와 같은 본래적인 욕구를 가지고 있다면, 당신은 일반 복리를 증진할 '이기적인' 이유를 가지게 될 것이다. 하지만 필자는 더욱 제한된 자기 이익 개념을, 그리고 이에 상응하는 더 협소한 이기주의 개념을 고찰하고자 한다. 필자가 생각하는 의미의 이기주의자는 타인의 행복을 바라는 **본래적인** 욕구가 가능하다는 사실을 부정할 것이다. 필자가 생각하는 비이기주의자는 행동을 하려는 당신의 이유가 궁극적으로 당신의 본래적인 욕구로부터 도출되어야 한다는 데에 동의할 수 있을 것이다. 왜냐하면 그는 당신이 당신의 자기 이익에 부합되지 않는 본래적인 욕구들마저도 가질 수 있다고 생각할 수 있기 때문이다. 물론 그것들은 **당신의** 욕구이다. 하지만 설령 그렇다고 하더라도, 그러한 욕구들이 필연적으로 자기에게 이익이 되는 것은 아니다. 가령 흄은 사람들이 공감할 수 있는 능력을 가지고 있으며, 이로 인해 사람들이 타인에 대한 비이기적인 관심을 가질 수 있다고 생각한다. 그는 당신이 기대하는 이득과는 무관하게 이와 같은 관심이 당신에게 행동할 (약한) 이유를 제공할 수 있을 것이라고 생각한다. 이렇게 보았을 때, 흄은 분명 필자가 생각하는 의미에서의 이기주의자는 아니다. 비록 그가 행동할 모든 이유들이 본래적인 욕구로부터 도출된다고 가정하고 있지만 말이다. 하지만 우리가 더 제한적인 형태의 이기주의(필자가 고찰하고 자 하는)를 어떻게 정의해야 할 것인가는 아직 확실하지 않다.

우리는 행복을 증진하고 불행을 감소시키는 것이 당신의 이익이 라고 말하면서 행복을 이용해 자기 이익을 설명하려고 할 수도 있을 것이다. 하지만 행복이란 무엇인가? 만약 행복이란 것이 당신이 원하는 바를 얻는 것이라면, 행복을 이용한 자기 이익에 대한 설명 또한 우리가 앞에서 살펴본 설명으로 귀착된다. 즉 행복에 대한 비정상적으로 넓은 개념이 선택될 경우, 일반 복리는 당신에게 어떠한 영향을 줄 것인가와 무관하게 당신의 행복의 일부를 이룰 것이다(만약 다른 사람에 대한 본래적인 관심을 갖는 것이 가능하다면). 우리는 자기 이익에 대한 더욱 협소한 개념을 필요로 한다.

2. 이기주의적 쾌락주의

그렇다면 행복은 어떻게 정의되어야 하는가? 흔히 행복은 쾌락 및 고통의 부재에 놓여 있다고 일컬어진다. 이렇게 보았을 때 가장 통속적인 형태(그리고 우리가 고찰할 유일한 형태의)의 이기주의는 쾌락주의적 이기주의이다. 이러한 이론에 따르면 모든 욕구는 궁극적으로 당신 자신의 쾌락을 추구하는 욕구이다. 이러한 견해에 따르면 쾌락 — 당신 자신의 쾌락 — 은 당신이 본래적으로 욕구하는 유일한 것이다. 당신은 다른 누군가의 행복을 추구하는 본래적인 욕구를 갖지 못한다. 기껏해야 당신은 다른 사람이 기뻐함으로써 얻을 수 있는 쾌락에 대한 본래적인 욕구를 가질 수 있을 따름이다. 이렇게 이야기하는 이유는 만약 다른 사람이 행복하다면 그가 당신에게 잘할 것이고, 이는 당신에게 쾌락을 줄 것이기 때문이다. 그리고 당신이 타인의 행복으로부터 쾌락을 얻을 수 있는 것은 다른 사람이 기뻐한다는 생각으로부터 당신이 쾌락을 얻게 될 것이기 때문이다.

이와 같은 이론은 동기 이론 및 학습에 대한 고찰로부터 어느 정도의 설득력을 확보한다. 신생아는 철저한 쾌락주의자이다. 신생아는 오직 쾌락을 얻고 고통을 회피하려고 노력할 따름이다. 신생아는 성장하면서 쾌락을 계속 추구하되 만족을 늦추는 방법을 습득하게 된다. 아이는 지금의 일정한 쾌락 대신, 미래의 더 큰 쾌락을 추구하는 방법을 습득한다. 부모는 아이 행동의 일정 부분을 보상하고, 나머지 것들에 대해서는 벌을 주면서 아이를 교육하고 사회화한다. 이는 효과적인데, 그 이유는 아이가 쾌락을 주는 보상을 욕구하고 고통스런 처벌을 회피하고자 하게 되기 때문이다. 이와 같은 부모의 훈련 결과, 아이는 새로운 것들을 욕구(물론 아이가 이러한 욕구를 본래적으로 습득하는 것은 아니다)하게 되는데, 그 이유는 아이가 새로운 것들이 쾌락 및 고통의 부재와 연결되어 있음을 습득하기 때문이다. 또한 아이는 특정한 방식으로 행동하길 원하게 되는데, 그 이유는 그와 같은 방식으로 행동할 본래적인 욕구를 갖게 되었기 때문이 아니라, 그와 같은 행동으로 인해 만족감을 얻는 경험을 함으로써 보상을 받았기 때문이며, 다른 행동으로 인해 고통스런 경험을 함으로써 처벌을 받았기 때문이다. 여기에 추가하여 아이는 기대를 통해 쾌락을 얻게 될 수도 있다. 즉 어떤 보상에 대한 생각 자체만으로도 쾌락을 얻을 수 있는 것이다. 이처럼 쾌락을 줄 것이라는 생각은 지금까지 아이가 실천을 통해 보상 받았던 행동과 직접적으로 연결된다. 심지어 아이는 부모가 행동에 대한 보상을 중단하고 한참이 지났음에도, 상상을 통해 얻을 수 있는 쾌락만으로도 그러한 행동을 반복할 수 있다.

물론 어른들의 동기 이론으로서의 이기주의적 쾌락주의와 명백하게 대립되는 사례들이 있다는 것은 분명하다. 하지만 그러한 것들은 결정적이지 못하다. 이와 관련한 한 가지 극단적인 사례는 다른 사람들의 마음을 상하게 하여 그들에게 복수를 하기 위해 자살을 하는 경우이다. 이러한 사례는 문제를 초래하는데, 그 이유는 자살을 한 사람이 어떻게 그러한 행동 자체로부터 어떤 쾌락을 얻기를 기대할 수 있는가를 파악하기가 어렵기 때문이다. 심리학자들은 이러한 어려움을 다음과 같은 가정을 통해 설명한다. '그와 같은 이유로 자살을 하는 사람은 무의식적으로 자신이 어떻게든 내세에 가서 다른 사람들의 고통을 즐길 것이라고 상상하고 있음에 틀림없다.' 이처럼 심리학자들은 여러 명백한 모순적 사례를 설명해 내기 위해 방금 언급한 것처럼 무의식에 대한 가정에 호소한다. 가령 그들은 다음과 같이 말한다: 사람들이 자살하려는 의지를 갖는 이유는 한편으로는 자신들이 일들을 어떻게 처리할 것인가를 생각하면서 어느 정도 쾌락을 얻을 수 있기 때문이고, 다른 한편으로는 유서에 거론한 사람들(혹은 거론하지 않은 사람들)에게 유서를 보여줌으로써 얻을 수 있는 쾌락 때문이며, 마지막으로 그들은 자신들이 죽고 난 후 어떤 일이 벌어질 것인가를 어떻게든 파악할 수 있으며, 결국 벌어진 일에 의해 자신들이 영향을 받을 것이라고 불합리하게 상상하기 때문이다.

이기주의적 쾌락주의자들에 따르면, 당신은 죽은 후에도 자신이 기억될 수 있길 바란다. 그 이유는 당신이 죽음을 일종의 삶의 연장이라고 생각하기 때문이다. 당신은 살아 있는 동안 다른 사람이 당신을 생각해 주길 바란다. 타인들이 당신을 생각한다는 것을 안다는 것은 당신에게 기쁨을 선사하며, 여기에는 명예와 관련한 간접적인 이익 또한 존재한다. 즉 사람들은 당신과 말하고 싶어하며, 당신을 파티에 초대하기도 하는 것이다. 그런데 불합리하게도 당신은 무의식적으로 사후의 회상과 명예 또한 그러하리라고 생각한다. 그리고 불합리하게도 당신은 사후에도 여전히 존재하고 있으면서 사람들의 기억 속에 남아 있거나 사람들의 입에 오르내림으로써 이익을 얻을 수 있을 것이라고 상상을 한다.

5장에서 고찰한 바와 같이, 당신은 방금 언급한 바와 유사한 방식으로 초자아에 대한 프로이트의 이론에 호소할 수 있다. 당신이 어렸을 적에 당신 부모는 어떤 방식의 행동에 대해서는 칭찬을, 다른 방식의 행동에 대해서는 벌을 주었다. 약간의 시간이 흐르고 난 후, 당신은 부모가 당신의 다양한 행동에 대해 무엇이라고 말할 것인가를 상상하는 방식을 터득했다. 당신은 부모들이 어떤 행동에 반대하고, 어떤 것을 승인할 것인가를 상상해 본다. 다음 단계로 당신은 자신이 생각하기에 부모가 승인할 행동을 한다. 그리고 나서 그들이 당신에게 보상을 한다고 상상을 한다. 설령 상상에 불과하다고 할지라도 그와 같은 상상은 당신에게 쾌락을 제공한다. 결국 당신은 자신의 초자아인 가상 부모의 상상 속의 칭찬과 처벌을 얻기 위해 행동하는 것이 일상화된다. 설령 초자아가 당신의 이성이라는 사실을 당신이 의식적으로 깨닫지 못해도 말이다.

3. 표준적인 비판

그런데 무의식적인 믿음 및 동기에 호소하여 옹호되는 모든 형태의 이기주의적 쾌락주의에 대해서는 표준적인 비판이 존재한다. 여기서 비판이란 만약 이기주의가 무의식적인 동기에 호소하여 옹호될 경우 실험이 불가능하고 비과학적인 이론이 되어 버린다는 것이다. 만약 이기주의적 쾌락주의가 그와 같은 방식으로 옹호된다면, 우리는 그러한 이론이 설명하지 못하는 인간 행동을 상상할 수조차 없을 것이다. 이는 그러한 이론이 사실상 인간 행동에 관한 아무런 실질적인 경험적 주장을 할 수 없다는 것을 의미하고 있다. 가령 전시의 영웅적 행위 사례를 한 가지 고찰해 보자.

한 무리의 병사들이 적들에 둘러싸였다. 그들 중 한 명이 적들의 사격을 유인하여 다른 사람들이 도망갈 수 있도록 광장을 뛰어가겠다고 지원하였다. 지원자는 자신이 죽임을 당할 것이 거의 확실하다는 것을 안다. 더욱이 그는 무신론자이며, 사후의 삶을 믿지 않는 자이다. 게다가 그는 고지식한 현실주의자이다. 가령 그는 자신이 죽임을 당하고 난 후 자신의 영혼이 전장(영혼이 자신의 동료들이 도망가는 것을 목격할 수 있고, 그들이 자신의 숭고한 행동을 찬양하는 것을 들을 수 있는)을 떠돌아다닐 것이라고 생각하지 않는다.

이러한 일이 실제로 일어났다면, 이것이 이기주의적 쾌락주의를

256

반박할 수 있을 것인가? 분명 아니다! 먼저 그 병사는 자신이 약속한 바를 행하지 않을 경우 나중에 자존심을 가지고 살 수 없다고 생각할 수 있을 것이다. 그리하여 그는 광장을 뛰어가는 행동이 미래의 고통을 회피하는 방법이라 생각하여 자신을 희생할 수 있을 것이다. 하지만 만약 그렇다면, 이와 같은 이론에 대한 반박이 가능하도록 설명을 덧붙여보자.

그 병사는 적들이 총을 쏘게 하기 위해 광장으로 뛰어나가는 대신 근처의 나무 뒤에 숨어 있다. 이로 인해 적들은 동료들을 발견하게 될 것이다. 그후 전투가 벌어진다면 설령 자신의 동료들이 그 결과로 죽는다고 하더라도 자신은 도망갈 수 있을 것이다. 이때 병사는 자신이 많은 고통을 느끼지 않으리라는 걸 너무나도 잘 알고 있다. 나중에 이를 약간 유감스럽게 생각겠지만, 그래도 그는 행복하게 살 수 있을 것이다. 우리의 기억은 자비롭다. 그는 자신이 동료들의 죽음에 집착할 사람이 아니라는 것을 잘 알고 있다. 그는 자신이 사람들을 속이고 자신보다는 다른 사람이 죽도록 내버려둔다고 해도 많은 고통을 느끼지 않으리라는 것을 잘 알고 있다. 그런데 이 모든 것을 알고 있음에도, 그는 광장으로 뛰어나가 그의 동료들이 달아나는 동안 적이 자신에게 총을 쏘게 하여 죽음을 맞이하였다.

이러한 사례가 이기주의적 쾌락주의를 반박할 수 있을 것인가? 아마 아닐 것이다. 이기주의적 쾌락주의 이론을 옹호하는 사람은 언제나 다음과 같이 가정함으로써 최종적인 도피처로 도망갈 수가 있다: 설령 그 병사가 무신론자임을 공언했고, 사후의 삶이 존재하지 않는다고 의식적으로 믿고 있다고 해도, 그는 **무의식적으로** 자신이 사후에도 전장에 남아 전우들의 탈출을 보고 들을 수 있을 것이며, 그들이 자신을 칭찬하는 것을 들을 수 있을 것이라 생각하고 있다. 즉 병사는 무의식적으로 자신이 자신의 행동을 통해 상당한 양의 쾌락을 얻을 수 있을 것이라 생각하는 것이다. 이렇게 말하는 이유는 그가 무의식적으로 자신이 그와 같은 사건이 있은 후에도 죽기 전과 다를 바 없이 동료들 곁에 있을 것이라고 생각하기 때문이다. 이외에도 그가 자신의 초자아로부터 보상으로 얻게 될 것이라고 불합리하게 상정하고 있는 쾌락 또한 존재한다. 여기에 개입되는 허구는 두 가지이다. 먼저 그의 초자아는 상상 속의 부모이며, 그도, 그의 초자아도 사건이 있은 후에 어떤 방식으로도 존속하지 못할 것이다. 다음으로 그는 무의식적으로 자신이 약속한 바를 이행하지 않을 경우 얼마나 불쾌감을 느낄 것인가를 필요 이상으로 크게 생각할 수 있다.

이와 같이 하여 이기주의적 쾌락주의는 위와 같은 사례에도 대응할 수 있다. 하지만 이러한 사실이 곧 이기주의적 쾌락주의의 장점이 될 수는 없다. 거꾸로 그처럼 모든 것을 설명할 수 있다는 사실은 이기주의적 쾌락주의 이론이 인간의 행동에 관한 아무런 경험적 주장도 제기할 수 없음을 보여주는 듯하다. 만약 그러한 이론이 가령 '오직 무신론자가 아닌 사람들만이 앞에서 서술한 방식으로 행동할 것'이라고 예측하였을 경우에는 사태가 달라졌을 것이다. 위의 상황에서 이기주의적 쾌락주의는 '무신론자는 적을 유인하기 위해 실제로 광장으로 뛰어들려 하지 않을 것이고, 대신 나무 뒤에 숨어 적에 의해 동료들이 사살되도록 내버려둘 것이다'라고 예측했을 것이다. 그와 같이 예측을 한 이론은 흥미로운 경험적 이론(영웅적 행동의 사례를 검토함으로써 테스트될 수 있는)이 될 것이다. (아마도 그러한 이론은 거의 반박될 것이다.) 그런데 무의식적인 비합리적 믿음에 호소함으로써 옹호되는 이기주의적 쾌락주의는 방금 언급한 것과 같은 방식으로 테스트될 수가 없다. 이렇게 보았을 때, 이기주의적 쾌락주의는 인간 행동에 관한 별다른 흥미로운 경험적 주장을 제기하는 것 같지 않다. 그 이유는 이기주의적 쾌락주의가 자신의 이론을 통해 인간의 행동을 남김없이 설명하는 것처럼 보이기 때문이다.[1] 어쨌거나 이상의 논의는 필자가 앞서 서술한 방식으로 이기주의적 쾌락주의를 옹호할 때 제기되는 표준적인 비판 방식이다.

4. 비판에 대한 대응

하지만 위의 비판은 적절치 못하다. 앞서 살펴본 비판은 어떤 주장이 경험적 내용인지의 여부가 전적으로 그 주장이 실험 가능한 결과를 갖는가에 좌우된다는 가정에 근거하고 있다. 이와 같은 가정은 그것이 거의 모든 과학적 언명을 경험적으로 무의미한 것으로 파악하게 할 것이라는 문제가 있다. 과학적 언명 중 다른 가정들과 무관하게 실험 가능한 것은 거의 없다. 예를 들어 전자(電子)의 질량에 관한 단일 언명 그 자체는 아무런 증명 가능한 결과도

---

1) [역주] 소위 반증주의자(反證主義者)들에 따르면 반증될 수 있는 위험을 안고 있는 이론만이 경험적인 정보 내용을 가진 이론이 될 수 있다. 가령 열등감이 인간 행동에 동기를 부여한다는 아들러(A. Adler)의 이론은 어떠한 행동도 열등감으로 설명하며, 이로 인해 경험적인 내용을 담은 이론이 될 수 없다. 하만은 이기주의 이론에 대해서도 동일한 비판이 제기될 수 있음을 시적하고 있다.

갖지 않는다. 그러한 언명은 관찰 가능한 거시적 대상의 움직임에 관하여 경험적으로 주장하는 바가 없다. 우리는 단지 측정에 사용되는 도구 및 다른 입자에 관한 어떤 가정을 함으로써 전자에 관한 증거를 확보하거나 가설을 반박할 수 있는 것이다. 만약 이들 모든 가정들을 총괄한 것이 우리가 무엇을 관찰할 것인가에 대한 경험적 예측을 가능하게 하는 것이라면, 그런데 그와 같은 예측이 충분히 맞아떨어지지 않았다면, 우리는 전자의 질량에 관한 가정이 잘못되었다고 판단할 수 있을 것이다. 또한 우리는 다른 가정들 중 일부를 포기할 수도 있을 것이다. 이외에도 만약 원한다면 우리는 관찰을 설명할 다른 가설들을 설정함으로써 전자의 질량에 관한 모든 가설을 계속하여 일관되게 받아들일 수 있을 것(비록 언제나 합리적이라고 할 수는 없지만)이다.

　여기서 밝히고자 하는 논지는 우리가 경험적 증거에 비추어 개별 가설들을 평가하지 않는다는 것이다. 우리는 이론을 전체적으로 평가한다. 설령 이기주의적 쾌락주의가 아무런 실험 가능한 결과를 갖지 못한다고 하더라도, 그 자체는 매우 유용한, 더 커다란 이론의 일부가 될 수 있을 것이다. 그리고 이기주의적 쾌락주의가 그처럼 과학적 가설로 취급될 경우(달리 말해 그것이 이론 내에서의 한 가지 가설로 취급된다면), 우리는 그것이 참인지를 결정하기 위해 (다시 말해 우리가 그것을 수용하길 원하는가와 상관없이) 그러한 특정한 가설을 실험할 어떤 직접적인 방법이 있는지를 물어서는 안 된다. 대신 우리는 '이기주의적 쾌락주의를 포함하지 않는 다른 이론들'과 '이기주의적 쾌락주의를 일부로 포함하는 이론'을 비교해 보아야 하는 것이다.

　이기주의적 쾌락주의를 더욱 포괄적인 이론 — 프로이트의 이론과 같은— 의 일부로 볼 경우, 우리는 그 장점을 파악할 수 있게 된다. 먼저 우리가 살펴본 바와 같이 이기주의적 쾌락주의는 동기의 발달 방식을 단순하게 설명할 수 있다. 더욱이 그러한 이론이 필요로 하는 무의식적 믿음 및 욕구에 대한 호소는 사실상 약점이라기보다는 장점이다. 사람들은 **분명** 자신을 충분히 이해하지 못하며, 자신이 인식하지 못하는 무의식적인 동기를 갖는다. 그들은 끊임없이 계속적으로 반복되는 비합리적인 행동에 빠져드는 경우가 있는데, 그러한 유형의 행동들은 행위자가 마치 다른 사람들을 그의 부모나 형제인 것처럼 대한다고 가정함으로써만 이해될 수 있는 행동들이다. 그런데 이는 우리가 '사람들에게 어떤 무의식적 믿음 및 욕구를 귀속시킬 경우에만 상당수의 표면상의 불합리한 행동을 이해할 수 있게 된다'고 말하는 것과 다를 바 없다.

우리는 이기주의적 쾌락주의가 어떻게 자살 및 영웅적 행동을 설명할 수 있는가를 고찰하면서, 그와 같은 이론이 어떻게 사후에도 자신이 그 장소에 있다는 무의식적인 믿음에 호소할 수 있는가를 다시 한번 살펴보았다. 이러한 생각이 옳다는 증거가 있다. 가령 행위자가 다른 사람에게 해를 주기 위해 무엇인가를 하기로 결정하였을 때, 행위자는 흔히 다른 사람이 어떻게 느낄 것인가를 매우 상세하게 상상해 본다. 그리고 이를 상상하면서 행위자는 다른 사람이 어떻게 생각하는지에 대해 어떻게든 알고 있다고 상상한다. 자신이 절대 알 수 없다는 것을 충분히 알고 있는 경우에도 말이다.

초자아 이론을 뒷받침해 줄 것들은 많다. 가령 사람들은 분명 자신과 대화한다. 즉 그들은 자신을 부모로, 혹은 부모를 대체한 존재로 생각하면서 자신을 비난하고, 용기를 북돋우며, 칭찬하기도 하는 것이다. 5장에서 살펴본 바와 같이, 운동 선수들이 자신들의 코치를 내면화하여 자신과 대화하고, 심지어 엄격한 코치가 하는 것처럼 큰 소리로 자신과 대화하는 것은 익히 알려진 사실이다. 더욱이 코치의 권위 자체는 코치가 부모를 어떤 방식으로 대체하였다고 가정함으로써 가장 잘 설명된다. 선수는 마치 자신이 이상화된 부모에게 행동하는 방식으로 코치에 대해서도 그렇게 행동한다.

5. 사람들이 원하는 것

하지만 프로이트의 이론, 혹은 그와 유사한 다른 이론이 대체로 옳은지의 여부는 우리의 관심사가 아니다. 좀더 구체적으로 우리는 이기주의적 쾌락주의에 대해서 관심을 가지고 있다. 필자는 쾌락을 얻고 고통을 없애려는 욕구가 동기의 기본적 원천이라고 간주하는 이론을 프로이트의 이론이라고 서술한 바 있다. 그런데 사실상 이는 쾌락 원리에 근거를 두고 있는 프로이트의 초기 이론에 대해서만 참이다. 후기에 프로이트는 이기주의적 쾌락주의를 통해서는 어떤 형태의 파괴적인 행동을 설득력 있게 설명하지 못한다고 생각하게 되었다. 그리하여 그는 두 번째 충동인 일종의 죽음에의 희구인 **타나토스**(Thanatos)2)의 존재를 상정하게 되었다. 이렇게 할 경

---

2) [역주] 프로이트는 마음을 양극의 관점으로 보아 인간의 정신적 활동에 작용하는 에너지를 크게 생의 본능과 죽음의 본능으로 나누었다. 그에 따르면 생의 본능인 에로스(eros)는 생명을 유지, 발전시키고 사랑을 하게 하는 본능이며, 인간은 이것 때문에 자신을 사랑하고 생명을 지속하며 종족을 보존시킨다. 반면 죽음의 본능인 타나토스(thanatos)는 생물체

우, 프로이트 이론 혹은 관련 이론의 상당 부분을 그대로 유지하면서 기본적인 충동 혹은 동기의 원천에 관한 가정에 변화를 줄 수 있는 장점이 있다. 일부 이론은 무의식적인 동기, 부모의 표상, 초자아 등에 호소한다는 측면에서 근본적으로 프로이트의 이론과 유사하다. 그럼에도 그러한 이론은 기본적인 충동과 선천적인 욕구에 대해서는 다른 가정을 하고 있다. 우리가 여기서 비교하고자 하는 이론은 바로 이와 같은 이론들이다. 어찌되었건 프로이트 자신도 이기주의적 쾌락주의와 후기의 이원론적 이론이라는 두 가지 가능성을 제기하고 있다.

다른 심리학자들은 가령 호기심과 같은 다른 근본적인 충동을 제시하기도 하였다. 그들에 따르면 태아는 여러 가지 것들을 알고자 하는 생래적인 욕구(그러한 앎으로부터 얻을 수 있는 어떤 쾌락과는 무관하게)를 가지고 태어날 수 있다. 이에 대해 프로이트주의자는 호기심이 학습된 것이라고 말할 것이다. 그들에 따르면 아이는 다양한 것들을 학습하는 것에 대한 보상을 받으면서 이를 일반화(여기에 상상적인 보상을 추가하면서)한다. 이러한 이론들 중에서 어떤 것을 옳다고 판단할 수 있을 것인가는 분명치 않다. 가령 미로를 헤매고 다니면서 한번도 보상을 받지 못한 쥐를 미로에 집어넣을 경우, 그 쥐는 여전히 그곳을 헤매고 다닐 것이다. 그런데 이것이 쥐가 여러 가지 것들을 알고자 하는 생래적인 욕구를 가지고 있음을 보여주는 것인가? 쥐의 호기심은 생래적인가? 프로이트

가 무생물체로 환원하려는 본능으로, 이로 인해 생명은 결국 사멸되고 살아 있는 동안에도 자신을 파괴하거나 처벌하며, 타인이나 환경을 파괴시키는 공격적 행동을 하게 된다. 생과 죽음의 본능은 서로 영향을 미치거나 혼합된다.

주의 — 혹은 스키너주의 — 는 본래적인 것은 호기심이 아니라 어떤 유형의 지식 획득과 쾌락을 연결하는 능력이라고 말할 것이다. 쥐와 태아가 호기심이 많은 이유는 그들이 새로운 것을 학습함으로써 얻게 되는 쾌락 때문이다. 그런데 이러한 이론들 중에서 우리는 어떻게 판단해야 할 것인가? 인간은 어떻게 구성되어 있는 것일까? 진화는 사람들을 주변 세계에 적응하게 하였다. 이러한 목표를 이루기 위해 진화는 우리에게 호기심을 갖게 하였다. 그런데 진화가 과연 특별한 호기심 충동을 내재화시킴으로써 우리가 호기심을 갖는 것일까? 아니면 지식의 획득을 쾌락적이게 만듦으로써 호기심을 갖는 것일까? 그리고 이러한 선택들간에 사실상의 차이가 있는 것일까? 이는 어려운 질문이며, 철학이 과연 이러한 질문들에 답할 수 있는가는 분명치 않다.

신생아는 어떤 경우에는 음식에 대한 욕구를, 어떤 경우에는 물에 대한 욕구를 갖는다. 진화는 아이에게 신체가 어떤 상태에 있을 경우에는 배고픔을, 다른 상태에 있을 경우에는 갈증을 느끼게 하였다. 그런데 이는 어떻게 작동하게 되는가? 배고픔과 갈증이 아기 몸의 상태에 따라 아기에게서 촉발된 기본적인 충동이라고 가정해야 할 것인가? 아니면 아기가 자신의 위장을 채워서 쾌락을 얻고, 배고프거나 갈증을 느낄 때 불편을 종결짓도록 어떤 방식으로 동기 지워졌다고 가정해야 하는가? 이와 같은 기제에 대한 설명은 모두 설득력이 있는 것처럼 보인다. 하지만 이들 중 있는 그대로의 사실을 반영하는 것이 어떤 것인가를 파악할 수 있는 방법은 분명하지 않다.

배고픔이 먹기 위한 욕구인지, 아니면 먹음으로써 쾌락을 얻고자 하는 욕구인지를 말하기란 쉬운 일이 아니다. 하지만 욕구의 만족에 동반되는 쾌락을 얻기 위한 욕구라고 분명 생각되지 않는 욕구가 존재한다. 이와 같은 쾌락들은 선행하는 욕구에 의존하고 있는 것처럼 보인다. 가령 우리는 자식들의 행복에서 쾌락을 얻는다. 그 이유는 우리가 그들이 행복해지길 원하기 때문이다. 일반적으로 보았을 때, 그들이 행복해짐으로써 자신이 행복해지기 때문에 그들이 행복해지길 바란다는 것은 참이 아니다. 물론 그들이 행복해짐으로써 우리가 행복해지는 것은 분명하다. 하지만 이때 우리의 행복은 자식들의 행복에 대한 선행 욕구에 좌우된다. 그러한 욕구가 지향하는 바는 아이들의 행복이지, 우리의 행복은 아니다. 우리 자신의 행복은 우리의 욕구가 충족됨으로써 얻어진다. 여기서 우리 자신의 행복은 우리의 욕구가 목표로 하고 있는 바가 아니다. 적어도 그렇게 보이지는 않는다. 이기주의적 쾌락주의는 그렇게 보이는 것을 환상으로 간주하지 않으면 안 된다.

사랑과 우정 또한 사람들이 거기에 따르는 쾌락과는 상관없이 그 자체로 원하는 것들인 것처럼 보인다. 자신을 매우 좋아하는 여러 가까운 친구를 두고 있으며, 자신을 사랑하는 훌륭한 아내와 아이들을 두었다고 상상하는 어떤 사람의 경우를 고찰해 보자. 그런데 아이들은 사실상 친자식이 아니고, 그의 아내는 그를 경멸하고 있으며, 소위 친구들은 대가를 지불받기로 되어 있었기 때문에 그저 참고 있는 것이다. 그는 이러한 사실을 전혀 알지 못하였다. 그는 75세까지 살았고, 조금의 의문도 품지 않고 숨을 거두었다. 그는 행복하게 죽은 것이나. 그런데 과연 그러한가? 그의 삶에는 분명 무엇인가 매우 중요한 것이 빠진 것처럼 보인다. 여기서 무엇이란 그가 매우 원했고, 자신이 가졌다고 생각했던 바이다. 이와 같은 사례는 어떤 사람이 원하는 바가 그의 쾌락과 수관적인 경험을 넘어 있음을 시사하는 듯이 보인다. 대부분의 사람들은 친구가 자신을 실제로 칭찬하였고, 아내나 남편이 실제로 자신을 사랑한 삶을 선호할 것이다. 그들은 주관적으로 보았을 경우에는 동일하지만, 사실상 사랑받지 못하고 칭찬받지 못하면서 은밀하게 경멸받은 삶에 비해, 진실로 칭찬받고 사랑받은 삶을 선호할 것이다. 이는 사람들의 진정한 관심이 쾌락의 추구와 동일시되어서는 안 된다는 것을 시사하고 있다. 왜냐하면 사람들은 쾌락 이상의 것에 대해서 관심을 가지고 있기 때문이다. 사람들은 쾌락 이상의 것을 욕구하는 것처럼 보인다. 흔히 그들이 얻는 쾌락은 다른 것들에 대한 자신들의 욕구가 만족되었다고 믿는 데에 따른 결과이다. 그런데 이기주의적 쾌락주의에 따르면 이러한 욕구는 불합리한 것이다. 하지만 우리가 그에 동의해야 할 이유는 무엇인가?

실제로 사람들은 자기 이익이 아닌 동기를 가질 수 있는 것처럼 보인다. 심리학적 쾌락주의—사실상 모든 형태의 이기주의—는 이러한 욕구들을 비합리적이고 어리석은 것으로 간주해야 한다. 마치 돈을 갖는 것의 진정한 의미를 잃어버린, 그리하여 돈 자체를 욕구하게 된 수전노가 갖는 욕구처럼 말이다. 그는 누군가가 자신의 재산을 훔쳐가지 않을까 끊임없이 염려하면서, 부유하지만 비참하게도 자신의 재산을 끊임없이 점검한다. 그런데 이기적이지 않은 동기로부터 행동하는 것이 불합리한 경우가 있다고 해서 그렇게 행동하는 것이 항상 불합리하다는 것을 의미하는 것은 아니다. 자기 이익이 아닌 것처럼 보이는 바에 의해 동기 지워진 사람을 높게 평가하는 경우가 분명 존재한다. 가령 어떤 소방수는 불타는 건물에서 한 가족을 구하다가 화염에 휩싸여 목숨을 잃는다. 어떤 죄수는 설령 자백하는 것이 자신에게 이익이 될 것임이 분명하다고 할지라도, 고문을 당하면서도 자백하길 거부한다. 어떤 병사는 자신의 동료를 구하기 위해 '자살 임무'를 기꺼이 자원한다. 우리는 이와 같은 사람을 찬양하며, 심지어 상황이 그러한 희생을 요구한다면 자신도 그와 같은 방식으로 행동할 수 있길 희망한다. 그런데 이기주의에 따르면, 만약 그와 같은 방식으로 생각한다면 사실상 우리는 자기 기만에 빠져 있는 것이다.

세상에는 그처럼 영웅주의적 행동은 아니지만, 그럼에도 그와 같은 유형의 행동 사례가 많이 존재한다. 가령 어떤 이방인이 당신에게 어떻게 낫소홀(Nassau Hall)[3]에 가야 하는지 물어본다. 당신은 본인에게 이익이 되지 않는다고 하더라도 그에게 길을 알려준다. 그에게 길을 알려주는 것은 옳은 일이고, 그렇게 하지 않는다거나 그에게 잘못 알려주는 것은 그릇된 것처럼 보인다. 일상적으로 우리는 당신이 낫소홀이 어디인가를 알려주어야 할 어떤 이유가 있다고 생각할 것이다. 그런데 그러한 이유는 당신 자신의 이익으로부터 도출된 것처럼 보이지 않는다. 하지만 이기주의자는 그와 같은 이유가 있다는 것 자체를 부정해야 한다.

만약 이기주의적 쾌락주의가 참이라면, 당신은 당신의 쾌락 및 고통 부재에 대한 욕구를 가장 잘 만족시킬 것이라면 무엇이든 해야 할 이유를 갖는다. 하지만 만약 이기주의적 쾌락주의가 참이 아니고, 당신이 그 자체로 욕구할 다른 것들이 있다면, 당신은 그러한 다른 욕구들을 만족시킬 것을 행할 이유를 가질 수 있는 것처럼 보인다. 이러한 다른 욕구들에는 다른 사람의 행복 또한 포함될 것

---

3) [역주] 프린스턴대학 내에 있는 고딕식 건물로, 1783년 국회의사당으로 시용된 적도 있는 유서 깊은 건물이다.

이다. 누군가가 당신에게 어떻게 낫소홀에 가느냐고 묻는다. 당신에게는 그를 도울 본래적 욕구가 있다. 그리하여 당신은 어떻게 낫소홀에 갈 것인가를 알려줄 이유를 갖는 것이다. 소방수가 불타는 건물 안에 갇힌 아이들이 있음을 알게 되었다. 그는 즉각적으로 그들을 구해야 한다는 본래적인 욕구를 갖게 된다. 그리하여 그는 설령 자신의 목숨이 위태롭더라도, 건물에 들어가서 2층 창문으로부터 아이들을 구해 줄 이유를 갖는 것이다.

이기주의자들은 다른 사람의 이익을 위해 행동하려는 이유가 당신 자신의 이익으로부터 도출되지 않는다면, 어떻게 당신이 그러한 이유를 가질 수 있는지 알고 싶어한다. 그에 대한 답변은 '당신이 그 사람 자체에 대해 관심을 갖는다면 그와 같은 이유를 가질 수 있다'는 것이다. 만약 당신이 그 사람이 행복하기를 바라는 본래적인 욕구를 가지고 있다면, 당신은 그러한 이유를 가질 수 있을 것이다.

이기주의자는 당신 자신에게 이익이 되는 바를 행할 이유가 있음이 분명하다고 생각하며, 다른 종류의 이유(가령 이타적인 이유와 같은)가 어떻게 있을 수 있는가에 대해 의아하게 생각한다. 하지만 철학자들이 파악한 바와 같이, 만약 이타성이라는 것이 어떻게 있을 수 있는가에 대해 의문이 있다면, 자기 이익에 관해서도 마찬가지의 의문을 제기할 수 있다. 가령 우리는 '다른 사람들에 대해서 관심을 가져야 하는 이유가 무엇인가?'라고 물을 수 있다. 하지만 마찬가지로 우리는 '당신이 자신에게 일어나는 일에 대해 관심을 가져야 할 이유가 무엇인가?'라고도 물을 수 있다. 어떤 사람은 이러저러한 이유로 다른 사람에게 일어난 일이건, 아니면 자신에게 일어난 일이건 관심을 갖지 않을 수 있다. 그와 같은 사람에게는 이타성을 갖는 이유, 또는 이기성을 갖는 이유가 별다른 호소력을 발휘하지 못할 것이다. 이러한 모습은 장기적으로 보았을 때 어떤 행동을 하는 것이 이익임에도 불구하고, 그렇게 하지 않는 많은 사람들의 경우에서 흔히 살펴볼 수 있다. 가령 당신은 장기적으로 보았을 때 얻게 되는 자기 이익으로부터 도출된 금연을 할 이유를 갖는다. 그럼에도 당신은 흡연을 한다 — 당신은 지금부터 50년 내지 20년 후에 당신에게 무슨 일이 생길 것인가에 대해서는 그다지 신경을 쓰지 않는 것이다. 이유들은 당신이 관심을 갖는 바인 욕구로부터 도출된다. 만약 자신의 장래의 자아에 대해 관심을 갖는다면, 당신은 다양한 방식으로 행동할 이기적인 이유를 갖는다. 반면 당신이 자신의 미래의 자아에 대해 관심을 갖지 않는다면, 당신은 그와 같이 행동할 이기적인 이유를 갖지 않을 것이다. 만약 당신이 다른 사람들에 관심을 갖는다면, 당신은 다양한 방식으로 행동할 이타적인 이유를 갖는다. 반면 당신이 다른 사람들에 대해 관심을 갖지 않는다면, 당신은 그와 같은 방식으로 행동할 이타적인 이유를 갖지 않을 것이다.

어떻게 자기 이익으로부터 도출되지 않는 이유를 가질 수 있는가? 먼저 흄이 생각했듯이, 당신은 진화가 당신에게 심어준 생래적인 공감 및 타인에 대한 관심으로부터 도출된 이유를 가질 수 있을 것이다. 여기서 한 걸음 나아가, 당신이 자기 이익을 고려함으로써 비이기적인 관심을 개발할 수도 있을 것이다. 이렇게 말하는 이유는 이타성이 자기 이익에 도움을 줄 수 있기 때문이다. 가령 당신은 믿을 수 있는 사람이라는 훌륭한 평판을 얻음으로써 유리한 위치를 점할 수 있다. 만약 사람들이 당신이 빌린 것을 거의 확실하게 갚는 사람이라고 생각하지 않는다면, 그들은 돈을 빌려주지 않을 것이다. 또한 사람들이 당신을 정직하다고 생각하지 않는다면, 그들은 당신을 신뢰하지 않을 것이다. 만약 사람들이 당신을 친절하고 관대하다고 생각하지 않는다면, 그들은 당신을 친절하고 관대하게 대하고 싶어하지 않을 것이다. 그런데 좋은 평판을 얻는 훌륭한 방법 중의 하나는 아예 당신이 평판을 얻게 되는 그러한 유형의 사람이 되는 것이다. 만약 당신이 타인을 대할 때 항상 정직할 것을 규칙으로 삼는다면, 그리고 항상 빚을 갚고, 친절하고, 관대하며, 필요할 때 도움을 준다면, 이 모든 것은 타인에 의해 파악될 것이며, 이로 인해 당신은 당신이 원하는 평판을 얻게 될 것이다. 이러한 방법은 좋은 평판을 획득하는 데에 최선의 방법이 될 것이다. 그 이유는 항상 계산을 한다는 것은 어렵기 때문이며, 어떤 실수가 수개월, 심지어 수년 동안의 조심스런 계획을 완전히 수포로 돌려놓을 수 있기 때문이다. 이렇게 보았을 때, 설령 당신이 도덕적으로 행동하지 않는다는 것을 아무도 알게 될 가능성이 없다고 하더라도, 당신은 도덕적으로 행동할 강력한 이유가 있는 것이다. 하지만 이렇게 말하는 것은, 설령 특정한 경우에 도덕적으로 행동하는 것이 당신의 이익과 별다른 관련이 없다고 해도, 도덕적으로 행동할 관심을 개발할 이기적 이유를 갖는다고 말하는 것과 다를 바 없다.

타인에 대한 본래적인 관심을 개발할 또 다른 형태의 이기적인 이유가 존재한다. 대체로 다른 사람에 대해 관심을 갖는 사람의 삶은 이기적인 사람의 삶에 비해 훨씬 행복할 것이다. 만약 당신이 다른 사람에 대해 관심을 갖는다면, 당신의 삶은 더 흥미롭고, 다양해지며, 신나게 될 것이다. 그들의 행복은 곧 당신의 행복이 될 것이다. 당신은 경쟁이 주는 파괴적인 고뇌로 고통받지 않게 될 것이다. 만약 당신과 다른 사람들이 모두 이기적이라면, 어떤 사람은 경쟁에서 이길 것이고, 다른 사람은 패배하게 될 것이다. 이로 인해 대부분의 사람들은 불행해질 것이다. 반면 당신과 다른 사람들이 자신뿐만 아니라 서로에 대해서도 관심을 갖는다면, 거기에는 사실상의 경쟁이 존재하지 않을 것이다. 당신들 중에서 누가 이익을 얻는다면 모두가 그 사람의 성공에 대해 기뻐할 것이며, 이에 따라 모두가 이익을 얻게 될 것이다.

6. 어떻게 비이기적인 욕구가 나타날 수 있는가?

설령 이기주의자가 이상에서의 사실을 믿는다고 할지라도, 이와 관련하여 이기주의자를 괴롭히는 것은 어떻게 사람들이 진정으로 비이기적인 욕구를 발달시킬 수 있는가를 파악하기가 힘들다는 것이다. 가령 이기주의자는 '만약 당신이 당신에게 이익이 되기 때문에 타인에 대한 관심을 개발한다면, 궁극적으로 당신의 관심은 당신 자신의 이익에 대한 관심이 되어야 하며, 다른 사람에 대한 진정한 비이기적인 관심이 될 수 없을 것이다'라고 주장한다.

하지만 이는 '만약 당신이 E를 원하기 때문에 F라는 욕구를 형성한다면, 당신의 F에 대한 욕구는 궁극적으로 E에 대한 욕구이다. 이는 오직 F가 E로 이끌어지게 되리라고 믿기 때문에 당신이 F에 대한 욕구를 형성할 수 있다'고 잘못 가정하고 있는 것이다. 하지만 이기주의자가 간과하는 다른 경우가 있을 수 있다. 당신은 최소한 잠시나마, 단순히 어떤 것 자체로부터 얻기를 기대하는 바 때문이 아니라, 거기에 흥미를 느낌으로써 얻기를 기대하는 바 때문에 어떤 것에 관심을 갖거나, 혹은 그에 대한 욕구를 가질 수 있다. 가령 당신은 E를 원하기 때문에 F를 원할 수 있는데, 여기서 당신은 F를 얻음으로써가 아니라 F를 얻길 원함으로써 E를 얻길 기대하는 것이다. 이러한 경우는 간과되기 쉬운데, 그 이유는 그것이 일상적인 현상이기 때문이다. 우리는 이와 같은 경우를 게임 및 다른 유형의 놀이에서 항상 찾아볼 수 있다. 일시적으로 당신은 승리하기 위한 욕구를 갖는다. 왜냐하면 당신이 이기길 원할 경우 그렇지 않은 경우보다 훨씬 게임이나 놀이가 재미있어지기 때문이다. 또한 당신은 대화의 주제에 대한 정보가 당신의 선행 관심을 증진시켜 주기 때문이 아니라, 논의되고 있는 바에 관심을 나타낼 경우 당신이 대화로부터 더 많은 쾌락을 얻을 수 있게 되기 때문에 대화의 주제에 대해 관심을 나타낸다.

당신은 순수하게 이기적인 동기로부터 타인에 대한 참된 관심(오래 지속되는)을 개발할 수 있다. 그 사람 자체를 위한 관심을 갖는 것은 어려운 일이 아니다. 우리는 타인과의 만남을 더욱 훌륭하게 만들고자 할 경우 항상 그렇게 한다. 어려운 것은 그와 같은 관심을 오랫동안 지속하는 것이다. 당신은 그러한 관심이 습관이 될 때까지 수없이 반복해서 노력해야 할 것이다. 그리고 나서는, (수전노가 무엇을 사는 것보다 돈 그 자체에 습관적으로 관심을 갖게 되는 경우와 동일한 심리적 일반화의 원리에 따라) 당신은 단지 당신 자신의 이익을 위해서가 아니라, 다른 사람 자체에 대해 습관적으로 관심을 갖는 자신을 발견할 수 있게 될 것이다. 역설적으로 당신은 이와 같은 방식으로 이기주의를 던져 버리고 타인에 대해 관심을 갖게 됨으로써 사실상 당신 자신의 이익을 위해 행동하게 되는 것이며, 이로 인해 당신 자신이 행복하게 된다.

아이는 성장하면서 약간의 의식적인 계산을 하며, 이를 통해 여러 비이기적 관심을 획득하게 된다. 이는 너무 자연스러운 것이다. 아이들이 놀이를 즐기고, 부모를 사랑하게 되며, 다른 관심을 개발하는 것은 자연스러운 일이다. 이기주의자는 그러한 관심들의 발달이 아이에게 이익이 된다고 주장한다는 점에서 옳다. 심지어 이기주의자는 '그와 같은 관심을 갖는 것이 자신에게 이익이 되기 때문에 아이가 그와 같은 관심을 개발한다'고 생각한다는 점에서도 옳을 수 있다. 하지만 이것이 이기주의를 옹호하는 논거가 될 수는 없다. 즉 그와 같은 관심이 궁극적으로 아이 자신의 이익을 위한 관심이라고 할 수는 없다는 것이다. 아이는 — 이기적 이유, 혹은 다른 이유로 — 진정한 비이기적인 관심을 발달시킨다. 그런데 그러한 관심을 일단 발달시키면, 아이와 그가 성장하여 이르게 되는 성인은 진정한 비이기적 이유들(그 사람의 현재의 관심을 감안해 보았을 때, 이익이 아닌 것들을 그 사람이 행하는 것마저도 합리적이게 하는)을 갖게 된다. 이기주의가 인간 동기의 전부는 아니다. 다시 말해 모든 이유가 이기적인 이유는 아닌 것이다.

7. 도덕적 이유가 자기 이익적일 수 있는가?

그런데 앞에서의 논변 자체는 도덕적 이유가 이기적인 것이 아니라는 점을 보여주지 않는다. 사람들은 어떤 관습적 규약을 준수할 이기적인 이유를 가질 수 있다. 만약 그러한 관습적 규약이 구성원들에게 여러 가지 것들을 행할 도덕적 이유를 제공하는 도덕적 규약이라면, 우리는 궁극적으로 보았을 때 일부 구성원들이 이기적인 이유인 도덕적 이유들을 가질 수 있다고 주장할 수 있을 것이다. 반면 다른 구성원들은 타인에 대한 사랑 및 관심에서 동일한 관습적 규약을 고수할 수 있을 것이다. 그들에게 도덕적 이유는 이기적인 이유가 되지 않을 것이다.

한편 타인에 대한 본래적인 관심을 습득하지 않고서는 진심으로 준수하지 못할 규약이 있을 수 있다. 구성원들에 대한 존경의 규약은 바로 이와 같은 사례에 해당할 것이다. 이처럼 존경을 포함한 도덕은 자기 이익이 아닌 도덕적 이유를 필연적으로 산출해 내게 될 것 ― 심지어 사람들을 존경해야 하는 이기적인 이유를 가졌기 때문에 동참한 사람들에게마저도 ― 이다.

나아가 '도덕적'이라는 단어 사용법에 대해서는 다음과 같은 가설이 설득력이 있다. 즉 구성원을 서로 존중하는 규약일 경우에만 그 규약을 도덕적이라고 부르는 것이 적당하다는 것이다. 이는 언어 규약 및 도로 법규가 도덕의 일부로 파악되지 않는 이유를 설명해 줄 수 있을 것이다. 만약 이러한 가설 및 도덕에 대한 사회 규약 이론이 옳다면, 거의 정의에 의해 도덕적 이유가 타인에 대한 관심에 토대를 두고 있지, 자기 이익에 토대를 두고 있지 않음이 드러나게 된다.

이론에 대한 고찰과는 별개로, 이상에서와 같은 결론은 그 자체가 직관적으로 설득력이 있다. 일상적으로 우리는 오직 자기 이익에 대한 고려에서 행동하는 사람을 도덕적 이유에서 행동하는 사람이라고 생각하지 않는다. 칸트가 제시한 사례에서 가게 주인은 거스름돈을 정확하게 주는 방침을 고수한다고 알려지는 것이 자신에게 이익이 되기 때문에 거스름돈을 정확하게 준다. 이때 가게 주인은 올바른 일을 하고 있다. 하지만 일상적으로 우리는 그가 도덕적인 이유로 그와 같이 행동하고 있다고 생각하지 않는다. 도덕에 관한 이유로 행동을 한다는 것은 자기 이익 때문에 행동하는 것이 아니라, '목적 자체'로서의 사람들에 대한 본래적인 관심과 존경으로부터 행동하는 것을 말한다.

더 읽을거리

이기주의적 쾌락주의에 대한 고전적인 비판은 Bishop Joseph Butler의 *Fifteen Sermons Preached at the Rolls Chapel*, 특히 Butler의 서문과 설교 1과 2를 볼 것.

이기주의적 쾌락주의에 대한 유용한 논의는 Richard B. Brandt, *Ethical Theory*(Englewood Cliffs, N.J.: Prentice Hall, 1959), pp.307-314에서도 살펴볼 수 있다.

C. G. Hempel은 *Aspects of Scientific Explanation*(New York: Free Press, 1965)에서 "Empirist Criteria of Cognitive Significance"를 논의하고 있다.

Sigmund Freud의 동기에 대한 후기 이론은 *Beyond the Pleasure Principle*(New York: Norton, 1961)에서 전개되고 있다.

Michael Scriven은 자기 이익이 어떻게 도덕적 태도의 채택으로 이어질 수 있는가를 *Primary Philosophy*(New York: McGraw-Hill, 1966), 7장에서 서술하고 있다.

제 13 장
공리주의

1. 공리주의적 이유

　도덕적 이유는 자기 이익과 관련된 이유가 아니다. 그러한 이유
는 당신뿐만 아니라 타인에 대한 본래적인 관심 혹은 존경으로부
터 도출되는 것이다. 필자는 이러한 관심과 존경이 어떤 사회적 규
약에 의해 요구된다고 말한 바 있다. 반면 칸트는 그것이 순수 실
천 이성에 의해 요청된다는 입장을 견지하였다. 그는 다른 이성적
존재자들이 이성적인 존재이기 때문에 이성적 존재자가 그와 같은
관심 혹은 존경을 느껴야 한다고 생각했다. 하지만 칸트는 왜 그렇
게 해야 하는가를 입증할 수가 없었으며, 이에 따라 우리는 그의
주장을 의심을 해볼 수 있게 된다. 한편 다른 이론은 타인에 대한
관심 혹은 존경이 인간이 갖추고 있는 생래적인 공감(이는 그 자체

가 진화를 통해 설명되어야 한다)에서 도출된다고 주장한다.

타인에 대한 관심 혹은 존경에서 당신에게 도덕적 이유를 제공하는 것은 무엇인가? 가장 단순하면서 잘 알려진 이론은 공리주의다. 공리주의에 따르면 당신은 일반 복리를 가장 잘 증진시키는 것이라면 무엇이건 행해야 할 도덕적 이유를 갖는다. 이러한 공리주의는 당신이 항상 사회적 공리(social utility)를 극대화하기 위해 행동해야 한다고 주장하는 이론으로 서술되기도 한다. 여기서 '사회적 공리'란 단순히 일반 복리의 또 다른 이름에 지나지 않는다. 우리가 앞으로 살펴볼 것이지만, 이와 같은 방식으로 공리주의를 정식화하는 것은 당분간 유효할 것(이러한 정식화가 길을 잘못 들게할 가능성도 있겠지만)이다. 그런데 어휘와 관련한 사소한 문제는제쳐두고라도, 우리는 공리주의의 배후를 이루는 기본적 착상을 분명히 파악할 필요가 있다.

사람들은 흔히 공리주의가 우리의 일상적인 관점과 조화를 이루지 못한다고 말한다. 하지만 언뜻 보았을 경우와 비교해 보았을 때,그러한 부조화가 그다지 심각한 편은 아니다. 나아가, 곰곰이 생각해 보면 공리주의는 갈등의 상황에서 우리의 일상적인 확신들에비해 훨씬 합당한 해결 방식으로 파악될 수 있다.

가령 약속을 한다는 것을 고찰해 보자. 일상적으로 약속이란 당신이 행하기로 말한 바를 행할 의무하에 당신을 둔다는 것을 말한다. 그런데 이때의 의무는 절대적이지 않다. 즉 당신이 거짓 약속을 하는 것이 정당화되는 경우가 있는 것이다. 그리고 설령 진실한약속을 한 경우라도, 당신이 약속을 지키기보다는 다른 것을 행해야 할 경우가 발생하기도 한다. 그럼에도 우리의 일상적인 생각에따르면 약속을 했는지의 여부는 도덕적인 차이(moral difference)를 발생시킨다. 즉 당신이 무엇인가를 하기로 약속했다는 사실은 최소한 그러한 일을 행해야 할 이유가 생겼다는 것(설령 그러한 이유가 간혹 다른 이유로 인해 번복되는 경우가 있어도)이다. 그런데 언뜻 보기에 공리주의는 이러한 견해와 대립되는 것처럼 보인다. 공리주의는 '과거 지향적' 견해라기보다는 '미래 지향적' 견해로 파악된다. 공리주의에 따르면 중요한 것은 과거에 일어난 일이 아니다. 중요한 것은 당신의 다양한 행동들의 결과로 미래에 무엇이 일어날 것인가이다. 그리하여 공리주의적 입장에서 보았을 때, 당신이 한때 지키기로 약속한 바는 별다른 의미가 없는 것처럼 보인다. 공리주의적 입장에 따르면, 설령 당신이 이전에 상당히 다른 무엇을 하기로 약속했다고 해도, 당신은 현재의 사회적 공리를 가장 잘 증진시킬 무엇을 해야 한다.

하지만 심지어 공리주의자에게도 약속이 차이를 낳을 수 있다. 왜냐하면 약속 자체도 결과를 갖기 때문이다. 우리 사회에는 약속을 지키는 관행이 존재한다. 따라서 당신이 무엇인가를 행할 약속을 할 경우, 당신은 약속한 사람에게 당신이 약속한 바를 행할 것이라는 기대를 창출하며, 그 사람은 거기에 맞추어서 자신의 계획을 조정할 것이다. 그러한 경우, 만약 당신이 약속한 바를 이행하지 않는다면, 당신은 그를 실망시킬 것이고 그의 계획을 좌절시킬 것이다. 만약 당신이 약속을 하지 않았다면, 그는 당신에게 기대를 하지도 않았을 것이다. 이렇게 보았을 때, 당신이 무엇을 행하지 않음으로써 초래되는 결과는 흔히 그것을 하기로 당신이 약속했는지의 여부에 따라 달라지는 경우가 많이 있을 것이다. 따라서 공리주의의 관점에서 약속이 아무런 도덕적 차이를 낳지 않는다는 것은 잘못된 생각이다. 약속은 분명 도덕적 차이를 발생시킨다. 왜냐하면 공리주의적 관점에 따르면 약속은 미래의 행동 결과에 차이를 발생시키고, 그 결과는 도덕적 차이를 낳기 때문이다.

약속 지키기 관행을 계속 준수한다는 것은 다른 방식의 유용성을 갖기도 한다. 이는 사람들이 미래에 당신을 신뢰하게 한다. 만약 사람들이 약속을 지키는 것에 대해 더 이상 당신을 신뢰하지 않게 되었다면, 당신 자신의 행동을 사람들과 조화시키기가 더욱 어렵게 될 것이며, 공리를 증진시키기 위해 당신이 할 수 있는 것들이 상당수 감소하게 될 것이다. 특정한 약속을 지켜야 하는가를 고려할 때, 당신은 자신에게 열려 있는 다양한 행동의 직접적인 효과를 고려해야 할 뿐만 아니라, 간접적인 효과— 가령 장래에 다른 사람들과 당신의 행동을 조율하는 지속적인 능력과 관련한— 까지도 고려해야만 한다. 대부분의 경우 이러한 고찰은 당신에게 약속을 지킬 강력한 공리주의적 이유를 부여할 만큼 매우 중요하다.[1]

2. 반공리주의적 직관에 대한 설명

그런데 필자가 언급한 두 가지 요소들— 당신이 약속한 사람의 기대, 그리고 미래에 다른 사람들이 당신을 신뢰하게 하기 위해 약속을 계속해서 준수한다는 요소— 은 '무인도에서의 약속'이라고 불리는 경우에는 적용되지 않는다. 가령 당신과 다른 한 사람이 무

---

1) [역주] 여기서 말하는 유형의 공리주의는 규칙 공리주의다. 규칙 공리주의는 특정 행위가 갖는 공리의 크기보다 규칙의 중요성을 강조한다. 이는 사람들이 일정한 규칙에 따라 행위해야만 최대의 일반적 선이 산출되나고 말한다.

인도에 난파되었고, 그 중 다른 사람이 죽어가고 있다. 그는 죽기 전에 상당한 돈을 당신에게 주었고, 만약 당신이 구조된다면 오스티 존스라는 알려지지 않은 사생아에게 돈을 전해 달라고 부탁을 했다. 당신은 약속을 했고, 그는 편안하게 숨을 거두었으며, 얼마 있지 않아 당신은 구조되었다. 집으로 돌아오는 길에, 당신은 존스가 부자이지만 극단적으로 이기적인 사람임을 알게 되었다. 그리하여 그 돈이 존스에게 전달되기보다는, 유용한 자선 기금으로 쓰이는 것이 더 많은 선을 산출하게 될 것임을 알게 되었다.

이 경우 당신은 분명 그 누구의 기대도 무너뜨리지 않을 것이다. 약속에 관해 알고 있는 유일한 사람은 지금 이 세상에 없다. 따라서 당신의 행동은 그의 복리에 아무런 영향을 미치지 않을 것이다. 반면 존스는 당신의 약속에 대해 전혀 모르고 있고, 따라서 당신이 그에게 돈을 주지 않는다고 해도 당신이 실망시킬 기대가 존재하지 않는다. 더욱이 아무도 당신이 그러한 약속을 한 것을 모르기 때문에, 당신이 약속을 지키지 않는다고 해서 당신의 약속 지키기에 대한 미래의 신뢰도에도 아무런 영향을 미치지 않을 것이다. 심지어 당신은 거짓말을 하면서 그 돈이 케어(CARE)라는 자선단체에 보내지도록 죽은 사람과 약속을 했다고 말할 수 있다. 그러한 경우, 당신은 오히려 당신에 대한 사람들의 신뢰를 강화할 것이다. 이처럼 공리주의적 관점에서 보았을 때, 당신이 약속을 했다는 사실은 별다른 중요성을 발휘하지 못하는 것처럼 보인다. 당신은 최선의 것을 해야 하고, 그것은 당신이 약속을 하지 않았을 경우 선택했을 내용과 동일할 것이다. 당신이 약속한 바처럼 존스에게 돈을 주어야 하는 경우는 당신이 약속을 하지 않은 상황에서도 존스에게 돈을 주는 것이 옳은 경우로 한정된다. 그런데 위의 사례에서는 존스에게 돈을 주는 것이 올바른 행동이 아닐 수 있기 때문에, 당신은 약속을 어기고 CARE에 돈을 기부해야 하는 것이다.

바로 여기에서 공리주의와 일상적인 도덕적 견해간에 분명한 충돌이 발생한다. 설령 어떤 사람도 알지 못하는 죽어 가는 사람과의 무인도에서의 약속이라고 할지라도, 일상적으로 우리는 약속이 어떤 도덕적인 중요성을 가지고 있다고 생각한다. 물론 그러한 약속이 절대적인 중요성을 가지고 있는 것은 분명 아니다. 하지만 일상적으로 우리는 그것이 **어느 정도의** 중요성을 갖는다고 생각한다. 하지만 공리주의에 따르면, 위의 사례에서와 같은 경우에 약속은 아무런 중요성도 갖지 않는다. 그런데 이는 반직관적인 것이다.

이러한 불평에 대한 공리주의의 대응은 공리주의적 결론이 반직관적이라는 데에는 동의하지만, 그럼에도 자신들의 입장이 옳다고 계속 주장하는 것이다. 공리주의의 결론은 다음과 같은 의미에서 반직관적이다: 사례에서와 같은 상황에서 평범한 사람은 행하기로 약속한 바를 행해야 한다는 어떤 동기를 가질 것이다. 즉 돈을 존스에게 건네주는 것이 당연하며, 만약 돈을 CARE에 보낼 경우 죄책감마저 느낄 것이라고 생각할 것이라는 것이다. 이는 그가 약속을 지켜야 하며, 그렇게 하지 않을 경우 죄책감을 느끼도록 훈련을 받아왔기 때문이다. 게다가 합리적인 공리주의자들처럼 행동하도록 훈련을 시키기보다는, 그와 같은 방식으로 사람들을 훈련시켜야 하는 훌륭한 공리주의적 이유 또한 존재한다. 이렇게 말하는 이유는 공리적 관점에서 보았을 때, 행해야 할 올바른 것이 무엇인지 분명치 않은 경우가 많기 때문이다. 따라서 각각의 경우에 처음부터 시작하기보다는, 차라리 무엇을 행해야 할 것인가를 결정할 경험적 규칙을 갖는 것이 유용할 수 있다. 만약 각각의 상황을 접하게 될 때마다 무엇을 할 것인가를 결정하도록 훈련을 받을 경우, 사람들은 커다란 실수를 더욱 자주 범할 가능성이 매우 크다. 흔히 중요한 공리주의적 고찰은 복잡할 뿐만 아니라, 간접적인 문제도 고려해야 하며, 중요한 문제들을 간과할 가능성도 있다. 가령 공리주의적 고찰은 앞서 지적한 약속 지키기의 간접 효과와 같은 것을 간과할 가능성이 크다. 따라서 어떤 방식으로 행동함으로써 공리를 극대화할 것이 절대적으로 확실한 경우를 제외하고는, 일반 규칙을 따르도록 사람들을 훈련시키는 것이 유용하다. 그런데 일단 사람들이 그와 같이 일반 규칙을 따르도록 훈련을 받게 되면, 그들의 직관은 공리주의와 간혹 충돌할 수 있을 것이며, 설령 훌륭한 공리주의자들로서의 자신들이 행해야 할 진정으로 올바른 것이 무엇인가를 잘 알고 있을지라도, 자신들의 직관에 상반되는 행동을 한 것에 대해 죄책감을 느끼게 될 것이다. 따라서 설령 공리주의가 무인도에서의 약속에 대한 우리의 일상적인 견해와 대립된다고 할지라도, 공리주의는 우리가 그와 같은 경우에 대해 일상적으로 갖는 느낌을 설명할 수 있다. 즉 행해져야 할 올바른 행위가 일상적으로 생각하는 바와 다르다고 할지라도, 우리들이 그와 같은 감정을 갖는 것이 당연하다는 것을 설명할 수 있다는 것이다.

우리가 가지고 있는 비공리주의적인 다른 직관 또한 이와 유사하게 설명할 수 있다. 가령 우리는 직관적으로 타인을 해치는 것과 타인을 돕지 않는 것에 대하여 도덕적인 구분을 한다. 비록 공리주의적 관점에서 보았을 때 의사가 마땅히 해야 할 바이지만, 우리는 의사가 5명의 환자를 살리기 위해 1명의 환자의 목숨을 빼앗아 장기를 배분해서는 안 된다고 생각한다. 공리주의자는 이러한 사례에 대한 우리의 자연적인 직관적 판단이 잘못되었다고 말해야 할 것이다. 그러면서 공리주의자는 우리가 그와 같은 직관을 갖는 이유가 무엇이며, 공리주의적 관점에서 보았을 때, 그와 같은 비공리주의적 반응을 갖도록 사람들을 훈련시키는 것이 왜 합리적인가를 설명할 수 있을 것이다. 그 이유는 해를 주는 것과 돕지 않는 것을 구분하는 것은 공리주의적 입장에서 보았을 때에도 의미가 있기 때문이다. 사람들은 각기 지향하는 목표가 다르다. 이에 따라 어떤 사람에게 도움을 주려면, 우리는 그 사람의 목표에 맞게 도움을 줘야 한다. 그런데 우리는 이를 쉽게 파악할 수 없으며, 때문에 다른 사람을 돕고자 할 때 흔히 그 사람에게 득보다 실이 되는 경우가 많다. 즉 돕고자 하는 행위는 도움보다는 방해가 되는 경우가 흔한 것이다. 반면 어떤 행동이 누군가에게 해가 될 것인가는 너무나도 분명하게 드러난다. 이렇게 본다면 일상적인 경험으로 미루어볼 때 사람들을 도우려고 노력하기보다는, 해를 피하려고 노력할 강력한 공리주의적 이유가 있는 것이다. 타인을 돕는 것은 공리주의적 관점에서 보았을 때 좋은 일이다. 하지만 '어떤 것이 도움이 되는가'는 '어떤 것이 해가 되는가'처럼 항상 분명한 것은 아니다. 타인을 도우려는 사람은 참견하기 좋아하는 훼방꾼 혹은 그 이상의 사람이 될 우려가 있다. 다른 사람의 목적과 목표를 적절하게 알지 못할 경우, 당신은 그 사람에게 자신의 목적과 목표를 잘못 투사할 수 있다. 게다가 당신 자신의 이익에 대한 고찰은 더 심한 왜곡으로 이어질 수 있다. 따라서 공리주의적 관점에서 보았을 때, 모든 사람들은 타인을 해롭게 할 행동을 피하려는 강한 동기를 갖도록 훈련받아야 하며, 이와 동시에 당신이 도움을 주는 것이 분명하고, 간섭하는 것이 아니라는 것이 어느 정도 확실할 때에만 타인을 도우려 하는 동기를 갖도록 훈련받아야 한다. 이러한 훈련이 이루어지고 나면, 당신은 해를 주는 것과 타인을 돕지 않는 것 사이를 직관적으로 구별하게 될 것이다. 가령 당신은 의사가 5명의 환자를 돕기 위해 1명의 환자를 해쳐서는 안 된다고 판단할 것이다. 그런데 공리주의적 관점에서는 이러한 판단은 잘못된 것이다. 그럼에도 공리주의적 입장에서는 적어도 당신이 그와 같이 판단하도록 훈련받아야 할 이유를 설명할 수 있다.

3. 공리주의는 너무 많은 것을 요구하는가?

지금까지 우리는 '공리주의는 직관적으로 잘못된 일련의 행동을 권장하는 경우가 있다'는 비판에 대해 어떻게 대응할 수 있는가를 고찰해 보았다. 그런데 이와는 반대되는 비판 또한 존재한다. 즉 공리주의가 우리에게 너무나도 많은 것을 요구한다는 것이다. 이와 같이 말하는 이유는 공리주의가 항상 공리를 극대화할 수 있는 행동을 해야 한다고 말하고 있음에 반해, 막상 누군가가 그와 같이 행동하는 경우는 극히 드물다고 할 수 있기 때문이다. 가령 당신의 현재의 상황을 고찰해 보도록 하자. 당신은 윤리학에 관한 철학 책을 읽고 있는 중이다. 그런데 더욱 커다란 사회적 공리를 가질 수 있는 수많은 행동들이 당신에게 개방되어 있을 수 있다. 예를 들어 당신이 즉각적으로 책읽기를 중단하고, 굶주림에 지친 아프리카나 인도와 같은 지역에 식량을 보내는 데 도움이 되는 어떤 일을 한다면, 아마도 당신은 수백, 심지어 수천 명의 목숨을 구할 수 있을 것이며, 당신으로 인해 수천 명의 사람들이 더 나은 삶을 영위할 수 있을 것이다. 이는 지금 당신이 하고 있는 것보다 많은 공리를 산

출하는 행동이다. 아마도 이는 당신의 인생을 통틀어 행할 그 무엇
보다도 많은 공리를 산출할 것이다. 그런데 공리주의에 입각해 보
았을 때, 당신은 지금 도덕적으로 해야만 하는 것을 행하지 않고
있고, 이러한 상황은 당신의 일생을 통틀어 계속 이어질 것이다.
이와 같은 결론은 우리가 일상적으로 생각하는 도덕과 많은 차이
가 있다. 공리주의는 이 책을 읽고 있는 것이 도덕적으로 잘못되었
음을 함축하고 있다. 그런데 이는 일상적으로 사람들이 도덕적인
잘못으로 생각하는 의미에서의 잘못은 아니다.

　공리주의가 권고하는 방식으로 행동하는 사람은 도덕적(우리가
일상적으로 생각하는 의미에서의)으로 살아가는 사람의 훌륭한 사
례가 될 수 없을 것이다. 공리주의적 행위자는 우리들 대부분과는
매우 다를 것이다. 그는 성인이거나 초인적인 랄프 네이더(Ralph
Nader)2)와 같은 사람일 것이다. 그러한 사람은 모든 순간에 자신
이 생각하기에 공리를 극대화할 수 있는 행동을 할 것이다. 물론
그도 간혹 휴식을 취하긴 할 것이다. 하지만 새로운 활력을 가지고
치열한 삶의 현장으로 돌아올 수 있는 정도에 한해서만 휴식을 취
할 것이다. 이는 상당히 고무적인 이미지다. 하지만 이는 행해야
할 바를 하는 사람에 대한 우리가 일상적으로 갖는 이미지와는 거
리가 멀다. 이는 훨씬 많은 것을 행하는 사람에 대한 이미지인 것

---

2) [역주] 미국 코네티컷 주 윈스테드 출생. 소비자 보호 · 반공해운동(反公
　害運動)의 지도자이다. 프린스턴 · 하버드 대학교에서 법률을 공부하고
　변호사로 개업했다. 1965년 GM(제너럴모터스 사)의 결함차(缺陷車)를
　고발, 『어떤 속도로도 위험』이란 책을 저술하여 일약 유명해졌다. 이후
　일반대중을 지키는 것이야말로 변호사의 사명임을 깨닫고 시민의 대변자
　로서 젊은 변호사들의 그룹인 '네이더 돌격대'를 이끌고 대기업과 정부의
　부정을 잇달아 적발하여 많은 성과를 올렸다.

이다.

공리주의 이론가는 우리가 나약하고 게으르다는 사실이, 그리고 행해야 할 바람직한 것들을 기꺼이 하려 하지 않는다는 사실이 공리주의를 반박하는 논거가 될 수 없다고 대응할 것이다. 그들에 따르면 그러한 사실을 지적하는 것은 '도덕적인 측면에서 보았을 때, 행하는 것이 분명 바람직한 것을 행해야 한다'는 생각에 대한 적절한 대응 논변이 아니다. 가령 철학 책을 읽기보다는 기아를 줄이거나 제거하기 위해 활동적으로 일하는 것이 분명 나을 것이다. 도덕적인 측면에서 보았을 때, 당신은 기아를 줄이기 위해 노력해야만 하며, 설령 당신이 도덕적으로 해야 할 것을 하기에 너무 게으르다고 해도, 당신이 이 책을 계속 읽고 있는 것은 도덕적으로 잘못된 것이다.

하지만 이와 같은 공리주의적 대응을 전적으로 만족스럽다고 할 수는 없다. 가령 우리는 공리주의가 권하는 바가 훌륭하다, 혹은 훌륭할 것이라는 데에 동의할 수 있다. 만약 공리주의가 우리에게 행해야 한다고 말하는 방식으로 누군가가 행동한다면, 그의 행동은 훌륭한 것이다. 하지만 그것이 우리가 그와 같은 방식으로 행동할 것이 도덕적으로 **요구된**다는 것을 의미하는가? 여기서 말하려는 논지는 공리주의가 어떤 구별을 지워버리려는 듯이 보인다는 것이다. 일상적으로 우리는 'P가 D를 하는 것은 훌륭할 것이다', 'P가 D를 행하는 것은 멋질 것이다', 'P가 마땅히 D를 해야 한다', 'P는 D를 해야 할 의무가 있다', 'P는 D에 대한 의무를 지니고 있다', 그리고 'P는 반드시 D를 해야 한다'고 말하는 것 사이에 차이가 있다고 생각을 한다. 가령 우리는 '누군가가 무엇인가를 해야 할 의무를 진다'거나, '마땅히 그것을 해야 한다'고 말할 수는 없어도, '누군가가 무엇인가를 하는 것은 멋질 것'이라고 할 경우가 있을 수 있다고 생각한다. 가령 당신이 나에게 점심을 사주면 매우 멋질 것이다. 하지만 당신이 그렇게 해야 할 의무를 갖는 것은 아니며, 당신이 그렇게 해야 한다는 주장은 참이 아니다. 반면 만약 당신과 내가 정기적으로 서로에게 점심을 사준다면, 그리고 내가 오늘 돈이 없다면, 설령 당신이 그렇게 할 책임과 의무가 없다고 할지라도, 어쩌면 당신이 마땅히 내게 점심을 사주어야 할지도 모른다. 이상의 경우에서는 우리가 일상적으로 도덕적인 사유를 할 때의 구별이 이루어진다. 그런데 공리주의적 사고에서는 이와 같은 구별이 개입될 여지가 없는 것처럼 보인다. 그 이유는 공리주의자에게는 무엇이 공리를 극대화할 것인가가 유일한 문제이기 때문이다. 그에게는 공리를 극대화하는 것이 행해서 훌륭하고, 멋지고, 마땅히 해야만 하고, 해야 하고, 해야 할 의무를 지닌 것이어야 하는 듯이 보일 것이다. 이렇게 보았을 때 지금까지 공리주의가 수많은 철학자들에게 극단적으로 조야한 이론으로 파악된 것도 무리는 아니다.

우리는 일상적으로 해를 가하는 것과 돕지 않는 것을 도덕적으로 구별한다. 하지만 공리주의자들의 생각에 따르면 이러한 구별은 단순히 실천적인 경험 규칙이라는 의미를 갖는 것에 불과하다. 우리들은 이것 또한 이미 확인한 바 있다. 그런데 여기서 또다시 공리주의는 우리를 이상한 결론으로 이끌어 간다. 공리주의 도덕에서는 사람의 목숨을 구하지 못한 것이 사실상 사람을 죽이는 것과 별다른 차이가 없는 것처럼 보인다. 공리주의적 관점에서 본다면, 우리 모두가 노력을 했을 경우에 수많은 사람의 목숨을 구할 수 있었음에도 그러한 노력을 하지 않을 경우, 우리 모두는 살인자에 비해 나을 것이 없다. 공리주의자들은 수백 명의 죄수에게 가스를 살포

한 강제 수용소 사령관과 우리가 도덕적으로 전혀 다르지 않다고 가정해야 함이 분명하다.

이렇게 보았을 때, 공리주의는 우리의 일상적인 도덕적 사고의 복잡성을 적절히 담고 있지 못한 매우 추상적인 이론인 듯하다. 공리주의에 따르면 우리는 모두 대량 학살자이다. 우리는 항상 잘못 행동하고 있다. 우리는 결코 도덕적으로 행해야 할 것을 하고 있지 않은 것이다.

4. 일상적인 도덕적인 구분에 대한 공리주의적 설명

하지만 우리가 일상적으로 행하는 도덕적 구분 중의 상당수는 공리주의적 설명을 통해서도 구분이 가능하다. 이러한 구분은 공리주의적 관점에서 누군가를 칭찬하거나 비난하는 것이 적절한 때가 언제인지를 고찰함으로써 가능해진다. 가령 일상적으로 우리는 '어떤 사람이 행해야 할 것'과, '그가 행해야 할 것은 아니지만, 그가 행하는 것이 멋지거나 훌륭한 것'으로 구분한다. 아마도 공리주의자는 사람들이 해야 하는 행위 중에서 '행하였을 경우 칭찬을 받을 만한 행위'와 '행하였을 경우 칭찬을 받을 만한 것이 아닌 행위'가 다르다고 설명함으로써 방금 언급한 구분을 설명할 것이다. 이와 유사하게, 당신이 행해야 할 어떤 것(다른 것이 아니라)을 하지 않았을 경우 당신은 비난을 받아야 할 것이다. 일상적으로 공리주의자는 우리가 'P가 D를 행해야 한다'고 말하는 경우를 'P가 D를 하지 않을 경우 비난받아 마땅하다'와 동일하다고 말할 것이다. 다음으로 공리주의자들은 일상적으로 우리가 '설령 P가 어떤 의무를 갖지는 않는다고 하더라도, P가 D를 행하는 것은 멋진 것이다'라고 말하는 경우를 '만약 P가 D를 한다면 P는 어느 정도 칭찬을 듣게 될 것이다'라고 말할 것이다. 우리는 누군가가 이 책을 읽고 있음으로써 기아 구제 기관에서 일을 하지 못하여 수백 명의 생명을 구하지 못하는 경우와, 강제 수용소를 지휘하여 수용되어 있는 수백 명의 사람들을 죽음에 이르게 하는 것을 도덕적으로 구분한다. 그런데 공리주의자는 이와 같은 행동들이 받을 비난의 유형을 구분함으로써 양자의 차이를 발견해 낼 수 있을 것이다. 공리주의자는 두 가지 경우 모두 행위자가 행해서는 안 될 무엇인가를 행하고 있다고 말할 것이다. 그럼에도 공리주의자는 이 책을 읽고 있는 사람의 행동(기아 구제 사업을 하기보다는)보다는, 강제 수용소를 운영하는 사람의 행동을 비난하고자 하는 공리주의적 이유를 파악하고 있을 것이다.

공리주의는 도덕을 일종의 자비의 문제(a matter of benevolence)로 파악한다. 도덕적 동기란 이타적인 것이고, 타인에 대한 배려이다. 이상적인 상황에서는, 모든 사람들이 완벽하게 자비로울 것이다. 이 경우 사람들은 항상 타인들의 이익을 자기 자신의 이익 못지 않게 중요한 것으로 파악할 것이다. 하지만 현실 속에서 살아가는 사람들과 이와 같은 이상은 거리가 멀다. 그리고 그들이 영원히 그와 같은 이상에 도달하지 못할 수도 있다. 공리주의적 관점에서 보았을 때, 칭찬과 비난의 목적은 사람들이 현재보다 더 호혜적으로 행동하며, 현재보다 이기적이지 않게 행동하게 하는 것이다. 사람들은 칭찬을 받고 싶어하며 비난을 받고 싶어하지 않는다. 때문에 그들은 칭찬을 받고 비난을 받지 않도록 행동할 동기를 갖는다. 하지만 단순히 칭찬하고 비난하는 방법만이 동기를 부여하는 유일한 방법은 아니다. 즉 동기를 부여하는 다른 방법들이 있는 것이다. 만약 사람들이 상당히 쉽게, 별다른 어려움 없이 칭찬을 받고 비난을 받지 않도록 행동할 수 있다면, 그들은 그와 같이 행동하려는 동기를 갖게 될 것이다. 가령 예상되는 공리를 최대화하도록 행동할 때에만 칭찬을 하고, 그렇게 하지 않을 경우에는 항상 비난한다고 가정해 보자. 이때 우리의 칭찬과 비난은 비생산적일 것이다. 왜냐하면 그렇게 할 경우 칭찬을 받고 비난을 회피하기에 너무 많은 노력이 요구될 것이며, 그리하여 사람들이 그렇게 하려는 관심을 아예 잃게 될 것이기 때문이다. 일반적인 경우와 마찬가지로, 그들 또한 자비를 베푸는 것과 자기 이익 사이에서 어떤 타협점에 도달하게 될 것이다. 사람들은 한편으로는 이기적이며, 다른 한편으로는 어느 정도 자비롭다. 칭찬과 비난의 목적은 사람들을 더욱 자비롭고, 이기적이지 않게 행동하도록 고무하는 데에 있다. 우리는 평범한 사람들에게서 기대할 수 있는 것 이상의 자비로운 행동을 칭찬하고, 평범한 사람들에게서 기대할 수 있는 것 이상의 자비롭지 못하고, 이기적인 행동을 비난함으로써 사람들이 소기의 행동을 하도록 유도한다. 이러한 방식으로 우리는 사람들을 구슬려 도덕적인 목적의 행동을 하게 하고, 이기적인 목적으로부터 멀어지게 하려 한다. 하지만 이 모든 것은 칭찬과 비난의 기준을 지나치게 높게 두지 않아야 가능한 것이다. 그렇지 않을 경우, 사람들은 아예 우리의 칭찬과 비난을 무시해 버릴 것이다. 왜냐하면 그들에게는 칭찬 받고 비난을 받지 않는 것이 너무나도 어려울 것이기 때문이다.

5. 이상으로서의 공리주의

지금까지 필자는 공리주의를 '도덕적인 측면에서 보았을 때, 기대되는 공리를 최대화할 것이라면 무엇이든 행해야 한다'는 이론으로 나타내는 것이 가장 적절한 것처럼 말해 왔다. 하지만 우리는 공리주의에 대한 다른 용어 사용 방식을 생각해 볼 수 있을 것이다. 우리는 공리주의에 따라 '사람들이 마땅히 행해야 할 바'란 '행하지 않음으로써 그를 비난할 만한 공리주의적 이유가 있는 것'이라고 말할 수 있을 것이다. 또한 우리는 '어떤 사람이 칭찬받을 공리주의적 이유가 있는 것을 행하는 것은 멋진(혹은 좋은) 일일 것이다'와 같이 말할 수 있을 것이다. 이와 같이 정식화할 경우, 공리주의는 '행해서 멋진 것'과 '마땅히 해야만 하는 것'을 구분할 수 있게 된다.

이렇게 할 경우, 무엇을 해야 할 것인가에 대해 공리주의가 말하는 바는 처음 보았을 때보다 우리의 일상적인 생각에 가까워지게 된다. 필자가 방금 제시한 방식으로 재차 정식화할 경우, 우리는 공리주의가 '의사가 5명의 환자를 구하기 위해 1명의 환자를 죽여서 장기를 나누어주어야 한다'는 주장을 옹호하고 있다고 분명하게 말할 수 없다. 왜냐하면 그 의사가 그렇게 행동하지 않았다고 비난하는 것은 생산적이지 못할 것이 거의 분명하기 때문이다. 마찬가지로 공리주의가 '기아 구제를 위해 일하지 않고 이 책을 읽고 있는 것이 잘못이다'라고 말하는 것도 아니다. 공리주의의 입장에서 보았을 때, 당신은 대부분의 사람들이 행동하는 만큼 행동하고 있으며, 당신의 행동을 비난함으로써 얻을 것은 별로 없다. 이렇게 보았을 때, 기아 구제를 하지 않는 사람들을 비난하기보다는, 차라리 기아 구제를 하려는 사람들을 칭찬하는 편이 나을 것이다.

이상에서 살펴본 바와 같이, 공리주의는 우리의 숙고된 도덕적 견해와 명백하게 대립되는 이론이 아니다. 하지만 설령 이것이 사실이라 할지라도, 공리주의는 여전히 우리의 도덕이 갖는 한 가지 중요한 측면을 적절하게 설명하지 못한다. 가령 공리주의는 도덕적 이유가 전적으로 일반 복리에 대한 관심으로부터 도출되는 이론이라고 정식화될 수 있을 것이다. 하지만 공리주의가 옹호되는 방식을 살펴보면, 우리들이 가질 수 있는 도덕적 이유가 일반 복리에 대한 관심 이외의 다른 관심으로부터 도출될 수도 있다는 것이 명백하다. 가령 공리주의는 무인도에서의 약속에 대한 직관적인 느낌을 설명할 때, 우리 모두가 약속을 지키는 것에 본래적으로 관심을 갖도록 양육되어 왔음에 주목한다. 그런데 우리는 일반 복리에 대한 고찰과는 무관하게 단순히 본래적인 관심을 통해 약속을 지키려는 이유를 가질 수 있다. 그럼에도 그와 같은 이유는 도덕적 이유임에 분명하다. 다시 말해 이는 일반 복리에 대한 관심에서 유래되지 않은 도덕적 이유인 것이다.

공리주의적 관점에서 보았을 때, 약속을 지키려는 우리의 태도는 불합리한 것이 아니다. 왜냐하면 이는 일반 복리를 증진하기 때문이다. 따라서 공리주의자는 약속을 지키는 것에 대한 관심(일반 복리에 대한 관심에서 비롯되지 않은 도덕적 이유를 제공하고 있는)을 포기해야 한다고 말할 수 없다. 나아가 '우리의 관심에 대한 공리주의적 정당화가 존재한다'는 사실이 '그러한 관심 자체가 일반 복리에 대한 관심'이라는 것을 뜻하는 것도 아니다. 이는 자기 이익을 통하여 일반 복리에 대한 관심을 정당화할 수 있다고 해서 그러한 관심이 사실상 이기적 관심임을 의미하는 것이 아닌 것과 다를 바 없다.

우리는 약속과 결부된 관습적 규약을 수용하는 방식으로 다른 수많은 도덕적 규약들 또한 받아들인다. 우리는 그러한 규약에 따라 행동하려는 본래적인 관심을 가지고 있다. 그와 같은 관심이 발달하게 된 원래적인 충동은 아마도 자기 이익일 것이다. 그와 같은 관심을 발달시키는 것은 우리에게 이익이 되었고, 그러한 관심을 발달시키게 되었다고 널리 알려지는 것 또한 우리의 이익에 도움이 되었다. 그런데 일반 복리란 단순히 모든 사람의 이익의 합계이다. 그리하여 우리는 그와 같은 관심을 지속적으로 가져야 할 공리주의적 이유가 있다고도 말할 수 있다. 하지만 반복해서 말하지만, 이것이 곧 우리의 도덕적 관심이 자기 이익적이라는 것을 의미하지 않으며, 나아가 그러한 관심이 일반 복리에 대한 관심이라는 것을 의미하는 것도 아니다.

도덕적 이유는 타인에 대한 관심뿐만 아니라, 그들에 대한 존경으로부터 도출되기도 한다. 이것이 의미하는 바는 과연 무엇인가? 칸트는 이것이 — 우리와 그들이 동의한 — 법칙에 대한 존경을 의미한다고 말하였다. 그런데 우리는 이를 우리 사회의 도덕적 규약에 대한 존경이라고도 말할 수 있을 것이다. 그와 같은 규약은 우리의 존경에 대한 개념을 규정한다. 가령 우리는 인육을 먹지 않는다. 그렇게 한다는 것은 우리 사회에서 먹혀진 사람 및 사람 일반을 존경하지 않는다는 것을 의미한다. 다른 모든 조건이 동동할 때, 우리는 '사람을 고의적으로 해치는 것'이 '그를 존경하지 않음을 보여주는 것'(사람을 돕지 않는 것은 그렇게 여겨지지 않음에 반해)이라 생각한다. 실제로 우리 사회에서 사람들을 도우려는 노력은 흔히 관련된 사람에 대한 존경심이 결핍된 것으로 해석되기도 한다. 가령 우리 사회에서는 복지 사업에 호소하기에 '너무 자존심이 강한' 사람들이 많다. 물론 우리와는 달리 '도덕적으로 해를 입히는 것'과 '다른 사람을 돕지 않는 것'을 구분하지 않는 더욱 평등주의적인 사회에서는 사태가 달라질 수도 있을 것이다. 그와 같은 사회에서는 누군가를 돕지 않는 것이 다른 사람에게 해를 입히는 것과 동일한 경멸의 징표가 될 것이다.

타인에 대한 존경에는 그들에 대하여 어떠한 관심을 갖는다는 의미가 포함된다. 이에 따라 공리주의의 방향으로 향하는 경향이 나타나게 된다. 한편 우리는 자기 이익에 이끌려서 존경 및 관심의 규약을 채택하게 된다. 이윽고 타인들에 대한 관심으로 인해 우리는 관습적 규약들을 개선하려는 이유를 갖게 될 것이고, 그리하여 일반 복리가 증진될 것이다. 이와 같은 방식으로 우리는 공리주의가 권하는 방식으로 이기성이 자비에 길을 양보하면서 도덕적인 진보를 이루게 된다. 그럼에도 우리는 여전히 자기 이익에 계속 얽매인다. 이로 인해 도덕은 제약을 받게 되며, 일방적인 자선 및 이타성의 방향으로 나아가는 데 제동이 걸리게 되는 것이다.

더 읽을거리

공리주의에 대한 고전적인 설명을 살펴보려면, Jeremy Bentham의 *Introduction to the Principles of Morals and Legislation*, 그리고 John Stewart Mill의 *Utilitarianism*을 볼 것. 좀더 최근의 공리주의 옹호 논변을 보려면, J. J. Smart의 "Extreme and Restricted Utilitarianism," in *Philosophical Quarterly*, Vol. 6(1956), 그리고 J. J. Smart와 Bernard Williams의 *Utilitarianism: For and Against*(Cambridge: Cambridge University Press)에 기고한 Smart의 글을 볼 것.

부 록

역자 해제
요약문과 핵심어
인명 색인

역자 해제

1. 개 관

윤리적 상대주의는 동서고금을 통해 줄곧 그 명맥을 유지해 왔다. 하지만 그 이론이 가지고 있는 내부적 결함으로 인해 윤리적 상대주의는 지금까지 계속된 비판을 받아왔다. 그런데 최근 들어 영미 윤리학계에서는 다시금 윤리적 상대주의가 고개를 쳐들기 시작했는데, 그 대표자 중 한 사람이 길버트 하만(Gilbert Harman)이다. 그는 윤리적 상대주의가 받을 수밖에 없는 비판들에 대체로 잘 대처하고 있으며, 과거와는 다른 매우 성합적이고 세련된 형태의 윤리적 상대주의를 전개하고 있다.

그의 윤리적 상대주의는 도덕의 본성에 관한 이론이라는 점에서 메타 윤리적 상대주의로 분류될 수 있을 것이나. 메타 윤리적 상내주의는 개념 분석보다는 도덕의 정당화 문제와 주로 관련되어 있는데, 이는 분석 윤리 자체의 성격 변화와 무관하지 않다. 다시 말해 종전의 분석윤리가 개념 분석에 집착하고 있었음에 반해, 최근의 메타 윤리는 도덕 판단의 진위는 가려질 수 있는가, 도덕이 객관성을 띨 수 있다면 어떠한 의미에서 객관적인가 등의 정당화 문제와 주로 관련되어 있으며, 하만의 상대주의 또한 개념 분석보다는 정당화 문제에 그 중점을 두고 있다는 것이다.

하만의 윤리적 상대주의는 크게 관습적 규약주의, 계약주의, 내재주의 그리고 도덕적 사실(moral fact) 비판으로 구성되어 있다. 하만은 우선 문화 인류학적 성과를 수용하여 관습적 규약주의(conventionalism)의 입장을 취한다. 가령 인류학자인 베네딕트(Ruth Benedict)는 도덕을 상이한 문화적·사회적·역사적 환경에 따라 달리 나타나는 규칙으로 파악하는데,1) 하만은 이러한 점을 자신의 상대주의 이론에 활용한다. 그에 따르면 도덕 판단은 자신이 속해 있는 집단이나 사회의 규약에 따라 내려지게 되며, 도덕 판단의 대상은 오직 그 집단이나 사회의 도덕 규칙에 따르고자 하는 사람들에게만 국한된다는 것이다.

다음으로 그의 이론은 도덕이 집단을 구성하는 구성원들끼리 맺는 협약에서 비롯된다고 주장한다는 점에서 계약주의적이다. 이는 홉스(Thomas Hobbes)의 사회계약설과 유사한데, 하만의 이론에서 특이한 점은 계약을 맺게 되는 근거가 암묵적 흥정(implicit bargain)에 있다는 것이다. 하만은 사람들이 암묵적 흥정을 통하여 서

---

1) Ruth Benedict, "A Defense of Ethical Relativism," in *Ethical Theory*, ed. Louis Pojman(Belmont, Calif.: Wadsworth, 1988), pp.20-24.

로가 이익을 얻게 되며, 이는 남에게 손해를 주는 행동이나 태도 등이 남에게 이익을 주지 않는 경우보다 훨씬 큰 비난을 받게 되는 점을 잘 설명해 준다고 말한다. 한편 하만은 도덕 판단이 오직 계약을 맺는 자에게만 적용되며, 이러한 계약을 받아들이지 않는 자들에겐 도덕 판단을 적용할 수 없다고 주장한다. 다시 말해 행위자가 계약을 받아들여 행위를 하기 위한 동기 부여적인 이유(motivating reasons)를 갖지 않는 이상, 그를 도덕적으로 판단할 수 없다는 것이다. 이러한 설명은 도덕 심리학과 관련되는 것인데, 하만과 같이 도덕과 동기 부여(motivation)가 내적인, 또는 필연적인 관계를 가지고 있다는 견해를 내재주의(internalism)라고 흔히 부른다.

항상 그런 것은 아니지만 내재주의는 일반적으로 도덕 실재론을 거부하는 설명으로 사용된다. 도덕 실재론에 반대하는 사람들은 만약 도덕 판단이 사실에 대한 언명이라고 한다면 이는 도덕이 갖는 실천적 성격을 제대로 나타내지 못할 것이며, 이러한 성격을 잘 드러나게 하기 위해선 인간이 가지고 있는 감정적인 측면이 부각되어야 한다고 주장한다. 하만은 이와 같은 맥락에서 내재주의를 옹호한다.

이상에서와 같이 하만의 이론은 관례주의, 계약주의, 내재주의가 결합되어 상대주의 이론을 구성하고 있는데, 여기에서 또 한 가지 빠뜨릴 수 없는 것은 그의 도덕 실재론(moral realism) 비판이다. 도덕 실재론은 간단히 말해 도덕적 사실(moral fact)이나 진리가 있으며, 이러한 사실이나 진리가 증거에 독립하여 존재한다고 주장하는 도덕 형이상학 이론이다. 도덕 실재론자들은 도덕적 사실이나 진리가 존재한다는 근거를 마련하기 위하여 과학철학, 심리철학 등

현대 철학의 각종 성과들을 이용하는데, 이와 같은 입장은 오늘날의 영미 윤리학계에서 상당히 큰 영향력을 발휘하고 있다. 그런데 하만은 도덕 원칙들을 과학 원칙과 같은 방식으로 확증할 수 없다는 이유로 도덕적 사실에 대해 회의적인 입장을 취한다. 그는 자연과학에서는 사건의 관찰이 과학 이론에 대한 증거 역할을 하고 있음에 비해, 도덕에서는 도덕적 사실의 관찰이 도덕 이론에 대한 증거 역할을 하고 있지 않은 것처럼 보이며, 따라서 도덕적 사실의 존재 여부를 확실하게 말할 수 없다고 주장한다. 하만의 이러한 설명은 도덕 실재론에 대한 강력한 비판으로 알려져 있으며, 그의 입장은 도덕적 사실의 존재 여부를 알 수 없다고 말하고 있다는 점에서 도덕적 회의주의로 분류되기도 한다.

도덕적 실재론과 상대주의의 논쟁은 그 자체 분석 윤리의 발전 과정 속에서 결과된 것이다. 한 가지 예를 든다면 도덕적 실재론자들이 상정하는 '도덕적 사실'은 무어(G. E. Moore)의 직각주의 (Intuitionism) 이론이 수정, 발전된 것이라고도 볼 수 있다. 무어는 도덕적 언명의 진위를 가릴 수 있다고 생각했고, 비록 '도덕적 사실'이라는 용어를 사용하진 않았지만 도덕적 사실이 존재함을 인정하였다. 그럼에도 그의 직각주의는 비자연적 대상에 대한 인식에 있어서의 문제점 때문에 거부되었는데, 오늘날의 도덕 실재론자들은 무어의 이론이 갖는 신비적 속성을 제거하고, 다른 한편으로는 이론의 정교화를 통해 도덕적 사실이 존재한다는 점을 적극적으로 옹호하려 한다.

도덕의 객관성이나 도덕적 사실이 존재한다는 사실을 밝히는 것은 윤리학자들에 있어선 매우 중요한 문제이다. 가령 스테이스(W. T. Stace)는 도덕이 상대적이라는 것은 곧 도덕에서의 패배주의를 의미한다고까지 말하고 있다.[2] 도덕적 사실이 존재한다고 말할 수 있거나 도덕이 객관적 근거를 갖는다고 할 수 있다면 도덕의 토대를 확보하고 사람들에게 윤리적 삶의 중요성을 강조할 수 있을 것이다. 반대로 그러한 사실이 존재한다는 점이 밝혀질 수 없거나 도덕의 객관성이 의문시된다면, 사람들이 어떤 삶을 살건 그것을 용인할 수밖에 없게 될 우려가 있으며, 이에 수반된 여러 문제점들에 대해서도 별다른 제재나 비판을 가할 구실이 없게 될 수가 있다. 바로 이러한 문제 의식 속에서 역사를 통틀어 대부분의 윤리학자들은 도덕의 타당성이나 객관성을 보이기 위해 많은 노력을 기울여 왔고, 이는 주로 상대주의나 비도덕주의 또는 회의주의에 대한 비판으로 나타났다. 하지만 도덕 원칙의 객관성을 주장하는 자들은 주로 비판적인 입장에만 섰지 나름의 이론을 명확하게 구축하지는 못하였는데, 이러한 점은 윤리적 상대주의나 주관주의 이론이 자라날 수 있는 온상이 되었던 것이다.

2. 하만의 윤리적 상대주의의 성립 배경

메타 윤리는 지난 1세기 동안 많은 변천을 겪어 왔다. 이 시기를 통틀어서 우선 눈에 띄는 특징으로는 메타 윤리학자들이 사실과 가치(value/fact)의 문제 해결에 고심했다는 점이다. 흄(David Hume)이 처음 사실과 가치의 관계 문제를 제기한 이래, 지금껏 이는 많

---

2) Walter Terence Stace, "Ethical Relativity," in *Problems of Moral Philosophy*, ed. P. Taylor(Encino, Cal.: Dickenson Pub., 1972), p.64.

은 철학자들의 관심의 대상이 되어 왔으며, 여전히 논란의 대상이 되고 있다. 많은 사람들은 사실과 가치가 과연 다른 것인지, 또 사실로부터 가치를 추론해 낼 수 있는지, 그리고 가치 언명들이 사실 언명들과 마찬가지로 참, 거짓으로 분류할 수 있는 성질의 것인지, 가치에 관한 지식이 성립할 수 있는지에 대해 관심을 가졌으며,3) 1970년내 이후에는 인식론, 의미론 등의 발전에 힘입어 도덕 또한 지식의 대상이 될 수 있다는 주장이 강력히 제기되고 있다.4) 이하에서는 메타 윤리의 전개 과정에서 상당한 영향력을 행사한 대표적인 윤리학자와 그 이론을 간략히 소개하고, 각각의 이론이 상호간의 비판과 극복 과정을 통해 도덕적 실재론과 도덕적 상대주의의 논쟁을 탄생시키게 되기까지의 추이를 간략하게 살펴보도록 한다.

1) 무어의 직각주의

1900년대 들어서서 무어(G. E. Moore)는『윤리학 원리』(*Principia Ethica*)를 발간한다. 여기서 그는 윤리적 명제의 의미 규명과 사실과 가치의 관계 등의 문제를 본격적으로 다루었는데, 이는 20세기 영미 윤리학계에 커다란 반향을 불러일으켰다. 즉 무어의『윤리학 원리』는 메타 윤리학으로 불리는 새로운 연구 분야의 선구가 되었던 것이다.

포즈만(Louis Pojman)은 무어가 크게 네 가지를 주요 논의 대상으로 삼았다고 말한다.5)

---

3) Louis Pojman, *Ethical Theory*(Belmont, Calif.: Wadsworth, 1988), p.351.
4) Robert L. Arrington, *Rationalism, Realism, and Relativism*(Cornell Univ. Press, 1989), p.1. (이하 *RRR*로 약칭함)

(ㄱ) 인간적 테제(Human Thesis) : 'ought' 언명은 'is' 언명으로부터 도출될 수 없다.

(ㄴ) 플라톤적 테제(Platonic Thesis) : 도덕적 언명을 포함한 기본적 가치 언명들은 비자연적 속성을 언급하고 있다.

(ㄷ) 인식적 테제(Cognitive Thesis) : 도덕적 언명은 참이거나 혹은 거짓일 수 있다. 이러한 언명들은 실재에 대한 객관적이면서 추정적인(putative) 언명이며, 우리는 이를 파악할 수 있다.

(ㄹ) 직관에 관한 테제(Intuition Thesis) : 도덕적 진리는 직관에 의해 발견되며, 그러한 진리는 자명한 것이다.

무어는 철학자들이 용어를 정확히 정의하여 사용하지 않는다면 철학이 엄밀한 의미의 학문으로서의 자격을 지닐 수 없을 것이라 말한다. 그는 이러한 입장을 윤리학에도 그대로 적용한다. 무어는 윤리학에서의 주요 과제가 '좋은'(good)을 어떻게 정의하느냐에 있다고 주장하면서 '좋은'을 정의하기 위해 미결 문제 논증(open-question argument)을 사용하는데, 그는 이를 통하여 결국 '좋은'을 사태에 대한 자연적 혹은 형이상학적 속성과 동일하게 파악할 수 없다는 결론에 도달한다. 다시 말해 '좋은'이란 단순 관념이고, '선'은 '선'으로밖에 정의할 수 없으며, 이를 달리 정의해 보려는 어떠한 노력도 결국에는 자연주의적 오류(naturalistic fallacy)에 빠지게 될 것이라고 무어는 생각한 것이다. 한편 무어는 단순관념인 '좋은'이 우리의 도덕적 감각에 의해 즉각적으로 발견된다고 생각했다.6)

이상에서의 무어의 네 가지 테제는 다양한 측면에서 비판을 받

---

5) Pojman, op. cit, p.355.

6) G. E. Moore, "Non-Naturalism and the Indefinability of the Good," in *Ethical Theory*, pp.358-364.

있다. 많은 철학자들은 그의 직각주의가 매우 신비스러운 개념이라 생각했으며, '좋은'의 비자연적인 속성이 도대체 무엇을 나타내는지 의아스럽게 생각했다. 반면 무어가 사용한 미결 문제 논증은 대체로 받아들여졌는데, 이에 따라 '좋은', '옳은' 등과 같은 도덕적 용어들은 아무런 자연적 속성도 나타내지 못하는 것이라 여겨지게 되었다. 결국 '자연주의'가 미결 문제 논증에 의해 무너지고, 도덕은 고유의 영역을 유지하게 되었던 것이다. 이에 따라 대상이나 사람 또는 모든 행동 등의 평가에 쓰이는 도덕 판단들은 기술적 (descriptive) 판단이 아니며, 따라서 참·거짓으로 판단될 수 없는 것으로 파악되기에 이르렀다. 20세기를 통틀어 영미 철학계에서는 지식이 지식으로 성립하기 위해 궁극적으로 호소해야 할 곳은 감각적·과학적 관찰이라는 생각들이 널리 받아들여졌는데, 미결 문제 논증에 의해 자연주의가 물러날 수밖에 없는 상황이고, 도덕이 비자연적 속성을 지니며, 따라서 관찰되지 않는 것이라면 도덕은 지식으로 성립할 수 없다고 생각되어야만 했다.[7]

2) 이모티비즘(Emotivism)

1930년대에서 1960년대에 이르기까지 직각주의는 이모티비스트들로부터 심각한 도전을 받게 된다.[8] 그들은 대체적으로 무어의 사실/가치의 테제에 관해서는 뜻을 같이하지만 앞에서 언급한 인식에 관한 테제와 직관에 관한 테제에 불만을 품고 비실재적·비인식론

---

7) *RRR*, p.9.

8) David O. Brink, *Moral Realism and the Foundations of Ethics*(Cambridge Univ. Press, 1989), p.3. (이하 *MRFE*로 약칭)

적 입장에 섰다. 그들은 평가적 언명이 비자연적 세계에 대해 언급하는 듯이 보이는 것은 사실이나, 과연 비자연적인 세계가 실재하는지는 알 수가 없으며, 설령 그러한 세계가 존재한다고 하더라도 평가적 언명이 그러한 세계를 제대로 나타내고 있는지에 대해서 파악할 수 있는 방법이 없다고 주장한다.9) 이처럼 이모티비스트들은 사실/가치 문제 외의 다른 부분들에 대해선 무어와 뜻을 달리하고 있는 것이다.

이모티비스트들은 도덕이 사실의 문제이기보다는 감정의 문제라고 생각한 흄의 정신을 그대로 이어받고 있다. 가령 에이어(A. J. Ayer)는 논리 실증주의자들의 검증 원리를 도입하여 윤리적 언명의 의미성을 가늠해 보려고 하는데, 그는 윤리적 언명이 분석적이거나 경험적으로 증명 가능한 과학적 언명이 아니라는 이유로 의미가 없는 언명들이라고 결론을 내린다. 그에 따르면 윤리적 언명은 행위자나 판단자의 감정을 나타내는 데에 지나지 않으며, 따라서 참, 거짓으로 판별할 수 없다. 이와 같은 생각은 스티븐슨(C. L. Stevenson)에 와서도 바뀌지 않았다. 물론 그의 이론이 흄에서 비롯된 일종의 윤리학적 주관주의가 과거에 비해 세련된 이론으로 발전된 것은 사실이지만 그에게서도 도덕이 감정의 문제라는 기본적인 입장은 일관되게 나타나고 있다. 이와 같이 이모티비스트들은 모두 도덕적 사실이나 참된 도덕적 언명이 존재할 수 없다고 생각하며, 이에 따라 도덕적 언명이 참이나 거짓으로 구분될 수 없다고 말한다. 그들은 도덕적 지식의 성립 가능성을 부정하고 있었던 것이다.

---

9) Louis Pojman, *Ethical Theory*, p.355.

3) 이모티비즘 이후 1970년대 초까지의 메타 윤리

이모티비즘은 윤리적 판단을 나타내는 문장이 아무런 인식적 내용도 담지 못한다는 일종의 비인지주의(non-cognitivism)[10]이다. 그런데 오직 이모티비즘만이 비인지주의 이론은 아니다. 헤어(R. M. Hare)는 한편으로는 무어의 자연주의적 오류에 관한 논의를 그대로 수용하고, 다른 한편으로는 사실/가치 판단의 엄격한 분리를 주장하는 이모티비즘의 입장을 받아들이면서 새로운 형태의 비인지주의 이론을 제시하는데, 이것이 그의 '규정주의'(prescriptivism) 이다. 헤어는 도덕 판단을 참·거짓으로 나눌 수 없다는 데에는 이모티비스트들과 뜻을 같이 한다. 하지만 그는 여기에 덧붙여서 도덕 판단이 단지 시인이나 부인이라는 감정만을 나타내는 것이 아니라, 보편화할 수 있는 가능성(universalizability)과 규정적인 (prescriptive) 요소를 공유하고 있다는 점을 강조하며, 이를 통해 종래의 이모티비즘이 갖는 약점을 극복하고자 한다. 그러나 헤어 또한 이모티비스트들과 마찬가지로 도덕 판단이 사실을 말하는 것임은 부정했는데, 그는 도덕 판단이 간혹 정당한 이유를 통해 보증되는 경우도 있긴 하지만, 그럼에도 그것이 사실을 말하는 것으로는 생각하지 않았던 것이다.

헤어의 규정주의에 이르러 비인지주의는 그 정점에 이른다. 이와 더불어 이에 대한 비판과 자연주의로 회귀하려는 경향이 그 모습을 나타내기 시작한다. 흔히 기술주의자(descriptivist) 또는 신-자연

---

10) 비인지주의에서는 윤리적 언어나 판단이 단순히 발언자의 주관적 감정을 표현하거나 혹은 청취자의 마음 속에 어떤 감정을 환기하는 데에 불과하며, 어떤 객관적 사실을 나타내는 것이 아닌 것으로 파악한다.

주의자(neo-naturalist)로 분류되는 필리파 푸트(Philippa Foot)는 비인지주의자들이 '좋은'의 기술적 의미와 평가적 의미를 바람직하지 못한 방법으로 나누었다고 비판하고, 이전까지 나누어져 있던 사실과 가치의 간극을 줄이고자 한다. 물론 그녀가 모든 가치 언명들이 사실적 언명에 의해 정의될 수 있다고는 생각한 것은 아니다. 하지만 가령 위험, 용기, 부상, 정의 등의 단어는 사실과 가치가 완전히 분리되지 않으며 이와 같은 기술적(descriptive) 단어에는 가치적인 측면이 논리적으로 함축되어 있다고 그녀는 생각한다. 다시 말해 그러한 단어에는 가치 언어가 가지고 있는 행위 수행적인 의미 또한 포함되어 있다는 것이다.

그런데 앞에서 간략하게 살펴보았던 윤리학자들이 관심을 가지고 있던 부분은 주로 윤리적 언명의 분석이었다. 대체로 1960년대까지의 영미 철학 내의 윤리학은 거의 윤리적 언명 분석 일색이었다. 규범 윤리는 비언어적 분야였고, 이에 따라 철학적 관심의 대상이 되지 못하였다. 또한 일부 주도적인 철학자들의 관심이 주로 도덕 언어 분석에 있었으며, 이에 따라 윤리학적 탐구의 대상도 여기에 제한되는 결과가 나타났다. 그들은 도덕적 언명의 의미와 특징, 그리고 도덕적 언명이 갖는 논리적 지위를 정확히 파악하지 못한다면 도덕적 믿음이 정당화될 수 없으리라 생각했으며, 이는 1960년대까지의 윤리학이 주로 언어 분석에 초점을 맞추게 된 원인이 되었다. 그들은 도덕에 관한 형이상학적 또는 존재론적 구명이 도덕적 인식론에 선행해야 한다고 생각했으며, 그러기 위해서는 도덕적 언명의 적절한 분석이 일차적으로 이루어져야 도덕을 정당화할 수 있다고 생각하였던 것이다.11)

1960년내에 들어서서 이러한 성향은 급격히 퇴색해 간다. 무엇보다도 많은 윤리학자들은 언어적·개념적 분석과 이를 통한 도덕적 언명들의 의미와 도덕 판단이 갖는 의미를 과연 정확하게 파악할 수 있는가에 대해 의심을 품게 되었다. 한편 언어 철학이 가정하고 있던 많은 전제들이 수정되고 비판받기에 이르렀는데, 철학자들은 이에 따라 철학이 언어 분석에만 제한될 필요가 없으며, 윤리학적 탐구 또한 메타 윤리에 한정시킬 필요가 없다는 생각을 하게 되었다.

이외에도 메타 윤리학자들은 지나치게 도덕적 언명이 갖는 의미 탐구에 힘을 쏟은 나머지 정작 필요한 현실 속에서 일반인들이 필요로 하는 문제 해결엔 아무 것도 제공해 주는 바가 없다는 비판을 받게 되었다. 그러던 중 미국에서는 실제적 상황에 대한 윤리적 판단을 요구하는 다양하고 복잡한 문제들이 일어났으며 이와 관련되어 응용윤리, 실천윤리라는 분야가 서서히 부각된다. 그럼에도 규범 윤리에 어떤 근본적으로 새로운 시각이 도입되었던 것은 아니었다. 물론 존 롤즈(John Rawls)의 『정의론』(A Theory of Justice)과 같은 비범한 저술이 없었던 것은 아니지만, 철학자들은 대체로 보았을 때 사회적 요구에 부응한 획기적인 새로운 규범 이론을 제시하기보다는 기껏해야 기존의 공리주의 이론이나 칸트의 의무론을 약간 수정하여 현실적인 문제에 적용하는 데에 그쳤던 것이다.12)

---

11) David Copp, & David Zimmerman, *Morality, Reason and Truth* (Totowa, N.J.: Rowman & Littlefield, 1984), pp.3-4.
12) *RRR*, pp.5-6.

4) 1970년대 이후의 메타 윤리

1970년대에 들어서는 다시 메타 윤리적 문제들이 윤리학자들의 관심사로 등장한다. 이 시기에 와서는 푸트 등에 의해 비판적인 음미를 받기 시작한 비인지주의자들의 주장이 무너지기 시작하는데, 오늘날의 도덕적 인식주의자들은 과거의 비인식주의자들과는 달리 도덕적 언명들의 참·거짓을 판별할 수 있다고 생각하며, 따라서 도덕적 지식이 성립할 수 있다고 생각한다. 그들은 과거와는 달리 개념 분석보다는 도덕적 정당화의 문제에 관심을 가지면서 종래의 메타 윤리적 쟁점을 극복하는 데 많은 노력을 기울인다.13) 이러한 경향이 나타난 데에는 아마도 언어철학, 과학철학, 심리철학, 인식론 등에서 나타난 새로운 이론들이 영향력을 발휘하였을 것이며, 하만이 이 책 서문에서 밝히고 있듯이, 응용 윤리가 지나치게 현실적인 문제에 집착하다 보니 오히려 순수하게 철학적인 문제에 관심을 상대적으로 적게 갖는 데 대한 불만이 표출된 것이기도 할 것이다.

5) 도덕 실재론(Moral Realism)

윤리학자들은 과학철학 및 인식론의 발달, 다원적 지식론 등의 영향에 따라 메타 윤리의 영역에서 새로운 이론적 근거를 확보하게 되었고, 비인지주의보다는 인지주의에, 도덕적 명제의 분석보다는 그 정당화에 관심을 갖게 되었으며 도덕적 지식이 가능할 수 있

---

13) 같은 책, p.6.

음을 믿는 경향이 차츰 나타나게 되었다. 이와 같은 경향에 따라 심지어 도덕적 회의주의자들마저도 도덕 판단에 새로운 해석을 부여하게 되었으며, 상대주의자들 또한 도덕 판단이 상대적이긴 하지만 참일 수 있음을 인정하게 되었다. 하지만 이들은 도덕 판단이 인식 가능함을 본격적으로 주장했기보다는 인식 가능함을 적극 주장하는 학자들에 대한 반동 또는 비판적인 입장에서 자신들의 이론을 내세웠다고 봐야 할 것이다. 이들과는 대조적으로 현대 분석 철학의 성과를 수용하여 새로이 본격적으로 윤리적 인지주의를 내세운 자들이 있는데, 윤리학에서는 흔히 그들을 도덕 실재론자(moral realist)라 부른다.

도덕 실재론이란 도덕이나 도덕적 언명의 특징 또는 지위에 관한 형이상학 이론이다. 이는 도덕적 사실이나 참된 도덕적 언명이 있음을 함축하는데, 도덕 실재론자들은 이와 같은 사실이나 언명들이 우리의 인식능력에 독립해서 존재한다고 생각한다. 자연주의적 도덕 실재론자인 데이비드 브링크(David Brink)는 도덕 실재론을 다음과 같이 정식화한다.[14]

(ㄱ) 도덕적 사실이나 진리가 존재한다.
(ㄴ) 도덕적 사실이나 진리는 이에 대한 증거에 독립하여 존재한다.

도덕 실재론은 도덕이 개인이나 집단의 도덕적 신념에서 유래된다고 하는 도덕적 상대주의나 이모티비즘과는 분명 다르다. 즉 형이상학적 실재론자가 우리의 감각이나 이론화 과정과 별개로 존재하는 외부 세계를 상정하고 있는 것과 마찬가지로, 도덕 실재론자

---

14) *MRFE*, p.17.

들은 도덕에서도 우리의 인식능력과 별개로 존재하는 도덕적 사실이 독립적인 지위를 갖는다고 주장하고 있는 것이다. 도덕 실재론자들의 주장은 무어의 직각주의를 다시 부활시킨 것이라고도 볼수 있는데, 무어의 이론이 신비스러운 능력이나 대상을 요구하게된다는 측면에서 비판을 받은 반면, 도덕 실재론자들은 그와 같은비판을 이론의 정교화를 통하여 벗어나고 있다. 이들은 세부적인설명에 있어서는 각기 입장을 달리하고 있지만 도덕적 사실(moral fact)이 존재한다는 것에서만큼은 동일한 입장을 견지하고 있다.

당연하게도 반실재론자(anti-realist)들의 입장은 이와 같은 도덕실재론과 정면으로 대치된다. 예를 들어 존 맥키(John Mackie)와같은 윤리적 회의론자들은 '도덕적 사실'이 의심스러운(queer) 것이라는 입장에서 그 존재를 부인하고 있으며, 하만은 이를 전적으로부인하고 있진 않지만 그것이 이론의 확증에 별다른 역할을 하지못한다는 점에서 회의적인 입장을 취하고 있다. 물론 이들의 주장에대한 도덕 실재론자들의 반박 또한 만만치 않은데, 바로 그와 같은도덕 실재론과 반실재론의 비판과 반비판의 과정이 오늘날의 메타윤리적 논쟁의 핵심을 이루고 있다고 해도 과언이 아닐 것이다.

3. 하만의 윤리적 상대주의

하만이 이 책에서 옹호하고 있는 윤리적 상대주의는 최근의 상대주의 논의 중 가장 널리 알려진 것 중의 하나이다. 하만은 종전의 상대주의 이론이 가지고 있는 약점을 보완하여 매우 영향력 있는 이론을 전개하는데, 앞에서도 간략하게 지적한 바와 같이, 그의 상대주의는 계약적(contractual)·규약적(conventionalistic)·내재주의적(internalistic) 성격을 지닌다. 먼저 그의 상대주의는 도덕이 서로의 이해 타산을 위해 사람들끼리 계약을 맺는 데에서 비롯하였다고 주장하고 있다는 점에서 계약적인 성격을 나타내고, 도덕 판단이 자신이 속해있는 집단이나 사회의 규약에 따라 이루어진다고 주장하는 점에서 규약적 성격을 띠며, 도덕과 동기간의 연결을 강조하였다는 점에서 내재주의적(internalistic)인 특성을 갖는다. 이와는 별도로 도덕적 사실에 관해서는 그것이 이론을 설명하거나 확증하는 데에 적절한 영향력을 발휘할 수 없다는 측면에서 비판을 가하고 있다.

1) 하만의 도덕 실재론 비판

도덕적 사실은 비도덕적 사실과 어떤 방식으로 연결되어 있는가에 관한 비판 외에도, 그것이 이론을 확증하는 데에 적절치 못하다는 입장에서도 비판을 받는다. 하만은 후자의 입장에서 도덕 실재론을 비판하고 있으며, 그의 비판은 상당히 설득력 있는 것으로 평가받고 있다.

하만은 도덕과 과학 모두에서 순수한 관찰이 존재할 수 없다는 점을 인정한다. 두 분야 모두에서 관찰은 이론 의존적이며 우리가 관찰하는 바는 우리가 소유하고 있는 이론에 의식적이건 무의식적이건 어느 정도 의존하고 있다. 그런데 하만에 따르면 이와 같은 유사성에도 불구하고 과학과 도덕 사이에는 중요한 차이, 즉 과학 이론이 관찰을 통해 이론을 확증하는 데에 반해, 윤리 이론은 관찰이 이론의 확증에 별다른 영향을 주지 않는다는 차이가 있다. 풀어서 말하자면 과학이 외계의 사태나 사실을 통해 그 이론이 확증되는 데에 반해, 도덕에서는 그러한 사실보다는 우리가 가지고 있는 도덕 감각만으로도 이론을 충분히 설명할 수 있다는 것이다.

하만은 우리가 도덕적 관찰에서 '옳다', '그르다' 등의 판단을 내리는 것은 관찰하는 대상의 실제적인 '그름'이나 '옳음'을 보기 때문이 아니라, 사회화 과정을 통해 후천적으로 습득한 도덕적 감각 때문이 아니냐고 묻는다. 다시 말해 과학이론을 지지하려면 외계에 존재하는 어떤 물리적 사실을 가정해야 할 필요가 있는 데 반해, 소위 도덕적 관찰의 발생을 설명하기 위해선 과학과 달리 도덕적 사실을 가정하지 않고서도 얼마든지 도덕적 감각 등의 심리 상태를 통해 관찰을 설명할 수 있다는 것이다. 하만은 도덕의 경우엔 우리의 관찰이 도덕 원칙이나 이론에 대한 증거가 되는 것도 아니며, 반대로 도덕 원칙이 우리의 관찰을 설명해 주는 것 같지 않다고 말한다. 여기에서는 원칙과 관찰 사이의 설명적 연결고리가 제거된 듯하다는 것이다.

애링턴(R. Arrington)은 이를 다음과 같은 도식을 통해 나타내고 있다.15)

과학에서의 확증

	증거가 된다		가장 잘 설명한다		설명한다	
관찰	⟶	물리이론	⟶	물리적 사건	⟶	관찰

---

15) *RRR*, p.168.

증거가 된다		설명할 수도 있다		설명하지 못한다	
관찰	⟶ 도덕이론이나 원칙		⟶ 도덕적 사실		⟶ 관찰

하만은 '도덕적 사실'을 통해 도덕적 관찰을 설명하는 것보다 도덕 감각을 통해 관찰을 설명하는 것이 '단순성'(simplicity)이라는 측면에서 더 나은 설명이라고 생각한다. 그에 따르면 도덕적 관찰을 우리의 마음이나 도덕적 감각에 의해 설명할 수 있다면 굳이 설명을 위해 도덕적 사실을 가정할 필요가 없다. 이러한 생각은 그가 다른 논문에서 '가장 좋은 설명에로의 추론'(The inference to the best explanation)이라 명명한 방법론을 적용한 것이라 볼 수 있다. 그에 의하면 '가장 좋은 설명에로의 추론'은 일종의 '가설적 방법'(The method of hypothesis), '배제의 방법'(The method of elimination)이다. 가령 A를 설명할 만한 가설들은 상당수 있을 수 있다. 이때 자신의 추론을 보증받기 위해선 다른 가설들을 모두 배제할 수 있어야 하는데, 그의 방법론은 이를 위해 다른 가설들을 일일이 반박하는 것이 아니라 자신의 가설이 다른 가설에 비해 단순하고 설명력이 있으며, 더 적은 보조 가설에 의해 지지될 것이라는 등의 전제로부터 자신의 가설이 참이라고 추론한다.[16] 하만의 이러한 입장은 프래그머티즘적 특징을 지니는데, 그는 이처럼 진리를 '실재와의 대응'에서 찾으려 하기보다는 '가장 나은 설명력'을 지니는 것으로 파악한다는 면에서 반본질주의적 성격을 나타내며, 이는 프래

---

16) Gilbert Harman, "Inference to the Best Explanation," *Philosophical Review* 74(1965), p.89.

그머티즘으로부터의 영향을 보여주고 있는 것이다.

하만은 만약 도덕적 사실이 설명력을 지니지 못한다면 이는 과학적 사실과는 다른 성격일 수밖에 없을 것이며, 이는 곧 도덕적 회의주의를 결과할 것이라 생각한다. 이러한 결과를 극복하기 위해 하만은 도덕적 사실을 사회적·심리적 사실로 환원할 수 있는지의 여부를 다각도로 검토해 본다. 그리하여 만약 도덕적 사실을 정확히 비도덕적 사실로 환원할 수 있다면 윤리적 자연주의자가 될 것이며, 그러한 환원이 정확히 이루어지지 않을 경우 윤리적 회의주의자로 남을 수밖에 없을 것이라 주장한다. 그런데 그에 따르면 환원의 과정이 복잡하고 막연하며 세분하기 어렵기 때문에 도덕적 사실에 관해서 회의적으로 남을 수밖에 없다는 것이다. 이상에서의 하만의 주장은 다음과 같이 요약할 수 있을 것이다.

  (ㄱ) 도덕적 사실은 정확하게 어떤 비도덕적 사실로 환원될 것 같지 않다.
  (ㄴ) 도덕적 사실은 우리의 관찰을 설명하는 데에 유용하지 않다.

이와 같은 이유로 인해 하만은 도덕적 사실에 대해서 회의적인 입장을 취하고 있는 것이다.

2) 내재주의에 대한 옹호

하만은 이모티비즘의 장점과 이상적 관찰자 이론(ideal observer theory)의 장점을 결합시켜 자신의 상대주의 이론을 탄생시킬 교두보를 마련한다. 그는 이모티비즘에서는 '어떤 것이 좋다는 것은 어떤 것에 반대(against)하는 것이 아니다'라는 점을 수용하는데, 이는 주로 그의 내재주의(internalism)와 관련되며, 이를 통해 하만은 도덕이 갖는 행위 수행적 성격을 설명한다. 또한 그는 이상적 관찰자 이론에서 도덕적 신념이 공평무사성(impartiality)을 지닌 언명들로 이루어진다는 점을 받아들이는데, 이러한 두 가지 특징은 그의 관습적 규약주의(conventionalism) 이론을 성립시키는 조건이 된다. 양자의 장점을 수용한 결과 하만의 이론은 비교적 상당한 설득력을 확보하게 된다.

(1) 내재주의와 외재주의

내재주의와 외재주의는 '도덕적 의무'(moral obligation)와 '동기'(motivation)가 어떻게 관련되는지를 밝히고자 제기된 도덕 심리학 이론이다. 이 중 내재주의는 도덕적 의무와 동기의 관계가 필연적이거나 최소한 매우 밀접하게 관련되어 있음을, 외재주의는 그 반대를 나타내는 것으로 흔히 알려져 있다. 브링크는 도덕에서의 내재주의는 다음과 같은 특징을 갖는다고 말하고 있다. 첫째, 도덕적인 숙고(moral consideration)는 동기를 부여하거나(motivate) 또는 행위를 수행하기 위한 이유(reason for action)를 제공하는데, 이는 필연성을 띤다. 둘째, 도덕적 숙고가 동기를 부여하거나 행위를 수행하기 위한 이유를 필연적으로 제공하는 것은 도덕 개념(concept of morality) 때문이다. 이에 따라 도덕이 동기를 부여하는 힘이나 합리성(rationality)을 갖는다는 것은 선험적(a priori)이어야 한다. 셋째, 도덕이 갖는 동기를 부여할 수 있는 힘이나 합리성은 도덕이라는 개념 자체에 의존하고 있기 때문에 도덕이 포함하는 내용(content of morality)[17]이라든지 행위자의 이해나 욕구

등의 실질적인 문제에 대한 숙고에 의존할 수 없다.[18] 즉 브링크는 도덕이라는 개념 자체에 이미 '동기'를 부여하는 '힘'이나 '합리성'이라는 의미가 포함되어 있으며, 따라서 '도덕적 의무'와 '동기' 또는 '행위를 수행하기 위한 이유'는 필연적으로 묶여 있을 수밖에 없다는 견해를 '내재주의'로 파악하고 있는 것이다.

이와 반대로 외재주의는 흔히 내재주의와 상반되는 견해를 의미한다. 외재주의자들은 도덕적 숙고가 갖는 동기를 부여하는 힘이나 합리성이 도덕적 숙고 자체의 외재적 요인에 의존한다고 생각한다. 브링크는 외재주의자가 되기 위해선 내재주의가 갖는 세 가지의 특징 중 어느 한 가지만을 부정하면 된다고 밝히고 있다.[19] 다시 말해 외재주의자는 도덕적 숙고가 단지 우연적으로(contingently) 동기를 부여하거나 행위를 수행하기 위한 이유를 제공할 따름이라고 주장하거나, 도덕이 갖는 동기 부여적 힘이나 합리성이 필연적이건 우연적이건 오직 후천적(a posteriori)으로 알려질 수 있을 따름이라 생각하며, 도덕이 갖는 동기 부여적 힘이나 합리성은 그것이 필연적이건 우연적이건, 또는 선험적이건 후천적이건 관계없이 도덕 개념 외의 것에 의존한다고 생각한다.

도덕에서의 내재주의는 칸트와 같은 이성주의자나 무어와 같은 직각주의자들에 대한 반동으로 나타났으며 흔히 도덕 실재론을 반박하고 비인지주의(nongognitivism) 등의 반실재론을 옹호하는 설명으로 제시되었다. 내재주의자들에 따르면 이성주의자나 직각주

---

17) 예컨대 행복이나 쾌락 등을 말함.
18) 내재주의가 윤리학자들에 의해 항상 정확히 동일한 의미로 쓰이는 것은 아니다.
19) *MRFE*, p.39.

의자들은 동기라는 측면을 소홀히 취급하였으며, 따라서 내가 '도덕적이어야 할 이유가 무엇인가?'라는 질문에 적절한 답변을 제시할 수 없다는 것이다. 또한 도덕 실재론자들은 도덕적 사실을 전제하고 있는데 '사실'이란 도덕이 갖는 '역동적' 또는 '행위 수행적' 역할을 나타내는 데 부적합하다고 내재주의자들은 생각한다. 반면 자신들은 동기를 강조함으로써 도덕 판단이 갖는 '역동적' 또는 '행위 수행적' 역할을 충분히 설명할 수 있다는 것이다.

(2) 이모티비즘의 장단점

하만은 상대주의로 나아가기 위한 예비 단계로 이모티비즘과 이상적 관찰자 이론의 장단점을 파악하고자 한다. 그가 두 가지의 이론을 검토하면서 부각시키고자 하는 부분은 '동기'라는 측면이다. 그는 행위 주체가 도덕적 의무를 행해야 할 이유를 갖지 못할 경우 행위자에 대한 도덕 판단을 할 수 없다고 말함으로써 동기와 도덕 간의 관계를 부각시키려 하고 있다. 그에 따르면 도덕은 다음과 같은 특징을 갖는다.

(ㄱ) 행위 주체가 도덕적 의무를 갖기 위해서는 이를 동기화해야 한다. 만약 동기가 없을 경우, 그는 도덕적 의무를 갖지 않는다.

(ㄴ) 그를 도덕적으로 평가하기 위해서는 평가자가 그와 도덕 판단을 공유해야 한다.

그는 이와 같은 특징을 이모티비즘이 잘 나타내고 있다고 생각한다. 어떤 것을 좋아한다는 것은 어떤 것에 반대하는 것이 아니다.

우리는 선호에 따라 행동하려는 경향을 지닌다. 도덕적 용어는 이와 같은 사람들의 선호에 관한 특징을 적절하게 담고 있어야 하는데, 하만에 따르면 이를 적절히 설명할 수 있는 이론이 바로 이모티비즘이다. 이모티비스트들은 도덕적 용어들이 사람들의 실천적 추론(practical reasoning)에 사용되는 것으로 파악하고 있는데, 이는 이모티비즘이 갖는 한 가지 장점이다.

하만에 따르면 일반적인 생각과는 달리 이모티비즘은 보편적 가치가 존재한다는 생각과 양립할 수 있다. 만약 이것이 사실이라면 이모티비즘은 비회의적·비상대주의적 윤리 이론이 될 것이며, 도덕적 사실을 용인할 수 있는 이론이 될 것이다. 게다가 인간의 본성에 어떤 단일한 특성이 있음이 밝혀진다면 이모티비즘은 자연주의와도 양립할 수 있을 것이라고 하만은 밝히고 있다. 가령 과거에 흄이 주장했던 타인에 대한 공감(sympathy)이 인간의 본성임이 밝혀질 경우, 우리는 도덕적인 잘못에 대해 자연주의적 정의를 내릴 수 있을 것이며, 이에 대해서는 '미결 문제 논증'(open-question argument)을 사용하지 못할 것이다. 왜냐하면 인간에게 고통을 주는 것이 잘못이라는 것이 인간의 도덕적 본성에 관계된 것이며, 모든 사람들이 그렇게 생각한다면, 이것이 미결 문제일 수 없을 것이기 때문이다. 이와 같은 입장에서 하만은 이모티비즘과 자연주의의 차이가 그다지 큰 것이 아니며 단지 인간에게 본성이 있는지의 여부에 따라 양자가 구별될 따름이라고 주장한다.

이처럼 하만은 상식적인 이모티비즘에 대한 비판을 비판하면서 이모티비즘의 장점을 부각시키기 위해 노력한다. 그에 따르면 이모티비즘의 장점에는 크게 두 가지가 있다. 첫째, 이모티비즘은 도덕적 불일치를 잘 설명할 수 있으며, 둘째, 이를 통해 우리는 도덕적 신념과 행동간의 관계를 적절히 파악할 수 있다. 물론 자연주의 또한 이모티비즘이 갖는 두 번째 장점을 갖지 못하는 것은 아닐 것이다. 하지만 자연주의가 그와 같은 장점을 가지려면 가령 '인간에게 고통을 주는 것이 나쁘다'고 판단하게 되는 것이 인간의 본성으로 밝혀져야 할 것인데, 그러한 설명은 이모티비스트들의 설명에 비해 보조 가설적(ad hoc)이며, 따라서 이모티비즘이 나은 설명력을 갖는다고 하만은 말하고 있다.

이와 같은 장점에도 불구하고, 이모티비즘은 도덕이 가지고 있는 특성인 공평무사성을 설명하기가 어려울 수 있다. 가령 'A가 도덕적인 잘못이다'라고 말할 때, 우리는 이것이 우리의 이기심에 근거한 반대일 뿐만 아니라 공평무사한 관점에서 보았을 때에도 반대해야 한다는 것을 의미하고 있다. 만약 우리의 태도가 오직 이기심에서 도출되고, 공평무사한 견해에 근거해서 유지되지 못할 경우, 우리의 태도는 도덕적으로 정당화될 수가 없는데, 이모티비즘은 이러한 점을 적절히 설명하지 못하는 문제를 가지고 있는 것이다.

(3) 이상적 관찰자 이론의 장단점

앞에서 언급한 바와 같이 무엇인가가 도덕적으로 잘못되었다는 판단은 판단 주체의 이익에 근거한 판단이 아니라 사심 없고 공평한 관점으로부터의 판단이다. 하만에 따르면 이와 같은 입장을 잘 나타내는 이론이 이상적 관찰자 이론(ideal observer theory)인데, 이에 따르면 이상적 관찰자는 사심이 없고 모든 사실들을 잘 알고 있으며 견문이 넓은 사람이다. 그의 도덕 판단은 곧 올바른 판단으로 간주된다. 가령 무엇인가가 도덕적으로 잘못되었다는 것은 오직 이상적 관찰자가 잘못이라고 판단할 경우인 것이다.

하만은 '도덕 판단은 공평무사성을 가져야 한다'는 주장을 이상적 관찰자 이론이 적절하게 설명해 준다고 주장한다. 누군가가 X가 잘못이라고 믿는다면 그는 X와 비슷한 것들 또한 잘못이라고 믿어야 하고, 이는 어떤 사람이 이와 관련되어 있는가에 상관없이, 어떻게 그가 X와 관련되어 있는지에 관계없이 잘못이라고 생각되어야 하며, 바로 이러한 점을 이상적 관찰자 이론이 잘 나타내고 있다는 것이다. 하만은 이와 같은 이론이 적절한 도덕적인 판단을 내리기 위해서는 사심 없고 객관적인 자세를 견지해야 한다는 교훈을 주고 있다고 말하고 있다.

그런데 이러한 장점에도 불구하고 이상적 관찰자 이론은 누군가가 '도덕적으로 무엇인가를 해야 한다'고 말할 때 그 이유(reason)에 대한 언급이 없다는 점을 비판할 수 있다고 하만은 주장한다. 이상적 관찰자 이론에 따르면 A라는 사람이 도덕적으로 무엇인가를 해야 한다고 말할 수 있는 경우는 오직 이상적 관찰자가 A의 행위를 승인하는 경우뿐이다. 하지만 이 경우 이상적 관찰자의 반응이 어떻게 편견을 가진 사람들에게 무엇인가를 해야 한다는 동기나 이유를 부여할 수 있는지에 대해서는 전혀 대답할 수 없다. 환원하자면 '왜 도덕적이어야만 하는가?'라는 질문에 이상적 관찰자 이론은 전혀 답변할 수 없는 것이다.

(4) 헤어에 대한 비판

헤어는 어떤 사람의 도덕 원리는 가령 '어떤 일을 하기로 약속하였다면 그가 누구이건 상관없이, 또 언제 그러한 약속을 하였는가에 관계없이, 그 약속을 이행하게끔 하라'와 같은 보편적인 명령이라고 말한다. 이러한 원리는 모든 사람에게 적용된다는 점에서 보편성(generality)을 가지며, 시공을 초월하고 그 대상이 누구인가에 관계없이 적용되어야 한다는 점에서 예외를 인정치 않는다.

헤어는 보편 원리를 도덕 원리로 수용하기 위해선 (ㄱ) 자신이 그러한 원칙에 따를 의향을 가지고 있어야 하며, (ㄴ) 다른 사람들로 하여금 그러한 원칙을 따르게끔 하여야 한다고 말한다. 그런데 이와 같은 입장은 '가'라는 사람이 '나'라는 사람에게 설령 그('나')가 D라는 행동을 해야 한다는 원칙을 받아들이고 있지 않다고 하더라도, 그('나')가 D라는 행동을 해야 한다고 말할 수 있다는 의미를 함축하게 된다. 하만은 어떤 도덕 원리를 내면화하지 않는 사람은 그러한 원리를 따르려 하지 않을 것이며, 그러한 원칙을 따르려는 의사가 없는 사람에게 도덕 판단을 내릴 수 없다고 주장함으로써 헤어를 비판한다. 즉 하만은 어떤 사람이 D라는 유형의 행위를 했을 때, 그의 행위에 대한 옳고 그름을 말할 수 있는 경우는 오직 그가 어떤 도덕 원칙을 따르려 하는 의식을 가지고 있고, 그 사람이 다른 사람들과 그러한 도덕 원칙을 공유하고 있을 경우밖에 없으며, 바로 그와 같이 공유되고 있는 원칙을 통해서만 그가 D를 해야 하는지의 여부를 말할 수 있다고 생각하는 것이다.

(5) ought의 의미

하만은 'ought'를 상세히 구분한다. 이는 도덕 판단이 오직 도덕 의식을 공유하는 자에게만 적용될 수 있음을 분명하게 나타내기 위함이다. 하만에 따르면 ought에는 적어도 네 가지의 의미가 있다. 첫째 ought에는 기대(expectation)의 의미가 있다. 가령 '기차가 곧 와야 할텐데'(the train ought to be here soon)에서의 ought의 의미는 기대의 의미이다. 다음으로 ought에는 가치 평가(evaluation)의 의미가 있다. 예를 들어 '세상에는 더 많은 사랑이 있어야 한다' (there ought to be more love in the world)에서의 ought는 가치 평가의 의미로 사용된 것이다. 그런데 여기에 쓰인 두 가지 의미의 ought는 사태를 기술하기 위해서 사용된 것이며, 어떤 행위자가 무엇을 행해야 한다는 의미로 사용된 것은 아니다. 반면 어떤 사람이 어떤 행위를 해야 한다는 의미에서 ought가 사용되는 경우가 있는데, 그 중 하나가 도덕적(moral) 의미의 ought이다. 가령 강도가 은행을 털려고 할 경우 우리는 그에게 그러한 계획을 취소하고 집으로 돌아가야 한다고 말할 수 있는데, 이처럼 우리는 그에게 도덕적 의무를 부여할 수 있다. 마지막으로 ought가 합리성(rationality)의 의미로 쓰이는 경우가 있다. 이러한 의미의 ought는 도덕적 의미의 ought와 마찬가지로 어떤 특정한 사람에게 무엇인가를 해야 한다는 의무를 부여하는데, 이는 도덕적 의미 없이 합리성만을 고려한다는 점에서 도덕적 ought와는 구별된다. 가령 '강도가 수위를 피하고자 한다면 앞문을 이용해선 안 되며 후문을 이용해야 할 것이다'(ought to go in by the rear door)라고 할 때의 ought는 합리성의 의미로 사용된 ought이다.

하만은 이 중에서 가치 평가적 의미의 ought와 도덕적 의미의 ought를 구분하는 데에 많은 노력을 기울인다. 그 이유는 그의 상대주의가 두 가지 ought의 차이를 분명히 하고 도덕적 의미의 ought가 내포하고 있는 뜻을 정확히 밝혀냄으로써 이론적 근거를 마련할 수 있기 때문이다. 하만에 따르면 가치 평가적 의미의 ought는 막연한 도덕 판단을 나타낼 때 쓰인다. 이는 행위자가 어떤 행위를 해야 할 이유가 있음을 나타내는 것은 아니며, 단지 '어떠어떠해야 힌다'(ought to be)는 의미를 나타내고 있을 따름이다.

즉 평가적 의미의 ought는 단지 어떤 상황을 평가하는 데에 지나지 않는다는 것이다. 반면 도덕적 의미의 ought는 구체적인 도덕 판단에 쓰이며, 이는 행위 주체가 어떤 행위를 해야 할 의무가 있음을 나타낸다. 이는 '무엇을 해야 한다'(ought to do)의 의미이며, 이러한 의미는 행위 주체 자체를 평가하는 데 사용된다고 하만은 밝히고 있다. 양자의 차이를 밝히기 위해 하만은 '록펠러는 가난한 자들에게 자신의 돈을 나누어주어야 한다'라는 문장을 예로 든다. 하만에 따르면 이 예문은 모호하게 쓰였기 때문에 도덕적·가치 평가적 의미 모두로 쓰일 수 있다. 즉 '록펠러가 가난한 자들에게 돈을 나누어준다는 것은 좋은 일이다'라는 가치 평가적 의미와 '록펠러가 가난한 자들에게 마땅히 돈을 나누어주어야 한다'는 행위 주체로서의 록펠러가 도덕적으로 행하여야 할 어떤 행위가 있다는 도덕적 의미 모두로 쓰일 수 있다는 것이다. 전자는 단순히 어떤 상태가 좋은 것이라는 의미로 쓰였음에 반해, 후자는 록펠러가 어떤 행위를 하지 않는다면 올바르지 못하다는 의미를 담고 있으며, 따라서 후자는 전자에 비해 훨씬 강한 의미를 담게 된다. 여기서 도덕적 의미로 ought를 사용한다면 그것은 록펠러를 도덕적으로 평가하는 것이 될 것이며, 이때 록펠러는 가난한 자들에게 돈을 기부하지 않을 경우 도덕적으로 나쁜 사람이 된다. 반면 가치 평가적 의미의 ought를 사용한다면 록펠러라는 사람에 대한 평가라기보다는 록펠러가 돈을 가난한 자들에게 나눠주지 않은 상황에 대한 평가에 지나지 않으며, 따라서 도덕적 의미의 ought보다 훨씬 약한 의미를 지니게 되는 것이다.

하만은 자신의 상대주의는 오직 도덕적 ought에 관한 문제에 국한된다고 주장한다. 그리고 도덕적 의미의 ought로서 행위 주체를 판단할 수 있는 경우는 오직 행위 주체가 판단자와 도덕의식을 공유하고 있을 경우에만 국한되며, 이와 같은 제한을 벗어나 있는 자들에 대해선 도덕 판단을 내릴 수 없다고 말하는데, 하만은 이를 이 책이 아닌 다른 곳에서 내적 판단(inner judgment)을 통해 설명하고 있다.

(6) 내적 판단(Inner Judgement)

하만은 내적 판단이 크게 두 가지 특징을 갖는다고 이야기한다. 우선 내적 판단은 행위 주체(agent)가 무엇인가를 할 때 거기에 이유가 있음을 함축하며, 둘째, 화자(the speaker)는 그러한 이유들을 승인하며 청자들도(the audience) 화자와 마찬가지로 그러한 이유를 승인한다고 생각하는 특징을 갖는다. 가령 A가 D를 해야 한다고 S가 말했을 때(도덕적으로), S는 A가 D를 할 이유가 있으며 S 자신도 그러한 이유를 승인(endorse)하고 있음을 나타내는 것이다. 그리고 만약 A가 도덕적으로 D를 해야 한다고 S가 말한다면, 이때 S는 S, A, 그리고 S의 청자들에 의해 공유되는 M이라는 어떤 동기적 태도가 있음을 가정하고 있는 것이다.[20]

하만은 가령 인류의 행복과 삶에 대해서 전혀 무관심한 외계인들이 사람을 마구 살상한다고 하였을 때 그들의 행위를 도덕적으로 잘못된 것이라고 말하는 것은 어쩐지 이상하다고 말한다. 물론 우리가 그들의 공격에 저항하고 그들을 부정적으로 판단하리라는 것은 사실이지만 우리는 그들이 그래선 안 된다는 도덕적인 판단을 내리진 않을 것이라는 것이다. 왜냐하면 외계인은 어떤 행위를

---

20) Gilbert Harman, "Moral Relativism Defended," in *Ethical Theory*, p.36.

하거나 하지 말아야 할 아무런 이유가 없으며, 이에 따라 도덕적 의무를 갖지 않기 때문이다. 이와 비슷하게 만약 식인종들이 인육을 먹는다면 우리는 그들의 도덕이 원시적이라고 생각하며, 그들을 야만인이라고 부르기는 하겠지만 그들을 도덕적으로 판단하지는 않을 것이라고 하만은 말한다.

3) 규약주의적 · 계약주의적 특성

이상에서의 검토를 통해 하만은 만약 어떠한 이론이 설명력 있는 도덕 이론이라면 이모티비즘, 이상적 관찰자 이론, 그리고 헤어의 이론 등이 갖는 단점을 버리고, 장점을 취해야 할 것이라고 주장한다. 그리고 각각의 이론들의 문제점을 극복할 수 있고, 장점만을 살릴 수 있는 이론이야말로 도덕의 본성에 대한 적절한 이론이 될 수 있을 것이라고 생각한다. 그렇다면 그러한 이론은 과연 어떠한 이론이어야 하는가? 하만은 바로 자신의 관습적 규약 이론이 그러한 이론이라고 주장한다.

하만에 따르면 도덕이란 사회가 부여한 규칙이나 관습으로부터 유래하는 것이다. 이는 사회 집단의 구성원들이 줄곧 받아들여 온 것이며, 각종 사회화 과정을 통하여, 또는 세대를 거치며 개인에게 전해지게 된 것이다. 그는 도덕 판단이 이러한 관습이나 규칙에 나타난 원칙에 의거하여 내려지게 된다고 밝히고 있다. 이러한 설명은 그의 상대주의가 규약주의적임을 드러내고 있는데, 그의 규약주의는 크게 두 가지로 나누어 살펴볼 수 있다. 그 첫째는 도덕의 기원에 관한 문제로, 그는 이를 '암묵적 계약'을 통해 설명하고 있다. 둘째는 도덕이 개인에게 수용되는 과정에 관한 문제로, 여기서는 정신분석학적인 설명을 이용하고 있다.

(1) 도덕의 기원에 관한 하만의 설명

하만의 계약주의는 홉스의 '사회계약설'과 유사하다. 하만은 홉스와 마찬가지로 법률도 관습도 존재하지 않는 자연상태를 상정하고 있고, 인간을 이기적으로 파악하며, 계약이 타자를 위해서 맺어지는 것이 아니라 자신의 안위를 위해서 맺어지는 것이라고 생각한다. 이와 같은 하만의 홉스적 측면은 자연상태(state of nature)에서 도덕이 나타나는 과정에 대한 설명에서 잘 나타난다.[21]

> 어떠한 규약이 확립되기 전에는, 옳고 그름이라는 것이 존재하지 않았을 것이다. 사람들이 도덕적으로 해야 할 것인가를 판단하는 것은 별다른 의미가 없었을 것이다. 하지만 일단 어떤 인간 집단이 서로간의 갈등을 회피하기 위해 규약적인 행동을 개발해 내게 되면, 그들의 행동은 그와 같은 규약을 기준으로 판단할 수 있게 된다. 하지만 그 집단을 벗어나 여전히 자연 상태에 있는 사람들은 그와 같은 방식으로 판단될 수 없다.

하만은 도덕이라는 것이 상호간의 이익을 얻기 위해 사람들이 협약을 맺음으로써 나타났으며, 이렇게 해서 나타난 도덕은 암묵적인 흥정(implicit bargaining)의 성격을 띤다고 말한다. 즉 사회를 형성하는 각개 집단이 공통적으로 원하고 있는 바를 서로간의 합의에 의해 암묵적으로 결정한다는 것이다. 그는 합의(agreement)라는 말이 다의적으로 쓰일 수 있음에 유의해야 한다고 말한다. 그는

---

21) 이 책, p.206.

자신이 '합의'라는 단어로 의미하고자 하는 것은 어떤 특정한 시기에, 특정한 사람들 사이에서 맺어진 협약이 아니라 단순히 어떤 의도를 가지고 합의를 했다는 것에 지나지 않는다는 것이다. 하만은 협약이 공공연하게(explicit) 맺어진다고 생각할 필요는 없다고 말한다. 협약은 사회를 구성하는 다양한 집단들이 암묵적이지만 의도적으로 맺어지는 것으로 충분하며, 그와 같은 협약은 상호 조정과 암묵적 흥정을 통해 맺어진다는 것이다. 하만은 사람들이 자신들의 이익을 증진시키기 위해 다른 사람들도 동일하게 생각할 것이라는 전제하에 조건적인 의도를 형성할 것이며, 다른 이익에 관심을 가진 자들은 그들 나름대로 또 다른 조건적인 의도를 형성할 것이라고 말한다. 이를 그는 암묵적 흥정(implicit bargaining)이라 부른다. 하만은 이와 같은 암묵적 흥정을 통해 어떤 타협이 이루어졌는데, 바로 이것이 도덕의 근원이 되었다고 밝히고 있다.

하만은 이와 같은 흥정의 흔적을 추적하기 위해 우리의 상식을 검토해 본다. 그리하여 그는 남들을 도와야 한다는 의무보다는 남에게 해를 입히지 말아야 한다는 의무가 훨씬 큰 비중을 차지하고 있는 점에 주목한다. 가령 죽어가고 있는 5명의 환자가 각각 서로 다른 기관(organ)들을 필요로 하고 있다고 할 때 우리는 일반적으로 건장한 사람의 목숨을 빼앗아서 그의 기관들을 5명의 환자에게 나누어주면서까지 환자들을 도와야 한다고 생각하지 않는다. 오히려 그렇게 해서는 안 된다고 생각하기까지 할 것이다. 만약 도덕적 감정이 타인에 대한 관심과 배려에서 유래된 것이라고 한다면 위의 사례에 대한 우리의 느낌은 적절히 설명되지 못할 것이다. 반면 도덕이 다양한 계층과 권력을 지닌 사람들 간의 암묵적 협약을 통해 만들어진 것이라고 생각하면 위의 사례에 대한 우리의 생각은

328

잘 설명될 것이다. 가난하건, 부유하건, 또는 권력을 갖건, 갖지 않건간에 서로에게 해를 입히지 않는다면 모든 사람들은 그로 인해 혜택을 입게 될 것이다. 반면 도움을 준다는 것은 문제가 다르다. 만약 서로에게 도움을 주어야 한다면 부유한 자들이나 권력을 소유하고 있는 자들은 자신들의 기득권을 많이 상실하게 될 것이다. 이에 반해 가난한 자들이나 권력을 갖지 못한 자들은 많은 혜택을 받게 될 것이다. 이렇게 본다면 부유한 자들이나 권력을 지닌 자들은 상호간에 도움을 주자는 원칙을 수용하길 주저할 것이다. 그들은 이보다 약한 원칙인 서로간에 피해를 주지 말자는 정도의 원칙만을 받아들이겠다는 태도를 가질 것이다. 하만은 이와 같이 개인의 이익을 위해 맺는 협약이 도덕을 구성하게 되는 것이라고 주장한다. 그리고 그는 자신의 관습적 규약 이론이 남을 괴롭히는 것이 도움을 주지 않는 것보다 더 나쁜 것이라 생각되는 이유를 적절히 설명해 주고 있다고 생각한다.

(2) 도덕이 개인에게 수용되는 과정에 대한 설명

하만은 도덕이 개인이나 집단에게 어떠한 방식으로 전달되는지에 대해서도 관심을 갖는다. 이는 자신이 언급했던 내적 판단에 대한 설명을 구체화하기 위해서이다. 그는 도덕법이 설령 사회적 압력에 의해 주어지는 것과 동일하지는 않다고 해도[22] 사회적 압력

---

22) 애쉬모어(R. Ashmore)는 영향을 주다(influence)와 결정하다(determine)의 의미를 구분하여 개인의 가치 자체를 형성하는 데 사회의 영향이 큰 것은 사실이지만 그것이 개인의 가치 체계를 결정하는 것은 아니라고 주장한다. 가령 개인은 종종 사회적 압력과 영향에 반발하는 경우가 있는데 이는 상대주의가 성립될 수 없는 반례라는 것이나. 하만의 사회 관습

과 어느 정도 관련이 있다고 생각한다. 가령 유아들은 정신분석학적인 설명에 따르면 부모의 사랑을 최상의 가치로 생각하고 있으며, 그들을 만족시킴으로써 사랑을 획득하고 벌을 피하고자 한다. 유아들은 이와 같은 과정을 거치면서 '초자아'를 형성하고 도덕을 내면화한다. 초자아는 사회가 요구하는 바를 개인에게 전달하는 역할을 하는데, 이는 사회적으로도 유익하다. 그 이유는 초자아가 형성됨으로써 사람들이 도덕적으로 행위하게 되며, 이것이 사회적으로도 유익하기 때문이다. 그런데 초자아는 각각의 사회마다 달리 형성될 수 있다. 이에 따라 사람들은 자신들이 속해 있는 사회의 성격이나 특성에 따라 상이한 도덕적 기준을 내면화하게 될 것이다. 여기서 유의할 것은 하만이 도덕이 개인에게 수용되는 과정 자체를 상대적으로 파악하며, 수용된 내용에 대해서도 어느 정도의 유연성을 보이고 있다는 점이다. 가령 인간에게 고유한 도덕적 본능이 있음이 밝혀진다면 그는 객관주의자가 될 수 있음을 용인한다. 하지만 현재로선 그와 같은 설명이 보조 가설적(ad hoc) 이라는 이유로 선택을 하고 있지 않을 따름인 것이다.

한편 하만은 우리와 다른 기준을 내면화한 자들의 행동이 그릇된 것이라 판단될지라도 그것이 우리의 기준에 어긋난다고 해서 비이성적인 것이라 판단해선 안 된다고 주장한다. 즉 그들은 나름

이론은 이러한 비판을 벗어난다. 즉 그의 사회 관습 이론은 사회에 의해 주어지는 것을 단순히 수용한다는 입장을 벗어나 도덕적 숙고를 거친 후 도덕적 신념을 내면화한다고 주장한다는 측면에서 개인의 능동적인 선택을 강조하고 있으며 따라서 통상적인 입장에서의 규약주의 비판을 벗어나고 있다. Robert B. Ashmore, *Building a Moral System*(Englewood Cliff, N.J.: Prentice-Hall, 1987), p.36.

의 기준에 따라 우리를 판단할 것이고, 잘못 행동한 것은 그들이 아니라 우리라고 생각할 것이며, 이때 둘 중의 어느 하나가 옳다고 주장할 만한 객관적인 기준은 존재하지 않는다는 것이다. 우리는 오직 이성만으로 원칙들을 내면화하여 초자아를 형성하진 않는다. 다른 사회의 사람들은 이성을 통하여 우리와 상이한 원칙들을 내면화할 수도 있는 것이다.

(3) 사회 관습 이론(Social Custom Theory)

하만의 사회 관습 이론에 따르면 도덕은 부분적이나마 외적인 제재에 의존한다. 그리고 이러한 제재는 신에 의해서 주어진 것이 아니며 사회에 의해 주어진다. 이처럼 도덕은 사회적 압력이나 관습에 의해 부과된 일종의 사회적 법칙에 의존하고 있는 것이다. 하만은 사회 관습 이론이 다음과 같은 장점을 갖는다고 말한다. 첫째 그러한 이론은 한 개인이 채택하기로 한 도덕 원리가 외부에 (external) 그 근원을 두고 있을 것이라는 우리의 직각적인 느낌을 잘 설명한다. 다시 말해 사회 관습 이론을 수용할 경우 도덕 판단의 문제가 개인적 선택의 문제가 아니라는 점이 드러날 것이며, 이는 이상적 관찰자 이론이 갖는 장점을 수용하는 동시에 이모티비즘의 단점을 보완할 수 있다는 것이다. 둘째 사회 관습 이론은 우리가 흔히 도덕에 포함되는 것이라 생각되는 여러 규칙들을 잘 설명해 준다. 가령 우리는 도둑질, 거짓말, 증오 등에 대해 어떤 도덕적 제한을 두는데 이러한 것들은 다수의 이익을 증대시킨다는 사회적 기능의 차원에서도 중요한 의미를 지니며, 따라서 사회적으로도 압력을 가할 수밖에 없는 것이다. 그런데 사회가 부과하는 어떤 관습의 강요로부터 도덕이 비롯된 것이라고 한다면 도덕에는 사회적인 요구가 포함되어 있어야 할 것인데, 사회 관습 이론은 이와 같은 특성을 적절하게 반영할 수 있다.

하만의 사회 관습 이론은 관습적으로 주어진 것이라고 해서 무엇이든 옳다고 생각하지는 않는다. 그에 따르면 나에게 적용되는 원칙은 단순히 내가 소속되어 있는 집단에 의해 관례적으로 받아들여진 것을 말하는 것은 아니다. 나는 그러한 원칙을 받아들여야 하며, 내가 그러한 원칙을 받아들이지 않을 경우 그러한 원칙들이 나에게 무엇인가를 해야 할 이유를 제공하지 못하게 되는 것이다. 또한 내가 도덕적으로 무엇인가를 해야 한다는 판단이나 나에게 옳고 그르다는 것이 어떤 것인가에 대한 판단 등은 단순히 관례에 의해 판단될 수 없다. 그는 가령 노예제도라는 관습이 있을 경우 노예제도가 옳을 수밖에 없다고는 생각하지 않는다. 그는 어떤 사회의 구성원들이 가지고 있는 '사실에 대한 믿음'이 잘못되었을 경우, 그로부터 추론된 원칙을 잘못되었다고 판단될 수 있음을 인정하고 있다.

끝으로 하만은 우리가 단지 한 집단이 아닌 여러 집단에 소속되어 있음에 주목한다. 그리고 서로 다른 집단은 서로 다른 규약을 가지고 있으며, 이러한 경우 도덕적 의무를 결정하는 데에 곤란을 느낄 수밖에 없다고 말한다. 우리는 가족, 학교, 국가, 친구 등 실로 다양한 집단에 속해 있으며 각각의 집단은 나름의 도덕 원리를 가질 수 있다. 그런데 상이한 집단의 도덕 원리들 사이에서는 종종 갈등이 일어날 수 있으며, 이때 우리는 필연적으로 선택의 상황에서 곤경에 처할 수밖에 없다는 것이다. 하만은 이때 문제를 해결할 수 있는 유일한 방책은 존재하지 않으며, 모든 원리들이 옳을 수 있다고 생각한다.

요약문과 핵심어

본 요약문과 핵심어는 길버트 하만이 인터넷상에 올려놓은 것으로, 독자들의 전반적인 책 내용 이해에 조금이나마 도움이 되길 바라는 마음에서 번역해 놓은 것이다.

원문은 http://www.princeton.edu/~harman/Papers/NOM-Abstracts.rtf 에서 확인할 수 있다.

전체적인 책 요약 : 본 윤리학 개론서는 도덕 원리가 과학 원리와는 달리 외계와의 대비를 통해 테스트될 수 없다는 주장에 대한 대응으로서의 윤리 이론들을 다루고 있다. 1부는 테스트 불가능성에 관한 논의를 서술하면서 논의에 대한 두 가지 유형의 대응, 즉 허무주의와 윤리적 자연주의에 초점을 맞추고 있다. 2부는 테스트 불가능성 테제를 받아들이는 온건한 허무주의로서의 이모티비즘이

어떻게 테스트 불가능성 테제를 거부하는 이상적 관찰자 혹은 공평한 관찰자 이론으로 향하는 경향을 갖는가를 논의하고 있다. 3부는 이성의 법칙, 개인적 원리, 그리고 사회적 관습으로서의 도덕 원리에 대한 설명을 검토한다. 4부는 도덕적 이유를 논의하면서, 테스트 불가능성을 거부하는 자연주의적 접근을 살펴본다. 마지막으로 5부는 이유의 원천에 대한 설명으로서의 이기주의와 공리주의를 논의한다.

핵심어 : 테스트 가능성, 허무주의, 자연주의, 이모티비즘, 이상적 관찰자, 원리, 사회적 관습, 도덕적 이유, 이기주의, 공리주의

제 1 부   윤리학을 둘러싼 문제점

제 1 장   윤리학과 관찰

요 약 : 과학 이론과 달리, 윤리 이론들은 어떤 관점에서 보았을 때 관찰 테스트와는 무관한 것처럼 보인다. 왜냐하면 쟁점이 되고 있는 도덕적 가정들은 관찰 설명에서 적절한 역할을 할 수 없는 것처럼 보이기 때문이다. 이 책에서 우리는 이러한 입장에 대한 가능한 대응 방식들을 고찰한다. 일부 사람들은 과학과 윤리 사이에 관찰과 관련한 차이가 있다는 데에 동의하면서 그 함의가 무엇인가에 대하여 말하려 한다. 다른 사람들은 과학과 윤리 사이에 그와 같은 차이가 있다는 것을 부정하면서 윤리가 적절한 형태의 관찰 실험 대상이 될 수 있다고 주장한다.

핵심어 : 관찰, 과학, 이론, 윤리, 테스트, 설명

제 2 장 허무주의와 자연주의

요 약 : 허무주의는 도덕적 사실, 도덕적 진리, 그리고 도덕적 지식이 없다고 결론을 내림으로써 관찰 실험에 대한 윤리 이론들의 곤경에 대응한다. 극단적인 허무주의가 도덕적 판단을 포기해야 한다고 주장하는 반면, 비교적 온건한 허무주의는 도덕적 판단이 사실을 언명하는 데에 그 목적이 있는 것이 아니라 느낌을 표현하거나 명령할 때 사용된다고 생각한다. 반면 윤리적 자연주의는 도덕적 판단이 관찰을 통해 실험될 수 있는 주장으로 환원될 수 있다는 측면에서 평균적인 시민들에 관한 언명과 유사하다는 입장을 견지한다. 규범적 주장을 기능에 관한 주장으로 환원하는 것은 그 한 가지 예이다. 그와 같은 환원 모두가 자연주의적 오류를 범한다는 '미결 문제' 논의는 결정적인 것이 아니다.

핵심어 : 허무주의, 실험, 자연주의, 환원, 기능, 자연주의적 오류, 미결 문제 논증

제 2 부 이모티비즘

제 3 장 온건한 허무주의로서의 이모티비즘

요 약 : 이모티비즘은 도덕적 판단을 긍정적 혹은 부정적 태도에 대한 표현으로 간주한다. 이는 도덕적 불일치의 일부 측면, 우리 생활에서의 윤리의 중요성, 그리고 우리가 마땅히 해야 한다고 생각하는 바를 행하도록 동기를 부여하는 방식을 설명할 수 있다. 심지어 이모티비즘은 'S가 참이다'를 'S'와 동일시하는 진리 잉여론을

받아들임으로써 도덕적 판단이 참이라는 것을 받아들일 수 있다. 이모티비즘은 만약 도덕적 태도가 사실적 가정에 의존할 경우, 도덕적 추론까지 허용할 수 있다.

핵심어 : 이모티비즘, 태도, 불일치, 도덕적 동기, 진리, 잉여론, 추론

제 4 장 이상적 관찰자 이론으로서의 이모티비즘

요 약 : 도덕적 판단에 의해 표현된 태도는 어떤 공평무사성을 전제로 하고 있다. 이에 따라 이모티비즘은 도덕적 판단에 관한 이상적 관찰자 혹은 공평무사한 관찰자 이론과 쉽게 구분이 되지 않는다. 양 이론은 어떻게 도덕적 판단이 미학적 판단과 차이가 있는가를 설명할 필요가 있다. 한 가지 차이는 도덕적 판단이 원리에 기반을 두고 있음에 반해, 미학적 판단은 그렇지 않다는 것이다.

핵심어 : 이상적 관찰자, 공평무사한 관찰자, 공평무사성, 미학적 판단, 원리

제 3 부 도덕법

제 5 장 사회와 초자아

요 약 : 도덕은 도덕법과 같은 무엇인가에 의존하고 있다. 이 세상에는 도덕적 당위, 권리, 그리고 의무라는 것이 존재한다. 이들은 사회적 제재에 의해 외적으로 강제되었고, 양심 혹은 초자아에 의해 내적으로 강제되었다. 다음 장들에서 우리는 이러한 법들이 어

떻게 평가될 수 있는가에 대한 세 가지 설명 방식을 탐색한다.

핵심어 : 도덕, 도덕법, 원리, 당위, 의무, 권리, 제재, 초자아, 사회

제 6 장 이성의 법칙들

요 약 : 칸트는 도덕법이 모든 이성적 존재자에게 적용되며, 따라서 기본적인 도덕법은 오직 이성에 의해, 아프리오리하게 알 수 있어야 한다고 주장한다. 칸트에 따르면, 이성적 존재자의 궁극적인 이유들 혹은 '격률'은 모든 이성적 존재자에 대한 이유이기 때문에, 이성적 존재자는 자신들의 궁극적인 이유들이 모든 이성적 존재자가 그에 따라 행동하는 궁극적인 이유이길 원한다. 칸트는 이성적 존재자들이 "만약 자신들이 도움을 필요로 한다면, 다른 사람들이 자신들을 도울 아무런 이유를 갖지 않는다고 생각할 수 없으며, 이에 따라 그들은 자신들이 도움을 필요로 하는 다른 사람들을 도울 이유를 갖는다"는 결론을 도출하게 된다고 생각한다.

핵심어 : 도덕법, 준칙, 이유들, 이성적 존재자, 아프리오리한 지식, 칸트, 타인을 돕는 것

제 7 장 개인적 원리

요 약 : 도덕 원리가 모든 이성적 존재자들이 따라야 할 원리여야 한다고 하더라도, 서로 다른 사람들이 서로 다른 도덕 원리들을 받아들이는 것이 합당할 수 있다. 헤어(1952)의 견해에 따르면, 도덕 원리들은 일반적인 명령이며, '… S가 마땅히 D를 해야 한다'는 형식의 판단은 'S가 D를 행한다는 것은 곧 내가 그에 동의하는 일반

적인 도덕 원리에 따르는 것이다'와 같은 것을 의미한다. 서로 다른 일반 명령들을 받아들이는 사람들은 어떤 명령이 모든 사람들이 따라야 할 명령인가에 관한 태도에서 불일치한다. 하지만 만약 그러한 원리들을 따라야 할 아무런 이유도 갖지 않을 경우, 나의 원리들을 받아들이지 않는 다른 사람이 도덕적으로 마땅히 나의 원리들을 따라야 한다고 가정하는 데에는 문제가 있다. 이러한 논점은 영어 단어 ought의 서로 다른 의미를 구분함으로써 더욱 분명해질 것이다.

핵심어 : 도덕 원리, 헤어, 일반 명령, 태도에서의 불일치, 이유들, ought의 의미

제 8 장   관습과 상대성

요 약 : 올바른 것을 행하는 것에 관한 도덕적 관심은 도덕적 믿음에 전적으로 내재되어(내재주의) 있거나, 종교 혹은 사회라는 외적인 제재에 어느 정도 의거할 수 있다(외재주의). 도덕 원리들이 사회에 의해 강제된 것이라는 가정은 도덕에 포함되는 내용 중 많은 부분을 설명한다. 이러한 종류의 사회 관습 이론은 설령 도덕적 상대주의로 귀결된다고 할지라도, 일부 사회적 관습들이 다른 사회적 관습들과 충돌할 경우 잘못되었다고 말하는 것을 용인한다.

핵심어 : 도덕적 관심, 제재, 내재주의, 외재주의, 사회적 관습, 도덕적 상대주의

제 4 부 이유와 관습적 규약

제 9 장 관습적 규약

요 약 : 사회적 관습 이론의 한 유형은 도덕이 다른 사람들도 받아
들이기 때문에 받아들여진 사회 관습적 규약과 밀접한 관계가 있
다는 입장을 견지한다. 이러한 이론은 일상적인 도덕적 견해가 갖
는 다양한 측면을 설명한다. 이는 도덕적 판단의 범위를 넘어선 사
람들에 대해 어떤 종류의 도덕적 판단을 할 수 있을 것인가를 설명
하는 데에도 도움을 준다. 이는 도덕 원리라는 것이 우리가 우리
자신과 타인들을 위해 제정한 원리들이라는 칸트의 생각에 대한
한 가지 해석을 제공한다. 이러한 이론은 사람들이 간혹 충돌을 일
으키는, 경쟁 상태에 놓인 여러 도덕에 속해 있을 수 있는 여지를
남긴다.

핵심어 : 관습, 관습적 규약, 일상적인 도덕적 견해, 도덕적 판단의
범위를 넘어선 사람들, 칸트, 우리가 제정하는 원리, 경쟁 상태에
놓인 여러 도덕

제 10 장 이 유

요 약 : 사람들이 견지하는 도덕 원리와 그들이 마땅히 무엇을 해
야 할 것인가 사이의 관계는 연역에 기반을 두고 있지 않다. 이러
한 관계는 연역에 비해 느슨하다. 먼저 '우리가 도덕적으로 마땅히
무엇인가를 해야 한다'고 말하는 것은 '우리가 그것을 도덕적으로
하지 않으면 안 된다'라고 말하는 것보다 약하고, '우리가 그것을

도덕적으로 해도 좋다'고 말하는 것보다 강하다. 모든 도덕 원리들은 예외들이 있으며, 이들은 조건부 이유, 일반적인 목적 및 목표에 호소한다. 일부 도덕적 용어들은 정당한 이유 분석의 대상이다.

핵심어 : 원리, 예외, 연역, 하지 않으면 안 된다, 마땅히 해야 한다, 해도 좋다, 조건부 이유, 정당한 이유 분석

제 11 장 이유에 대한 자연주의적 이론

요 약 : 우리는 정당한 추론을 통해 정당한 이유를 설명할 수 있다. 하지만 추론은 증명 혹은 논증을 구성하는 것과 동일하게 파악될 수 없다. 추론은 가감을 통해 믿음, 계획, 목표, 욕구, 그리고 의도를 변경한다. 흔히 다양한 변화는 합당한 것으로 간주된다. 추론에 관한 이상적인 추론자 분석은 도덕적 사실이 존재할 수 있는 여지를 남긴다. 이 장은 이것이 칸트의 견해와 어떻게 조화를 이루는가를 논의하면서 마무리된다.

핵심어 : 이유, 추론, 증명, 이상적 추론자, 도덕적 사실, 칸트

제 5 부 자기와 타인

제 12 장 이기주의

요 약 : 이기주의는 도덕적 이유들을 포함한 모든 이유들의 원천을 자기 이익적인 것으로 파악한다. 어떤 유형의 이기주의에서는 궁극적인 목표가 자기 자신의 쾌락을 얻는 것이다. 그런데 자기 자신의 쾌락에 대한 관심으로 환원되지 않는 목표를 추구하는 듯이 보이

는 경우들이 있을 수 있다. 설령 이러한 목표들이 처음에는 자기 이익으로부터 나온 것이라고 할지라도, 그것이 목표 자체가 곧 자기 이익적이라는 것을 의미하지 않는다. 도덕적 이유들은 전형적으로 자기 이익적인 것이 아닌 듯하다.

핵심어 : 이기주의, 도덕적 이유, 자기 이익, 목표, 쾌락

제 13 장 공리주의

요 약 : 공리주의는 도덕적 이유들이 일반적으로 사람들이 얼마만큼 행복할 수 있는가에 대한 관심으로부터 전적으로 도출된다고 생각한다. 공리주의는 도덕의 다양한 측면을 설명할 수 있으며, 비공리주의적 도덕 직관을 갖는 사람들의 명백한 갈등을 공리주의적 근거를 통해 설명해 낼 수 있다. 언뜻 보았을 때, 공리주의는 '사람들을 기아로부터 구제하는 데에 실패하는 것'이 '살인과 마찬가지로 나쁘다는 것'을 함축하는 듯하다. 하지만 공리주의는 자선단체에 기부하지 않는 사람보다 살인자를 더욱 비난할 공리주의적인 이유를 가지고 있다. 하지만 비공리주의적 직관을 설명해 내는 이와 같은 방식은 타인의 복리에 대한 본래적인 관심으로부터 도덕적 동기가 도출된다는 생각을 포기하는 것과 다를 바 없는 것처럼 보인다.

핵심어 : 도덕적 이유, 공리주의, 비공리주의적 직관, 복리, 동기, 본래적인 관심

인명 색인

길버트 하만은 프린스턴대학 철학과 교수이다. 윤리학, 인식론, 형이상학, 언어, 그리고 마음 문제 등이 주요 관심사이며, 도덕의 본성에 대한 도덕 실재론자들과의 논쟁으로 잘 알려져 있다. 주요 저서로 *Thought*(1973), *On Noam Chomsky: Critical Essays*(1974, 공저), *What is a Law of Nature?*(1983, 공저), *Moral Relativism and Moral Objectivity*(1996, 공저), *Reasoning, Meaning and Mind*(1999), *Explaining Value: And Other Essays in Moral Philosophy*(2000), *The Oxford Handbook of Rationality*(2004, 공저), *Ethics and the A Priori: Selected Essays on Moral Psychology and Meta-Ethics* (2004, 공저) 등이 있다.

김성한은 고려대학교 대학원 철학과를 졸업하고, 현재 강원대, 고려대, 서울여대 등에서 강의하고 있다. 역서로 『동물해방』, 『사회생물학과 윤리』, 『진화를 잡아라』 등이 있으며, 논문으로는 「피터 싱어의 동물해방론」, 「윤리에 대한 통시적 접근방식의 한 시론」, 「사회생물학적 의미의 이타성과 보편 윤리」, 「윤리의 기원에 대한 진화론적 설명과 다윈주의 윤리설」 등이 있다.

도덕의 본성

2005년 3월 20일 1판 1쇄 인쇄
2005년 3월 25일 1판 1쇄 발행

지은이 / 길버트 하만
옮긴이 / 김 성 한
발행인 / 전 춘 호
발행처 / 철학과현실사
서울시 서초구 양재동 338-10
TEL 579-5908 · 5909
등록 / 1987.12.15.제1-583호

ISBN 89-7775-502-6 03190
값 15,000원